U0358401

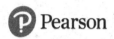

/ 教育治理与领导力丛书 /

［美］

安妮塔·伍尔福克
Anita Woolfolk

著

陈红兵 张春莉

译

教育心理学

Educational Psycholo

(Fourteenth Edition)

华东师范大学出版社
ECNUP
全国百佳图书出版单位
上海

第十一章 学习和动机的社会认知观

概览

教师案例簿

不能自我调节——你会做什么?

你明白你的学生需要处事有条理、会自我调节,才能在当前和将来的班级中表现良好。但是许多学生似乎不知道如何掌控自己的学习,他们不能完成较大的项目,许多人直到最后一刻仍没有进展。他们不能筹划安排自己的工作或决定什么是最重要的。一些人甚至不能完成作业。他们的书包是灾难之地——塞满了逾期很久的作业单、上学期的课堂讲义以及学校时事通讯和实地考察的许可单。你很担心,因为他们在学校学习中需要更加有条理,并且随着学习推进胜任他们的学习活动。你有大量材料可以应对学区指南,但是你的许多学生却都陷于以前的大量任务中。

批判性思维

• 学生在你教授的学科或班级中需要具备哪些组织技能才能成功?

• 为了在教授这些技巧的同时准备春季学生将要参加的能力或成绩测试,你需要做什么?

• 如何帮助学生发展指导自己学习的真实自我效能感?

概述与目标

前面四章中,我们分析了学习的不同方面,我们认为行为主义和信息加工可以解释人们学什么和如何学。我们研究了概念学习和问题解决等复杂的认知过程。这些学习理论主要关注个体及其头脑中的活动过程。但是,近来有关学习的观点已将注意焦点投向另外两个关键方面——社会和文化因素。前一章,我们研究了心理和社会建构主义。在本章,我们着眼于社会认知理论——一种当前关于学习和动机的观点,讨论了许多涉及学习和动机的行为、个人和环境(包括社会和文化)因素之间的动态交互作用。

社会认知理论根植于班杜拉(1977,1986)早期对学习行为观的批评,正如你在第七章中所看到的,社会认知理论超越了行为主义,把注意力集中于人类作为自我导向的主体,他们做出选择并调集资源以实现目标。自我效能、自主性、自我调节等概念是社会认知理论的关键,这些概念对于理解动机也很重要,因此,本章提供了下一章讨论动机的良好途径。我们通过不同的教学模式回顾我们的学习旅途。我们不去争辩两种观点的优劣,而是认真思考基于两种不同学习理论的不同教学模式的贡献。不要认为你必须选择"最好"的方法——从来就没有这种事。即使理论家们争论哪种模式是最好的,但优秀的教师都是从所有方法中受益,并将它们加以适当应用。

当你完成本章的时候,你应该能够:

目标 11.1　区分社会学习理论和社会认知理论,包括对三元交互因果关系的解释。

目标 11.2　讨论观察和模仿在学习中的作用,包括通过观察支持学习的因素。

目标 11.3　定义自我效能感和自主性,区分自我概念和自尊,解释自我效能感的来源,讨论教学自我效能感。

目标 11.4　描述自我调节学习的重要组成部分。

目标 11.5　运用你的知识来教授自我效能和自我调节的学习。

目标 11.6　解释学习的四个基本理论的意义和不同应用。

社会认知理论

当今社会认知理论的大部分是建立在阿尔伯特·班杜拉20世纪50年代在斯坦福大学开始的研究基础上。在我们谈论这个理论之前,让我们先了解一下班杜拉。

自我主导的人生:阿尔伯特·班杜拉

阿尔伯特·班杜拉的人生故事可以说是一部电影。他来自加拿大却实现了美国梦。他的父母是来自中欧的移民,他们选择了阿尔伯塔北部崎岖不平的土地作为家庭农场。班杜拉的父母从未上过学,但他们重视教育。他的父亲自学三种语言用来阅读,给年轻的阿伯特树立自我调节学习的伟大榜样,而自我调节学习在当今社会认知理论中居于重要位置。高中期间,班杜拉做了很多工作,包括在家具厂当木匠,在育空地区阿拉斯加高速公路当公路工人。后来进入不列颠哥伦比亚大学,为了有时间做下午的工作,他不得不把全部课程都挤到早上,即便如此,他依然在三年内完成了本科学位。大学期间,因为需要选一门课程来填补一个上午的时间空缺,他注册了入门心理学,并找到了他未来的事业(Bandura,2007,P46)。他的下一站是1950年艾奥瓦大学心理研究中心的研究生院。在获得博士学位三年后,1953年28岁的班杜拉进入斯坦福大学。65年后,他成为斯坦福大学心理学系社会科学大卫·斯塔尔·乔丹荣誉教授和荣誉退休教授,他教过几代学生,有些是他以前学生的孩子。

当我读班杜拉自传时,我被他的理论基本反映了他的人生而打动,他在充满挑战的环境中成长为一名自我指引和自我调节的学习者。当他描述当年在只有两位老师的高中学校的经历时,班杜拉(2007)说道:

> 我们必须对我们自己的学习负责。自我指导学习是学业自我发展的重要手段,而不是理论的抽象。教育资源的匮乏,不是一个不可逾越的障碍,而是一个使我受益的有利因素。课程内容是易逝的,但无论追求是什么,自我调控技能具有持久的功能价值。(p.45)

在下面的章节中,我们将通过四个主题来研究阿尔伯特·班杜拉的研究和社会认知理论的主要特征:超越行为主义、三元交互决定论的概念、观察学习的力量以及自我效能感在人类主体发展中的关键作用。

超越行为主义

班杜拉认为基本的行为主义原则就其本身而言是正确的,但对于解释复杂的人类思维和学习来说十分有限。在他的自传中,班杜拉(2007)描述了行为主义的缺点和把人们置于社会情景中的必要性:

> 我发现这种行为主义理论与我们的许多学习是通过社会模仿力量达成的社会现实不一致,我无法想象在一种语言文化中,每一位新成员的语言、道德观念、家庭习惯和活动、职业能力与教育、宗教和政治实践都是奖励和惩罚强化的结果。(p.55)

正如你在第七章学到的,班杜拉的早期社会学习理论(social learning theory)①包括亲历学习(通过强化和惩罚自己的行为来学习)和观察学习,即通过模仿和观察他人来学习。对模仿(modeling)②的正式定义是通过观察另一个人(榜样)因特定行为而受到强化或惩罚而发生的行为、思维或情绪的变化。随着时间的推移,班杜拉对学习的解释除了包括榜样的社会影响,更多关注认知(个人)因素,如期望和信仰(班杜拉,1986,1997,2001,2016)。他目前的观点,社会认知理论(social cognitive theory)③,仍然强调作为榜样的教师和其他人的作用(社会认知理论的社会部分),但也包括思考、信任、期待、期望、自我调节以及进行比较和判断(认知部分)。社会认知理论是一个解释人类适应、学习和动机的动态系统。该理论涉及人们如何发展社会、情感、认知和行为能力;人们如何调节自己的生活;以及是什么激励了他们(Bandura, 2007; Bandura &

①社会学习理论——强调通过观察他人而学习的理论。
②模仿——通过观察作为榜样的他人而产生的行为、思维或情感的变化。
③社会认知理论——在社会学习理论中,增加了对信念、自我概念和期望等认知因素的强调。

Locke，2003)。本章中的许多概念将帮助你理解第十二章中的动机。

三元交互决定论

我前面提到社会认知理论描述了一个系统,被称为三元交互决定论(triadic reciprocal causality)①,这个系统是三种影响之间的动态相互作用:个人、环境和行为,如图 11.1 所示,个人因素(信念、期望、认知能力、动机、态度和知识)、自然和社会环境(资源、行为的后果、他人、榜样和教师、自然环境)和行为(个人行为、选择、言语陈述)相互影响。

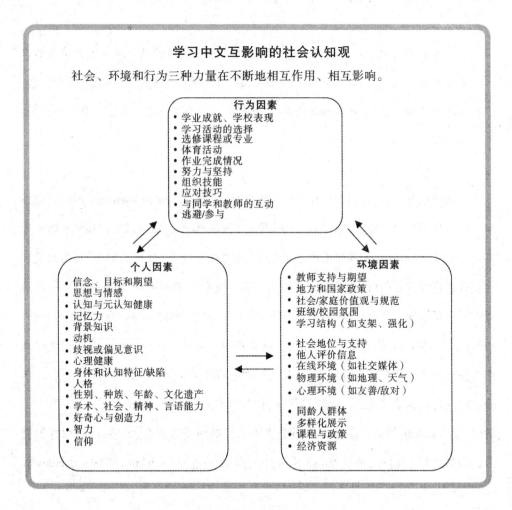

图 11.1　学习中交互影响的社会认知观

———————

①三元交互决定论——强调个体与环境相互作用的行为。

图 11.1 显示了学习环境中的人、环境和行为的交互作用（Pajares & Usher, 2008; Schunk, Meece, & Pintrich, 2014）。外部因素, 如教学模式、教学策略、课堂环境或教师反馈（学生的环境要素）都影响学生的任务目标、效能感（下一节描述）、归因、期望和计划、自我调节过程（如计划、监控和控制干扰）。例如, 教师反馈可以引导学生感到更有信心或更沮丧, 然后促使学生相应地调整他们的目标。环境因素, 比如奖励、作业, 以及个人因素, 比如设定具有挑战性的目标, 会鼓励努力和坚持不懈等一些有用的行为, 从而使个体获得学业成功（Usher & Schunk, 2017）。但这些行为也会反过来影响个人因素。例如, 当学生通过增加努力（行为）获得成就时, 他们的自我效能感和兴趣（个人因素）很可能会增加。最后, 学生行为也影响他们的环境。例如, 如果学生没有坚持或者他们完成作业很差, 教师可能会改变教学策略或布置小组作业, 从而改变学生的学习环境。

想一想教室里三元交互决定论的力量。如果个人、行为和环境因素在不断地相互作用, 那么事件的循环是渐进的和自我持续的。试想有一个学生, 他在以前的学校遇到困难, 他来新学校的第一天因为在陌生的大楼里迷路迟到了。这个学生有一处文身和可见的几处穿孔。他第一天很焦虑, 希望在这所新学校做得更好, 但是教师对他的迟到和引人注目的外表的最初反应是略带反感。他感到羞辱, 并以同样的方式回应。如此一来, 老师开始对他形成成见, 变得更加警觉、不信任。学生感受到这种不信任, 觉得这所学校和他以前的学校一样毫无价值, 并且质疑他为什么要费心去尝试改变。老师看到学生心不在焉, 便投入较少精力教他, 并且这种循环会继续下去。这一系列相互作用不仅仅是假设。特雷弗和凯蒂·威廉姆斯（Trevor & Kitty Williams, 2010）调查了 30 个不同国家高中生在数学方面的信心和成就的数据, 发现在 26 个国家数学信心和数学成绩相互影响。正如班杜拉预测的那样, 你可以看到, 如果教师的预期传达给学生（见第十二章）, 这些预期将会影响学生的信心, 同时影响成绩。换句话说, 一个人的信念和行为可以为另一个人创造环境!

让我们更细致地看看社会认知理论的两个关键要素:观察学习与自我效能感。当我们逐一仔细地分析每个要素时, 我们将关注其对教学的启示。

模仿:通过观察他人学习

什么原因使得一个人学习和表现榜样的行为和技能？如表11.1所示,有以下几个影响因素。

首先,观察者的发展水平造成学习差异。孩子较大时,他们能够集中注意较长时间,更有效地识别所观察榜样行为的重要元素,运用记忆策略保留信息,并激励自己去实践。

第二个影响因素是榜样的地位。孩子们被激励去模仿那些看起来有能力、有权力、有声望和热情的人的行为,所以父母、老师、兄妹、运动员、英雄、摇滚明星或电影明星都可能成为他们的榜样,这取决于孩子的年龄和兴趣。

第三,通过观察与我们相似的其他人,我们学习什么行为才是恰当的,能够识别我们可能获得的各种行为(Schunk et al.,2014)。儿童和青少年密切关注他们觉得在年龄、性别或种族上与自己相似的榜样。(当你看最喜欢的节目时,你会密切关注那些看起来和你相似的人物吗?)所有的学生都需要看到那些看起来和听起来都与他们相似的成功的、有能力的榜样,而不管他们的种族、社会经济地位或性别如何。班杜拉(2016)描述了印度、非洲、墨西哥和中国的电视短篇小说和广播节目(比如我们的真人秀),其主要人物有效地应对了诸如艾滋病毒预防、妇女权利和人口过剩等社会问题。观众和听众的信念和行为在经历这些故事后会发生怎样的变化?

表11.1 影响观察学习的因素

特征	榜样的特征效应
发展状况	随着观察者的发展,观察学习能力提高:注意时间增长,信息加工能力增强,使用策略能力,将行为表现与所记表征比较的能力的提高,以及采用内部动机
榜样的声望与能力	观察者更多注意有能力和地位高的榜样。榜样行为的结果传达着有关其功效价值的信息,观察者努力学习那些他们相信将来需要的行为

替代性后果	榜样受到的评价,传达了有关行为恰当性和行为的可能结果的信息,有价值的结果激励了观察者。榜样和观察者之间在特征或能力方面的相似性,标志了行为的恰当性,并提高动机
结果期望	观察者更可能去采取他们认为是恰当和带来奖励结果的榜样行为
目标设定	观察者可能模仿有助于他们达成目标的榜样行为
自我效能感	观察者关注榜样时,他们相信他们自己能够学习或执行榜样行为。对与自己相似榜样的观察影响自我效能("如果他们能做到,我也能做到")

资料来源:From Schunk, D. H. (2016). Learning Theories:An Educational Perspective (7th ed.), p. 131. Reprinted by permission of Pearson Education, Inc, Upper Saddle River, NJ.

回顾表 11.1,榜样学习的相关因素包括目标、结果和期望。如果观察者期望榜样的某种行为将带来特定的结果(例如,提高运动成绩的具体练习方案),并且重视这些结果或目标,那么观察者将关注榜样并尝试再现他们的行为。最后,自我效能感高的观察者更可能向榜样学习,如果他们相信自己有能力完成目标所需的活动,或者至少可以学习如何实现这些目标(Bandura,1997;Schunk et al.,2014)。当然,这是双向的。观察另一个人成功完成一项技能也能增加观察者的信念,即他们也能做到。关于这个我们稍后再分析。

观察学习的要素

停下来想一想:你在中学一个职位的面试进展顺利。现在你被问道:"谁是你作为教师的榜样? 你是否听到自己说过或看到自己做过你认识的其他老师做过的事情? 你想要效仿的是电影或书籍中的老师吗?

通过观察学习,我们不仅学会如何完成一个行为,而且了解到在特定的情境下这个行为会带来什么后果。观察可以是一个非常有效的学习过程。当孩子第一次拿起梳子、杯子或羽毛球拍时,在肌肉发育和协调性的现有条件下,通常他们会尽自己所能地梳头、喝水或挥动球拍。通过与榜样比较,我们能识别也许可以产生更好结果的动作调整。班杜拉(1986)提出,为了学习新的行为或改进现有能力,观察学习有四个必不可少的要素:注意、保持信息或表象、行为表现和被鼓励重复行为。

注意。为了通过观察来学习,就不得不给予注意,包括选择性注意(注意正确的提示和信息)和持续性注意(保持焦点)。在教学中,你要通过清晰地讲解和突出重点来保证学生注意到教学的关键内容。在技能示范中(例如在缝纫机上纫线,进行解剖,或操控车床),你需要让学生看清你的操作,让他们观察你双手的角度与他们自己操作的角度一致,这样学生会注意到情境的正确特征,更容易观察学习。

保持。要模仿一个榜样的行为,你必须记住每一个步骤(跆拳道的第八个动作是,手掌拍击脚跟,然后是一个中间的骑行姿势拳。)或者是视觉印象,或二者兼具。通过心理演练(想象模仿行为)或实际的练习可以促进保持。在观察学习的保持阶段,练习可以帮助我们记忆目标行为的要素,如步骤序列。

再现。我们知道某个行为,并记住了基本步骤,但可能仍不能顺畅地完成动作,有时在再现榜样行为前,我们需要大量练习、反馈和获得有关细节的指导。在再现阶段,练习使行为更流畅、更专业。当然,如果孩子不具备再现这种行为所需的身体或发展技能,即使是大量的练习和反馈也可能是不够的。达成熟练再现的理想练习条件通常包括某种形式的反馈,将学习者的表现与榜样的表现进行比较(例如特定教师反馈、明确指导、回顾表现视频、细致练习薄弱环节)。

动机与强化。社会学习理论将学习获得与行为表现加以区分。我们可能通过观察获得一种新的技能和行为,但直到具备相应的动机和诱因时,我们才会表现出这一行为。强化在观察学习中有几方面的作用。如果我们预知模仿榜样行为将会受到强化,我们就更积极地注意、记忆和再现那些行为。另外,强化在维持学习中非常重要。没有强化,尝试某个新行为的人不可能坚持下去。强化可以在观察学习中发挥多种作用。如果我们期望通过模仿榜样的行为来提升自己,我们可能会更积极地注意、记忆和再现那些行为。另外,强化在维持学习方面非常重要。如果没有强化后果,新的行为可能会消失(Schunk,2016)。例如,如果一个不时髦的学生穿了一套流行服装,但受到忽略或嘲笑,继续模仿的可能性就不太大。同样,学习新的学业任务通常伴随着一些失败——并且对进步成果的强化有助于学习者继续关注自己的进步而非当前遇到的困难。

班杜拉识别了三种可以激励观察学习的强化形式。

第一,当然是观察者再现榜样的行为并得到直接强化(direct reinforcement)①,正如体操运动员成功地完成了一个向前翻腾的动作,教练或榜样说"好极了!"

但强化并不一定是直接的——它可能是替代强化(vicarious reinforcement)②。观察者可能只是看到其他人的某种特定行为受到强化,他自己就更多地表现这种行为。例如,如果你称赞两个学生在实验报告中加入了引人注目的图表,其他几位学生可能在下一次实验报告中也采用图表说明。大多数电视广告正是期望这种效应,广告中的人驾驶一辆新车和喝某种果汁,会变得无比快乐幸福,期望观众也照着去做,观众的行为受到表演者心满意足的替代强化。惩罚也可以是替代性的:当看到几个人因驾车超速被罚款,你在高速公路上就可能会减慢驾车速度。一个学生可能在看到一个朋友在脸谱网上取笑一个帖子之后抑制了自己发表类似的评论。

强化的最后一种形式是自我强化(self-reinforcement)③,或者控制你自己的强化物——本章后面描述的自我调节的一个方面。自我强化可能是内在的(例如工作做得很好的感觉)或外在的(例,在完成目标后对自己的特殊奖励)。如果教育目标之一是培养能够自我教育的人,那么学生必须学会管理自己的生活,设定自己的目标,并且为自我提供强化。成年人的生活中,奖励有时是模糊的,通常需要很长的时间才能达到目标。试想要多少小步骤才能完成学校教育和找到第一份工作。在教学中,有时候自我强化是让你在面对难相处的学生和要求严格的家长时坚持下去的全部力量。生活充满了这种需要自我调节的任务(Rachlin,2004)。

社会认知理论对教学有一定的启示意义。在本节中,我们将更密切地关注观察学

---

①直接强化——完成任务后给予的强化。
②替代强化——通过观察他人行为受到强化,而提高了观察者重复某种行为的可能。
③自我强化——你自己能选择、控制和管理的强化。

习在教学中的应用。

教学中的观察学习

停下来想一想:如何将观察学习融入你的教学中? 在你的学科教学中,可以模仿的技能、态度和策略是什么?

我们已经探索了观察学习如何发生和它的影响因素。观察学习可能产生五个结果:引导注意力、激励已有行为、改变限制、教授新行为以及态度和情感唤起(Schunk,2012)。

引导注意力。通过观察他人,我们不仅学习行动,而且注意行动中涉及的对象。例如,学前班上,当一个孩子玩起一个多日来被大家淡忘的玩具时,许多孩子会要这个玩具,即使他们用不同方式玩这个玩具或只是简单地拿一拿它。之所以出现这种状况,部分原因是孩子们的注意力已经被吸引到这个特定的玩具上。我记得试图通过提供定义教中学生较难的词汇。有一天,我让学生轮流在黑板上用目标词写一个有趣的句子。看着同伴站在教室面前,其他同学全神贯注地注视着他们。

微调已学过的动作。我们都有这样的经历:当我们身处陌生的环境时我们会从别人那儿寻求提示。观察他人的行为可使我们了解可采用已学过的哪种行为:哪种叉子可用于吃沙拉,何时捐款,哪种语言适当等等。选择电视偶像的服饰也是此种影响的一个例子。

增强或减弱限制。如果课堂上大家看到一个学生违反课堂规定而逃脱了惩罚,他们会意识到打破规定并非总是伴随着不好的结果。如果打破规定的是一个深受欢迎和地位较高的学生,这种榜样的影响作用会更强。这种连锁效应(ripple effect)①(Kounin,1970)也可以为教师所利用。当教师有效处理违反规定的学生,特别是一个带头者时,相互影响将会抑制学生们违反这个规定的念头。这并不意味着教师必须斥责每一个违反规定的学生,但一旦教师提倡某个特定行为,将其坚持到底是利用"连锁效应"的一个重要条件。

---

①连锁效应——通过模仿,行为以蔓延式传播。

教授新行为。威廉·詹姆斯(William James,1899/2001)曾说过:"你遇到的最成功的老师是那些自己的行事方式最值得模仿的老师"(p.26)。模仿已经长期用于舞蹈、体育和手工艺的教学中,也用于诸如食品科学、化学和焊接教学中。模仿也能有目的地应用于教授心理技能、开阔视野、传授新的思维方式的课堂,例如思考复杂数学问题的步骤。教师在很多行为上作为榜样,从单词的发音,到对学生癫痫发作时的反应,直至对学习的热情。例如,一位教师可以通过对一个学生的问题进行"大声"思考来示范良好的批判性思维技巧,或者一位高中教师关注对职业生涯有刻板印象的女孩,可能会邀请非传统行业的女性与同学们交谈,或者让女孩接触科学、技术、工程和数学(STEM)的榜样(参见 engineergirl. org)。教师可以通过介绍他们喜爱的书籍、电影、艺术家等来分享他们对阅读、音乐、艺术或历史的热爱。研究表明,当教师利用观察学习的所有要素——注意、保持、再现,尤其是强化和练习时,榜样作用是最有效的。然而,选择合适的榜样至关重要。例如,对那些怀疑他们自身能力的学生来说,好的榜样是一位经过不断尝试最终掌握了学习内容的低学业成就学生(Schunk,2016)。

调动情绪。最后,人们通过观察学习可以对个人从未经历过的情形产生情绪反应,听到或读到某个情形也是一种观察形式。这一点最明显的体现可能是利用观察引发恐惧。鲨鱼袭击的新闻报道让我们许多人忌惮在海洋中游泳;电视上报道的校园枪击事件导致家长、老师和学生对学校安全产生了新的担忧;学校里出现的"模仿性暴力"(copy cat killing)或集体自杀也是一些可怕的模仿例子。当可怕的事情发生在那些与学生年龄和背景相似的人身上时,他们可能需要有机会说说自己的感受。但并非所有的观察都会导致负面情绪。观看或阅读关于那些终生提倡人权和公民权利的人的勇敢行为可以引发促进社会变革的情感反应。事实上,多样化的媒体使得我们感受到在家里和学校都无法接触到的现实。这可以产生新形式的同情和理解。媒体对善良行为或英雄主义行为的描绘,可以唤起人性中的模仿行为或"信仰"情感。

下面的"指南:利用观察学习"会给你提供一些有关在课堂中使用观察学习的建议。

帮助学生选择适合他们的榜样,是促进健康的观察学习的最后一个要点。班杜拉

(2016)指出,我们生活的环境不仅仅是外部强加的,我们还可以选择和创造自己的社交环境。例如,高中生会选择他们的班级、同龄群体、课外活动乃至社交媒体朋友。帮助学生反思这些社会群体怎样影响他们的行为,也许会帮助他们做更理智的选择。当然,在此问题上,学习者应具备一定的选择感知能力。事实上,在教学中,社会认知理论非常重要的一个核心要素就是自我效能感。

指南:利用观察学习

示范希望学生学习的行为和态度。举例:

1. 展示对你所教学科的热情。

2. 乐于向学生示范希望他们完成的智力活动和身体活动任务。我曾经看到一位老师坐在沙箱里,向4岁的孩子示范"玩沙子"和"扔沙子"的区别。

3. 示范好的问题解决——当你对付一个难题时,把思维过程大声说出来。语言艺术老师可以说:"现在看看我是否记住了已经读过的内容。"或者"这个句子很难,我得再读一遍。"

4. 模仿应对技巧、努力和毅力。面对棘手的问题,如果陷入了死胡同,可以尝试新策略或休息一下,然后再回到问题中。

5. 树立你期望的榜样。我曾目睹我的同事老师在学校会议期间相互交谈,但有时候会惩罚做相同事情的学生!学生厌恶虚伪。你需要通过示范来促成自己所需的行为。

以同伴尤其是班级中出色的学生为榜样。举例:

1. 小组活动中,将做得好的学生与有困难的学生配对。

2. 选择榜样时,在模仿缓慢解决问题并伴有纠错的榜样和快速解决问题且没有错误的熟练榜样之间交替。

3. 请学生示范"低语"与"安静——不说话"的区别。

确保学生看到他人因积极行为受到强化。举例:

1. 指出积极行为与积极结果之间的联系。

2. 公平强化,对问题学生和未引发麻烦学生采用同样的强化规则。

争取班级的出色学生的协助,为全班树立榜样行为。举例:

1.请一个好心的学生友善地对待一个孤立和胆小的学生。

2.当你需要班级开展合作活动,或一开始学生们十分勉强时,请班中地位较高的学生带头做。在外语课的对话活动中或生物课的第一次解剖实验中,被大家推崇的学生可能起到示范作用。

获得更多关于观察学习的信息,请参阅 www. readwritethink.org/ 并搜索。

自主性与自我效能感

社会认知理论强调在塑造人类生活中个人、行为和环境事件的动态互动作用。班杜拉(1997)特别强调个人因素。由于人的自我影响能力,我们在决定自己学习什么、与谁交往、如何行动方面发挥作用,班杜拉(2016)称之为人的自主性/能动性(human agency)①——"作为能动主体就是,通过自己的行为对事件过程和作用施加有意的影响"(p.4)。主体有能力做出有意识的选择和计划,并设计适当的行动方案,然后激励和规范这些计划和行动的执行。这是社会认知理论与行为主义的主要区别:在社会认知理论中,我们可以改变自己的环境,控制自己的行为,负责我们的生活,支持他人的行动。行为主义从等式中剔除了"个人",并专注于完全通过环境强化(或惩罚)来预测行为。当我们在本章后面讨论自我调节时,你会看到学生和教师如何变得更具能动性和能自我指导,并掌握自己的学习和动机。

我们自己的能动作用的核心是对个人能力的信念,称为自我效能感(self-efficacy)②。学习者如何设想他们行为的各种结果,"我将会成功还是失败? 别人喜欢我,还是嘲笑讥讽我?""我会被新学校的老师接受吗?"学生如何回答这些问题取决于他们对自己在某个特定领域内个人能力或有效性的信念。班杜拉(1997)将自我效能定义为"对实现特定目标所需要的组织和执行行为的能力的信念"(p.3)。简单地说,

①人的自主性/能动性——协调学习技巧、动机和情感以达到目标的能力。
②自我效能感——个体关于能够有效地应对特定任务的感觉,关于在特定情境中个人胜任力的信念。

自我效能感回答了这个问题:"我能做到吗?"我们反问自己各种类型的问题——我能做数学吗?当我的朋友在背后议论我时,我能保持冷静吗?我能教这群学生吗?我能做 10 个俯卧撑吗?我能停止每天 100 次检查我的电话短信吗?研究者已证实,自我效能感对不同年级和内容领域的学生都非常重要。具有高自我效能感的学生在从事具有挑战性的任务时表现出更多努力、坚持和适应性,并且具有较低水平的压力和焦虑(Bandura,1997;Honicke & Broadbent,2016;Klassen & Usher,2010)。一项对初、高中学生的研究发现,具有较高自我效能感水平的学生对他们的学业成绩有更强的信心,获得了更高的分数,也更容易毕业。(Caprara, Pastorelli, Regalia, Scabini, & Bandura, 2005)。

自我效能感、自我概念和自尊

大多数人认为自我效能感和自我概念或者自尊是一回事,但是并非如此。虽然这些术语指的都是自我信念,但它们的侧重面不同。自我效能感是指"对于完成特定任务的能力所做的特定情景的评价"(Pajares, 1997, p. 15)。另一方面,自我概念涉及一种更全面的自我知觉,自我概念的形成是使用其他人或自我的其他方面作为参考框架进行外部比较和内在比较的结果(Marsh, Xu, & Martin, 2012)。但是自我效能感是针对成功地完成特定任务的能力,而不需进行比较——问题在于你是否能够完成任务,而不在于其他人是否将会成功(Marsh, Walker and Debus, 1991)。同时,自我效能感是对行为的有力预言,但是自我概念的预测性则较弱(Anderman & Anderman, 2014;Bandura, 1997)。

自我效能是"基于情境的",这意味着它根据主题或任务发生变化。例如,我唱歌的效能感很低,但我对看地图和导航却很有信心(除了像罗马这样令人无望的城市)。即使是低年级学生对不同任务也有不同的效能感。一项研究发现,一年级学生在阅读、写作和拼写方面的效能感,已经体现出差异性(Wilson & Trainin,2007)。

与自尊相比,自我效能感涉及的是个人能力的判断,而自尊是关于自我价值的判断。(Usher, 2015)自尊在很大程度上取决于我们在一个领域(数学、外表、歌唱、足球等)的表现所带来的价值以及对其他人对自己能力的看法的关注(Harter & Whitesell,

2003）。如果我们在自己不重视的领域感到无能，那么自尊不会受到影响。自尊与自我效能之间没有直接关系。一个人很可能在某个领域感到非常能胜任，却仍然没有高水平的自尊，反之亦然（Valentine, DuBois, & Cooper, 2004）。例如，正如我之前承认，我对于唱歌的自我效能感非常低，但是我的自尊并未受到影响，可能是因为我的生活不需要歌唱能力。但是如果在教特殊班级中经历了数次坎坷，我这方面的自我效能感降低，那么我知道我的自尊将受到伤害，因为我重视教学。

自我效能的来源

我们如何相信我们在一个领域有能力而在另一个领域无望？班杜拉（Bandura, 1997）指出自我效能期待的四个来源：掌握的经验、心理或情感唤起水平、替代经验以及他人劝说。成功经验（mastery experiences）①是我们亲历的直接经验——通常是最有力的效能信息来源。成功提高效能感，而失败降低效能感。因为我们并不一定将自己的所有表现都视为成功的，班杜拉（Bandura, 1997）也将此称为"亲历"经验。

有时我们在一个领域里很少或没有直接的经验。因此，我们可以通过其他来源判断自我效能感，例如通过观察他人的表现而得到的替代经验（vicarious experience）②。观察榜样行为不仅教会我们新的做事方法，而且改变我们对自己能做的事情的信念。当我年轻的时候，我的密友可以演奏热烈的莫扎特奏鸣曲。我的下巴搁在琴的末端，看着她的手指在琴键上滑动，对自己说："如果她能演奏，那么我也能演奏。"当一个观察者感觉与榜样相似时，对自我效能的替代影响更强（Schunk et al., 2014）。在学校，同伴的良好表现能增强其他学生的自我效能感。当被尊重的榜样失败时，观察者的自我效能降低。然而，这种模式也有一些例外。例如，观察他人使用拙劣的技能，可能使观察者相信自己在同一任务中通过实施更好的技能能够取得成功。

技能型的电视热播节目，例如如何烹饪、重新设计厨房、提高高尔夫挥杆水平或做瑜伽，其受欢迎程度表明了替代经验的影响。当观众认同节目的主题时，这些效果尤为显著。在某些情况下，替代经验可以成为自我效能的强大源泉。但是凯泽和巴林

---

①成功经验——自己的直接经验，效能信息的最有力的来源。
②替代经验——取得的成就为他人所效仿。

(Keyser & Barling,1981)发现孩子(研究中的六年级学生)更加依赖替代榜样作为自我效能信息的来源。同样,榜样已被证明在追求科学和工程职业的女性的自我效能方面发挥了重要作用(Zeldin,Britner,& Pajares,2008)。

自我效能感的第三个来源,他人劝说(social persuasion)①是指学生从周围的人那里得到的评价信息。这些信息有公开和隐蔽多种形式,公开的形式如"鼓舞人心的谈话"或是某个特定行为反馈;隐蔽的如教师避免要求某些学生回答难题的倾向。单纯的他人劝说并不能使自我效能感持续提高,但是在自我效能方面劝说性的鼓励会引导学生做出努力,尝试新策略,或为成功而奋力拼搏(Bandura,1982)。来自同伴或信任的专家(如老师)的他人劝说能够克服偶尔的挫折,这种挫折或许已经灌输了自我怀疑的思想并且阻碍了持之以恒。劝说的作用依赖于说服者的可信性、可靠性、专长和地位。在技能发展过程中,人们可能更倾向于关注别人告诉他们自己能力的情况(Bandura,1997)。他人劝说突出以往在类似任务中的成功(掌握)、确定短期目标和成就或强调努力的重要性,更有可能提升自我效能感和促进成功表现。(Bandura,1997;Schunk et al.,2014;Usher & Pajares,2008)。

自我效能感的最后一个来源是你在活动之前或期间经历的生理或情绪唤醒(physiological or emotional arousal)②的水平。例如,一个高中生在发表公众演讲时感到心跳加速、手掌出汗,并将此理解为不善讲话的标志。我们以不符合自身能力的感知方式来解读自己的情绪和身体(Bandura,1997;Schunk et al.,2014;Usher & Pajares,2009)。当你面对工作任务时,你是焦虑和担心(降低效能)还是兴奋、精力充沛(提高效能)?有时你可以帮助学生重新评价并激励他们——他们并不焦虑,他们已经准备就绪!

表 11.2 总结了自我效能感的来源。一些证据表明,来自不同群体的学生以不同方式理解自我效能感的来源(Usher & Pajares,2008)。例如,布茨和尤歇尔(Butz &

————————

①他人劝说——自我效能感的一个来源,可能是一次"鼓励性谈话"或是某个特定行为的反馈。

②生理或情绪唤醒——引起人警觉、专注、清醒、兴奋或紧张的生理和心理反应。

Usher,2015)调查了2500名中小学生在阅读和数学方面的自我效能感,发现女孩比男孩更可能列出自我效能感的社会来源(即替代经验和他人劝说)。研究者还发现,学生在两个学科中报告了不同的自我效能感来源,这表明学生对一个学科领域有信心的因素可能不适用于另一个学科领域。其他文化差异可能会影响自我效能的发展。一项研究发现,韩国和菲律宾青少年的数学自我效能感更多地取决于同伴和父母的他人劝说;对于美国青少年来说,老师和朋友的替代经验也是自我效能感的重要来源(Ahn, Usher, Butz, & Bong, 2016)。在法国,表11.2中的四个来源被认为可支持三年级学生自我效能感的发展(Joët,Usher & Bressoux, 2011)。

表11.2　自我效能感的来源

来源	举例
成功经验	个人感知到的过去相似情况下的成功和失败。为了提高自我效能感,成功必须归功于个人的能力、努力、选择和策略,而不是运气或来自他人的大量帮助
替代经验	看到与你相似的人成功完成一项任务或达到与你的目标相近的目标
他人劝说	激励、信息反馈、可信任的有益指导、评价
生理唤醒	积极或消极的唤醒——兴奋、精力充沛做好准备(提高效能)或焦虑、担心(降低效能)

学与教中的自我效能感

停下来想一想:从1到100打分,今天你有多少信心读完这章?

让我们假设你完成本章的效能感大约为90分。较高的自我效能感使你在面对挫折时坚持不懈,即使你的阅读被打断,你依然可以回到这个任务中。我相信我今天可以写完这一部分,所以在电脑崩溃后又继续写了几页,当然会写到深夜,因为我将在今晚七点去观看旧金山巨人棒球比赛,所以会在比赛结束后再完成这部分。

自我效能感也通过目标设定影响动机和表现。如果我们在某一领域有很高的效能感,我们就会设定更高的目标,有较少的对失败的恐惧感,并且在旧方式不奏效时找到新策略。如果你阅读这一章的效能感很高,你很可能为完成它而设定高目标——或做些笔记。然而,如果你的效能感很低,你可能会完全逃避阅读,或者在出现问题时轻易放弃,或者你被一个更好的建议打断(Bandura,1993,1997;Schunk & Usher,2012)。

研究表明,以下策略可以帮助学生提高成绩,增加自我效能感,当学生:(1)采用短期目标所以更容易判断进度;(2)被教导使用特定的学习策略,如概述或总结,帮助他们集中注意力;(3)获得基于成就的奖励,而不仅仅是参与度,因为成就奖励标志能力的增强(Pajares,2006)。请看下面"指南:促进自我效能感"来支持学生和你的自我效能。

指南:促进自我效能感

强调学生在某一领域的进步。举例:

1. 回顾以前的学习材料,表明它现在是多么"容易"。

2. 当学生学到更多知识时,鼓励他们提高目标。

3. 在档案袋中保存优秀的和不断改进的作品示例,并定期让学生回顾和反思他们的改进。

为学生设定学习目标,并为他们制定掌握导向的模范。举例:

1. 引导学生设定专注于获得技能、能力或理解的目标。

2. 认识到所有进步和提高,避免不具体的表扬。

3. 分享你如何在某领域提高自己能力的例子,树立与学生相似的有成就的榜样,而非遥不可及的超人。

4. 阅读有关克服身心或经济困难的不同学生的故事。

5. 不要以学生在校外的问题为借口,要帮助学生在校内成功。

提出改进建议和改进后更改评分等级。举例:

1. 反馈作业时,写出具体的评价,指出学生的对与错以及他们犯这种错误可能的原因。

2. 尝试同伴校正。

3.向学生展示他们修改后的更高成绩如何反映更强的能力和提高班级平均水平。

强调过去的努力和成就间的联系。举例：

1.与学生一起讨论如何设定个人目标和进行目标审查，讨论中要求学生反思如何解决困难问题。

2.直面自我挫败、避免失败的策略。

了解更多关于自我效能感的信息，"P20 Motivation and Learning Lab" at the University of Kentucky 请参考肯塔基大学"P20 动机与学习实验室"。

怎样的效能水平是最能激励人的？学生的评价应该准确、乐观还是悲观？证据表明，即使是在信念被略微高估的情况下，动机受更高的自我效能感支持。在进行了近140 项关于动机的研究后发现，对未来持乐观态度的儿童和成人在心理和身体上都更健康，较少抑郁，更有动力去实现目标（Flammer, 1995；Seligman,2006）。桑德拉·格雷厄姆（Sandra Graham）认为，许多非洲裔美国学生具备以下品质：即使遇到困难，非裔美国学生也有很强的自我概念\适应能力和较高期望（Graham, 1996；Graham & Taylor, 2002）。研究发现，表现出学业适应性的学生更有可能成功，因为他们可以有效地管理学业生活中的压力源和障碍（Martin & Marsh, 2009 ）。

正如你可能预料到，低估一个人的能力存在隐患，学生有可能因此付出更少的努力，也更容易放弃；然而，持续高估一个人的效能也有危害，那些高估自己阅读水平的学生，在阅读时没有回顾材料和消除他们未发现的误解的动力，直到最后他们常常未发现自己没有真正理解材料。（Pintrich & Zusho, 2002；Usher & Schunk, 2017）

在学校，我们对学习数学、写作、历史、科学、体育等科目以及使用学习策略和应对课堂挑战的自我效能尤为感兴趣。思考以下研究学生效能感的新成果：自我效能感与三年级学生到大学生的学习成绩（Fast et al. , 2010；Honicke & B roadbent, 2016；Kenney-Benson, Pomerantz, Ryan, & Patrick,2006）、与青少年生活满意度（Vecchio, Gerbino, Pastorelli, Del Bove, & Caprara, 2007）、与大学生深度学习策略的应用（Prat-Sala & Redford, 2010）、大学生专业的选择（Pajares, 2002）、与高校年长学生的表现（Elias & MacDonald, 2007）相关。自我效能感的价值似乎跨越了不同文化背景。例如,自我效能与墨西哥裔美国青年的数学或科学目标和兴趣(Navarro, Flores, & Worthington, 2007)、意大利中学生就学情况(Caprara et al., 2008)、法国小学生语言行为(Joët et al., 2011)、中学男女生数学学业成绩(Kenney-Benson et al., 2006)以及英美裔和南亚裔加拿大中学生的数学成绩(Klassen, 2004)均相关。

也许你会想,当然是高的自我效能感与高的成就相关,因为能力强的学生具有更高的自我效能感。但是,即使我们考虑到能力因素,自我效能与成就之间的关系仍然存在。例如,当比较具有相同数学能力的学生时,对数学具有较高自我效能感的学生在数学上表现得更好(Wigfield & Wentzel,2007)。自我效能激发学生设定更高的目标并持之以恒地努力。具有较高自我效能感的人更有能力掌控自己的生活——他们以自主方式行为。

教师的效能感

在第一章你已经看到,我自己的大量研究集中于一种特定的自我效能感——教学效能感(teachers' sense of efficacy)①,是指一位教师相信自己能够帮助困难的学生学习的信念,看来它是为数不多的与学生学业成就有关的教师个性特征之一(Klassen, Tze, Betts, & Gordon, 2011; Tschannen Moran, Woolfolk Hoy, & Hoy, 1998; Woolfolk Hoy, Hoy, & Davis, 2009; Zee & Koomen, 2016)。当教师为学生的成功或失败承担责任(而不是将责任归因于学生的能力或外部障碍),教师就会更有意识地主动走近学生,并且更成功地满足他们的学习需要(Putman, Smith, & Cassady, 2009)。一项回顾了 165 项研究的分析发现,具有较高自我效能感的教师表现出更高的工作满意度和责任感以及更低的职业倦怠感(Zee & Koomen, 2016; and see Klassen, Tze, Betts, & Gordon, 2011)。当然,教师自我效能感与这些变量之间的关系很可能是相互影响的。例如,当教师具有较高的效能感时,他们教学更有效率,学生学得更多;当学生学得更多时,教师自我效能感增加(Holzberger, Philipp, & Kunter, 2013)。

与任何一种自我效能感一样,过度估计自己的能力可能有好处也有坏处。乐观的教师可能会设定更高的目标,更努力地工作,必要时重新调整,并且面对问题坚持不

---

①教师效能感——一位教师相信自己能够帮助最困难的学生学习的信念。

懈。但是,当教师开始高估自己的能力时,除非遇到严重的问题,不然他们不会采取必要的步骤来提高技能,所以适当的自我怀疑也有益。正如惠特利(Wheatley,2002)指出的,有时"怀疑促使改变"(p. 18)。

如何培养教学能力? 教师一般基于前面提到的四个来源来判断自己的能力,尽管对教师而言,这些来源的相互作用可能比学生更复杂(Morris, Usher, & Chen, 2016)。构建一套灵活的教学工具和强大的内容知识,帮助教师获得一种掌握职业技能的感觉。对教师的教学自我效能感而言,社会信息与成功经验同样作用强大。总之,为了弄清楚作为教师我们是否有效,就必须评价学生的学习。教学本质上是一种社会行为,来自学生、家长和管理者的评价传达着重要的效能信息。

教学效能感的另一个基本来源是替代经验。例如,职前教师可能会观看自己模拟课堂的视频或密切关注他们的合作老师如何管理班级。自我榜样和社会榜样都能使教学效能感发生变化。克拉森和迪尔森(Klassen & Durksen,2014)发现,在加拿大为期八周的职前教师实习期间,教师们的自我效能感普遍提高,压力下降。然而,这取决于职前教师从辅导教师那里获得的支持程度。与能够提供支持的熟练榜样合作可以提高新教师的自我效能感。最后,教师还将自己与教学相关的情绪和生理状态看作是任务完成有无效果的标志。与青年人一起工作时感到放松和精力充沛,可以让有抱负的教师相信,他或她有能力追求这个职业。另外,过度的课堂焦虑可能会破坏自我效能感。

让我们重温班杜拉(1997)的有力宣言,即"人们的动机水平、情感状态和行动更多地基于他们所相信的而非客观真实的东西"(p. 2,作者增加强调)。教师和学生的信念都是他们将要做和想做的事情的指引,自我效能在其中发挥重要作用的一个部分是自我调节。除非我们相信自己可以调节作为人的许多需求,否则我们更可能将时间花在应付生活环境,而不积极发挥我们自己的能动性。接下来我们继续讨论下面这个问题,你如何能够帮助你自己和学生过一种自我主导和自我调节的生活?

自我调节学习:技能与意志力

正如在本章开头所写,班杜拉说他在加拿大一所小学校受到的早期教育给了他受益终身的自我调节技能。他认为,所有教育的一个主要目标是"让学生具备终生自我教育的心智工具、自我信念和自律能力"(Bandura,2007,p. 10)。自我调节(self-regulation)①是我们用来激活和维持我们的思想、行为和情感以实现目标的过程(Perry & Rahim,2011)。当目标涉及学习时,我们谈论自我调节学习(self-regulated learning)②。自我调节的学习者具备学习的技能和意志力——即"元认知、学习动机和策略"(Perry & Rahim,2011,p.122)。这意味着他们拥有了综合的学业学习技能、自我意识、自我控制和学习动机。自我调节的定义根据所强调特征的不同而变化(Burman, Green,& Shanker,2015)。

为了终生独立学习,你必须自我调节——我们在谈话中称之为自我发起者。今天自我调节可能更重要,因为几乎任何知识都可以在互联网上即时获得,当你浏览所有信息,被可爱小猫的文本、推特和迷人的图片分心时,你如何坚持并专注于你的目标?或许,正如一篇博客文章所说:"到底是你控制技术设备,还是它们控制你?"

停下来想一想:想着你正在学习的课程,用一个 7 分量表——从 1 = 不符合我,到 7 = 完全符合我回答以下问题。

1. 当我参加考试时,我试着把课上和书中的信息联系在一起。

2. 当我做作业时,为了正确回答问题,我尝试回忆老师在课堂上说过的话。

3. 我知道我有能力学习这门课的材料。

4. 我问自己一些问题,以确保我知道我一直在研究的材料。

5. 即使学习材料枯燥乏味,我仍然继续学习直到完成任务。

通过"停下来想一想"的问题,你刚回答了动机策略调查问卷(MSLQ)中的五个项目(Midgley et al. ,1998;Pintrich & De Groot,1990)。该调查问卷已被应用于评估学生自我调节和动机的数百项研究,你的回答是怎样的? 前两个问题正如第九章讨论的那样,评估的是你的认知策略的使用。第三个问题评估了你对这门课的效能感。但最后

---

①自我调节——为了达到目标,激活和维持思维、行为和情感的过程。

②自我调节学习——应用技巧与意志力分析学习任务、设定目标、规划如何完成尤其是调整学习任务的学习观。

两个问题(4和5)专门评价自我调节能力。

自我调节的学习者将他们的心智能力转化为学业技能和策略。许多研究将自我调节策略运用与学业成绩测量联系起来,尤其是对于中学生和高中生来说。对于年龄较小的学生来说,注意力和情绪的自我调节对他们学习和成就尤为重要。(Dent & Koenka, 2016；Valiente, Lemery-Chalfant, & Swanson, 2010)事实上,一项研究发现,当一年级学生有较好的自我调节学习技能时,这个班的部分学生在词汇学习和阅读理解能力方面有所提高。因此,与具有良好自我调节能力的同伴一起上课,有利于个体学生的识字能力的培养。(Skibbe, Phillips, Day, Brophy-Herb, & Connor, 2012)

影响自我调节的因素

自我调节学习的概念整合了有关学习和动机的大部分知识。从刚才描述的过程中可以看出,三个因素影响技能和意志:知识、动机和自律或意志,除此之外,还有学生间的发展差异。

知识。要成为自我调节的学习者,学生需要了解自我、学科、任务、学习策略以及知识应用的情境。"专家型"学生有良好的自我认知,并且会反思自己的学习过程。这种"元认知知识"(指对自己思维的思考)包括了解你偏好的学习策略、学习材料中的难易点是什么、如何处理困难材料的策略、你的兴趣和才能,以及如何发挥你的优势(Efklides, 2011)。专家型学生对正在研究的课题了解多一点,他们可以调整自己的知识以适应新的需求;他们知道得越多,就越容易学到更多的知识 (Alexander, Schallert, & Reynolds, 2009)。他们更有可能认识到不同的学习任务需要不同的方法。例如,用记忆术策略记忆简单的学习任务(见第八章),而通过关键观念的概念图来理解复杂材料(见第九章)。此外,这些自我调节的学习者知道学习通常很困难,知识并非绝对的。他们常有用不同的方式来看待和解决问题(Greene, Muis, & Pieschl, 2010；Winne, 2017)。

这些专家学生不仅知道每项任务要求什么,而且能够应用需要的策略。他们可以略读或仔细阅读,可以使用记忆策略或重新组织材料。随着他们在某一领域的知识越来越丰富,他们自发应用了这些策略。简言之,他们掌握了大量的学习、寻求帮助和应对策略的灵活技能(见第九章)。最后,自我调节学习者思考他们运用知识的情境——

何时何地学习——以便他们可以设定激励目标和将努力与成就相连(Winne,2017)。显然,内容知识和自我知识在学生是否自我调节方面都起着重要的作用。因此,教师必须帮助学生既发展内容知识,也要帮他们更好地意识到自己的认知和学习过程。在本章后面,我们将提出一些关于如何做到这一点的建议。

动机。了解实现学习目标所需的内容非常重要,但可能还不够。动机也会影响学生调节自己学习的程度。在第十二章中,你将了解动机的许多方面,但让我们先思考一下研究人员发现的与自我调节学习相关的现象。对某项活动表现出更大个人兴趣的学生往往更善于在该活动中调节自己(Renninger & Hidi,2016;Sansone,& Geerling,尚未出版)。我的邻居,一个 10 岁的篮球爱好者,可以花几个小时在她的车道上投掷篮球,为她的球队制定精心的防守计划,并研究她榜样的动作。无论是因将我们提升到更高水平还是仅仅为了它们带来的乐趣,重视的活动都可以使我们更深入、更系统地参与其中(Eccles,Fredricks,& Baay,2015)。动机信念也会影响自我调节。例如,在管理学习任务时具有较高自我效能的学生(即自我调节的自我效能)不仅会使用更有效的自我调节策略,而且在学校表现更好(Usher & Schunk,2017)。此外,他们相信自己的智慧和能力是可以提高的(Job,Walton,Bernecker,& Dweck,2015)。即使没有受到特定任务的内在动机激励,他们也非常认真地从中获得预期的益处。那些相信自己能力的人可以更好地将注意力与其他认知和情感资源集中用于手头的任务。他们知道为什么学习,所以他们更能决定自己的行为和选择,而较少受其他人控制(Zimmerman,2011)但仅仅有知识和动机是不够的。自我调节的学习者需要有意志力或自律。林恩·科诺(Lyn Corno)曾经说过,"动机就是承诺,意志即坚持不懈。"(Corno,1992,p.72)

意志。撰写本书的进程比预计拖后一个月。我在中国台湾进行了一系列的会谈,回来后我每天早上 5 点开始写作。我仍在倒时差,几乎睡不醒,但我必须继续写作,因为本章的截止日期已经过去了。我有知识和动力,但要保持进度,仍需要很强的意志力。意志(volition)①是意志力的一个老式词。意志更科学的定义是保护实现

————————

①意志——通过意志力与自律方式进行自我调节学习,提高完成目标的机会。

目标的机会。通常,学生需要意志以克服在两种预期结果冲突时他们感受到的阻力(Oettingen,Schrage,& Gollwitzer,2015)。例如,你可能需要一种意志行为来决定是与朋友闲逛还是阅读几周后报告所需的书籍。这样看来,意志行为是自愿的,即自由意志行为。

意志受个人对特定任务的感知控制水平的影响(Efklides,2011)。人们在有经验时更有可能进行意志控制,坚持完成任务以实现目标,成为成功的积极主体(Metcalfe & Greene,2007)。我可以坚持写这一章,因为我之前已经写过而且我拿着写完的书。自我调节的学习者知道如何保护自己免受干扰——例如,在哪里学习他们不会被打断。感到焦虑、昏昏欲睡或懒惰时,他们选择应对的方法(Corno,2011;Snow,Corno,& Jackson,1996)。当被诱惑停止工作时,他们知道该怎么做。我现在正面临喝一杯咖啡或去美丽的佛罗里达游玩一天的诱惑。除此之外,我还想扫除车库(当我面对一个艰难的写作工作时,清洁车库与壁橱都是不错的选择)。

意志是需要认真思考和付出努力,但通过实践它可以变得较为自动化——一种习惯或“职业伦理”(Corno,2011)。威廉·詹姆斯在100多年前就认识到了这一点,他最喜欢的一句话就是关于让意志成为一种习惯。他说:“每隔一两天就做一些你不愿意的事情。这样,当迫切需要的时刻来临时,你也许并不紧张,可以经受考验。”(James,1890,IV,p.126)

你可能听说过与意志相关的两个概念:自我控制和毅力。近年来,这两个概念受到越来越多的关注。自我控制被定义为“在存在诱惑的情况下调节注意力、情绪和行为的能力”(Duckworth & Gross,2014,p.319)。沃尔特·米切尔(Walter Mischel)的著名延迟满足实验让我们一瞥自我控制的重要性(Mischel,2014)。他为4岁儿童提供诱人的棉花糖吃,并承诺给那些可以推迟吃第一块棉花糖的孩子提供第二块棉花糖,直到他15分钟后办事回来。对儿童而言,这是很长的一段时间!大多数孩子在回来之前吃掉了第一块棉花糖,但少数孩子采用各种自我控制的策略来帮他们抵制诱惑。(你可以在几个有趣的YouTube视频中在线查看此实验。)米切尔和他的同事随后对这些孩子进行了多年的跟踪研究。他们惊奇地发现,通过等待第二块棉花糖进行自我控制的孩子有较高的 SAT 分数,能更好地面对压力,有较少的健康问题,拥有更好的社交技能,并享受其他许多好处。这是否意味着有些人天生善于自我控制而其他人则不然?不完全是。虽然有些孩子倾向于有更好的自我控制,但所有人都可以学习新的自我控制策略(Duckworth,Gendler,& Gross,2014)。

意志不是暂时的事,有时需要数年才能实现长期目标(大学学位)。如何长期保持对目标的承诺?研究人员最近声称,需要有真正的毅力(grit)①——"追求长期目标的韧性和热情"的一种人格特质(Duckworth, Peterson, Matthews, & Kelly, 2007, p. 1087)。安吉拉·达克沃斯(Angela Duckworth)和她的同事声称,在学校和生活中具有更强毅力的学生表现更好(Duckworth, Peterson, Matthews, & Kelly, 2007, p. 1087)。在过去十年中,毅力已成为教育界的一个流行词。最近以 K－12 和高等教育人员为目标的会议和出版物对这一主题给予了极大的关注。毅力真的是决定学生成功的重要因素吗?"观点与争论"从不同心理学视角审视了这一问题。

观点与争论:有毅力的学生更成功吗?

我们大多数人都认为那些愿意坚持自己目标的人会取得更大的成功。毅力可能是自我调节的意志概念成分的一个重要方面,但它是否值得所有人的关注?一些教育研究者对毅力作为一种新概念表示怀疑,并引用其与成功关系的多种证据。这些学者强调其他自我调节因素对于确定学生的成功同样重要。让我们更仔细地看一下这些观点。

观点: 教师应该提倡毅力,它对于学生的成功至关重要。

保罗·托夫(Paul Tough)2012 年的畅销书《孩子如何成功》(How Children Succeed)的封皮标题是一个传统的问题:为什么有些孩子会成功而有些失败?他在副标题中给出了答案:因为毅力、好奇心和性格中潜在的力量。他坚定地认为学校的成功不仅需要杰出的天赋和才能。要成为一个班级的顶尖人才,还需要非认知因素这个

———————

①毅力—— 一种有决心并能坚持的人格特质。

软技能(Farrington et al.,2012)。对于处境艰难的人来说,这些技能可能是年轻人是否可以摆脱严峻环境的决定性因素:"没有什么比为弱势青年提供品格优势更有价值的反贫困工具……例如,责任心、勇气、坚韧和毅力。"(p.189)托夫的说法依赖于曾任学校教师的心理学家安吉拉·达克沃斯(Angela Duckworth)的研究,她同样想知道除智商或天赋外的其他因素——如努力、决心、自我控制、坚持和她所命名的毅力,在预测成功方面是否可能同样重要。

为了对此进行探索,达克沃斯和她的同事要求数百名年轻人回答诸如"我完成任何我已经开始的事情"和"我很勤奋"这样的题目(参见 www.angeladuckworth.com),以评价他们的坚韧性。他们发现具有较高毅力分数的学生也具有较高的 SAT 分数和等级(Duckworth et al.,2007;Duckworth 和 Quinn,2009)。有毅力的孩子们在全国拼字比赛中名列前茅(Duckworth & Quinn,2009),芝加哥高中三年级学生中更有毅力的更有可能按时毕业(Eskreis-Winkler,Duckworth,Shulman,& Beal,2014)。即使预测因素中包括能力测量(IQ,过去的 GPA),这些研究结果也常常是正确的。发现教师的毅力水平可以预测新手教师的教学效果(Duckworth,Quinn,& Seligman,2009)。

毅力如何更好地预测成功?达克沃斯(2016)提出了她的理论:"当你考虑相同情况下的个体时,每个人所取得的成就取决于两件事,才能和努力……但努力因素需要考虑两次,而不是一次"(p.42)。达克沃斯和托夫在各自 2016 年的书中提出,即使毅力是一种人格特质,它也可以被培养。他们的书籍强调了许多典型的故事,并提供了父母、教师和领导者如何推动毅力培养的建议。虽然两位作者都提醒读者,提升学生的毅力可能不是一件容易的事情,但他们的书籍还是很畅销。这两位经常被邀请在美国各地学校领导人会议上发表主题演讲。显然,毅力在教育工作者中有着坚实的基础。但是,也有相当多的学者对毅力提出批评。

对立的观点:将毅力视为成功的关键因素过于狭隘。

教育政策制定者和研究者一直对将毅力视为成功的关键的现象表示担心。毅力的流行在《大西洋》这样的媒体中引发了有争议的评论:"课堂教学中毅力的局限性"、"毅力被高估了? 固执和一根筋的缺点";《纽约时报》"正确看待毅力";《教育周刊》

"毅力是种族主义吗?"这场辩论有几个分支(请参阅 Alfie Kohn2014 年在华盛顿邮报的文章《关于"让我们教他们毅力"潮流的十大担忧》)。首先,一些人认为,毅力是专注于个人水平的变量,将其作为学生成功的决定因素,就等于将错误归咎于学生,而让学校摆脱责任;这种与考试评价系统的分离会对一些学生造成更加不公平的负担(Gorski,2016)。弗曼大学保罗·托马斯教授(Paul Thomas 2014)是将毅力视为隐蔽的种族主义/阶级主义的代表人物之一:

> "毅力"的狭隘还体现在将学生和成人(白人)的成功主要归结为努力,"毅力"狭隘性的另一面是学生和一些人(非洲裔和拉丁裔美国人)的不成功是因为他们不够努力。

其次,许多人已经注意到,毅力似乎是对已充分研究的变量的重塑,例如责任心、意志力、坚持和韧性(Rimfeld,Kovas,Dale,& Plomin,2016)。虽然达克沃斯及其同事试图区分这些概念,例如毅力和自我控制(Duckworth & Gross,2014),但研究者发现,学生对毅力与其他自我调节测量项目的反应存在大量的心理测量上的重叠(Muenks,Wigfield,Yang,& O'Neal,2017)。因此,他们质疑毅力的独特性。

第三,关于毅力与成功之间的关系? 最近的一些文献表明,这种关系并不像达克沃斯和同事早期研究所建议的那样具有决定性。克雷德、泰南和哈姆斯(Credé,Tynan & Harms,2017)最近对涉及 66807 名学生的多篇研究报告进行了一项元分析。他们发现,在某些学业情境中,毅力与学生的学业成就无关。对波士顿地区八年级学生最近的调查结果还显示,毅力与学生在数学或语言艺术方面的成就没有显著相关性(West et al. , 2016)。此外,当研究者将毅力与预测学生表现的其他变量一起考虑时,毅力会失去其预测能力(Meunks et al. ,2016)。例如,尤歇尔、李、罗杰斯和布茨(Usher,Li,Rojas & Butz,2016)发现自我效能感(感知到的特定学科领域能力)而非毅力(人格特质),更能预测中学生等级、标准化考试成绩以及教师在数学和阅读方面的评分。也许学生相信自己能够取得成功时才可能坚持某些东西。

当心"非此即彼"。精诚所至金石为开的想法引起了强烈的共鸣。也许我们大多数人都相信威廉·詹姆斯(1907)所说的"我们只利用了我们可能的心智和物质资源的一小部分。"我们被给人希望的心理因素所鼓舞,它能够使人强大或软弱并能解释为何能力相似的人却有不同的生活结果。快速浏览奥斯卡奖提名电影,就会发现我们对此的迷恋——我们付出金钱来聆听和观看面对巨大困难时坚持不懈的故事,它们激励我们去思考自己有更高潜力。

然而,最终研究证据并不支持这样一个简单的故事。社会认知理论认为必须考虑许多因素,包括个人的内部和外部因素。是的,自我调节对于学习者的成功来说至关重要。一定程度的毅力可能是自我调节的一个重要方面。但是,单变量的方法可能不具备充分的说服力。过分关注毅力可能会导致教育工作者忽视影响学生自我调节的其他因素。如本章所解释的那样,自我调节的学习者需要认知、元认知、动机和意志机制的参与,其中没有任何一个会对学生最终是否会成功产生决定性影响。当然,我们还必须考虑学习发生的大环境。我们要求学生做的事情值得他们的坚持和努力吗?毅力是否牺牲了素质教育和"成功"教育的其他方面,例如一个人的身心健康、对他人的同情、自主和终生的好奇心? 再次强调,它并非我们想得那么简单。

自我调节的发展。学生如何发展知识、动机和毅力? 社会认知理论视角强调个体因素(如神经系统发展、个人信念及认知等)、环境和社会因素(如家庭、同伴和教师)以及行为因素的相互作用。戴尔·申克(Dale Schunk, 1999)提出了自我调节发展的一般模型。在童年时期,儿童必须通过观察和模仿他人来学习许多自我调节技能(Schunk & Zimmerman 1997)。控制逐渐从教师等人的榜样示范转移到个体学习者。随着学习者成功地应用这些技能,他们开始内化模仿的策略并展示更高的自我控制水平。他们最终可以在新情境下进行独立的、灵活性的自我调节(同样需要实施自我强化策略和提高自我调节的效能感)。

自我调节也依赖于认知能力,如第八章和第九章所述。成功自我调节基于三个关键的执行机能,它们是抑制性控制(抵制冲动欲望)、工作记忆(执行其他心理操作时记住信息)以及认知灵活性(从不同角度看问题)。这些执行功能对于自我调节进而解决复杂问题是必要的(Diamond,2012)。教师和家长如何更好地促进各年龄段学习者的执行功能? 阿黛尔·戴梦和达芙尼·玲(Adele Diamond & Daphne Ling,2016)回顾了84项干预措施的研究结果,发现在有压力、健康状况不佳或情绪混乱的情况下,执行功能会受损。当学习者放松、健康(例如,身体处于活跃状态)并且感觉到与他人有较强联系感时,执行功能得到增强。当活动具有挑战性并且提供可以持续实践的机会时,执行功能也会得到加强(Diamond,2012)。因此,教师和家长可以实施各种策略,以促进学习者的执行功能的发展。

以下两种社交过程支持自我调节的发展:协作调节(co-regulation)①和共享调节(shared regulation)②。协作调节是一个过渡阶段,学生通过榜样、直接教学、反馈和来自教师、家长或同伴的指导逐渐适应和内化自我调节技能。共享调节指学生和教师一起学习,并通过提醒、提示和指导相互调节(Hadwin,Järvelä,& Miller,2017)。在第十四章中,你将了解琳·科诺(Lyn Corno)的适应性教学模式,该模式有意识地将学生自我调节发展纳入教学计划。

自我调节存在发展差异。随着学习者的神经系统的成长和适应,自我调节通常会随着时间的推移而发展,但环境的压力和社会的孤立会阻碍其发展(Blair & Raver,2015)。即便如此,早期的学校经历可以帮助学生重回正轨。自我调节还存在性别差异,在低年级阶段,女孩可能比男孩可以更好地调节学习(Greene,Muis,& Pieschl,2010;Matthews,Ponitz,& Morrison,2009;Mischel,2014)。

进行中的自我调节是什么样的? 知识、动机和意志如何协同工作? 让我们从社会认知理论的角度来检验自我调节模型。

---

①协作调节——学生通过榜样、直接教学、反馈和来自教师、家长或同龄人的指导逐渐适应自我调节的学习和技能的过渡阶段。

②共享调节——学生和老师一起通过提醒、提示和指导相互调节。

自我调节学习的社会认知模型

阿尔伯特·班杜拉运用他的自我调节学习知识和技能,从高中毕业生到成为斯坦福大学教授仅用六年时间,但并非所有的学生都有能力成为具有稳定认知习惯、动机和意志的班杜拉。事实上,许多人都会像自我调节专家巴里·齐默尔曼(Barry Zimmerman)所描述的高中生特雷西那样:

> 两个星期之后有一个重要的期中数学考试,特雷西一边学习,一边听流行音乐来放松。特雷西没有为自己设定任何学习目标,相反,她只是告诉自己在考试中尽最大努力。她没有使用特定的学习策略来思考和记忆重要的材料,也没有计划她的学习时间,所以她最终在考试前几个小时开始死记硬背了。她只有模糊的自我评价标准,无法准确评估她的学业准备。特雷西将她的学习困难归因于内在数学能力的缺乏,并保持她糟糕的学习方法。然而,她并没有向别人寻求帮助,因为她害怕自己被认为"看起来很愚蠢"。她觉得自己"已经有太多东西需要学习",所以很少从图书馆寻找补充资料。她发现学习会引发焦虑,她在获得成功方面缺乏自信,并且看不到获得数学技能方面的内在价值。(Zimmerman,2002,p. 64)

显然,特雷西不太可能在测试中取得好成绩。怎么办? 为寻找答案,让我们考虑齐默尔曼(2011)的自我调节学习模型,如图 11.2 所示。根据齐默尔曼的说法,自我调节涉及三阶段循环圈——预见、执行和反思(forethought, performance, and reflection)。在第一阶段,即预见阶段,特雷西需要制定明确、合理的目标,并制定一些实现这些目标的新策略。而特雷西的动机信念也在这一点上起了一定作用。如果特雷西对运用她计划的策略有很高的自我效能,如果她相信使用这些策略会促进数学学习和考试成功,如果她看到她自己的兴趣和数学学习之间存在某种联系,如果她为了表现很好或避免看起来糟糕而试图掌握这些材料,那么她将走上自我调节之路(Usher & Schunk, 2017)。

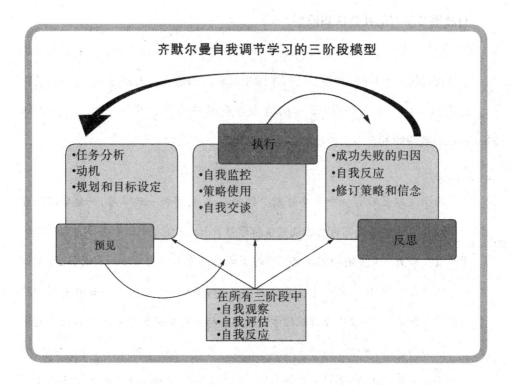

图11.2　齐默尔曼自我调节学习的三阶段模型

　　在考虑了现有任务后,特雷西进入了第三阶段——执行阶段。执行带来了新的挑战。现在,特雷西必须拥有自我控制毅力和学习策略等各方面本领。她可能会使用图像可视化、记忆法、注意力聚焦以及第八章和第九章中描述的其他技能来保持参与(Duckworth et al.,2014;Kiewra,2002)。她也需要自我观察调控学习进展,然后根据需要调整策略。记录实际花费的时间、解决的问题、写的页数可以提供何时或如何充分利用学习时间的线索,关闭音乐也可能有所帮助。

　　最后,特雷西需要转向第三阶段——反思阶段,对过去她的表现和对发生的事情进行反思。在这里,她的自我调节涉及对她的表现的评价。什么有效和什么无效? 为什么? 如果她将成功归功于努力和良好策略的使用,并避免自我挫败的行为和信念,她可能会增加未来做类似任务的自我效能感。她也可能下次修改她的目标,或者为出色地完成任务进行自我奖励。另一方面,如果特雷西认为自己的努力无效,她可能会假装不在意或认为她"不擅长数学"。

齐默尔曼模型中的每个阶段顺次衔接,随着学生遇到新的学习挑战,循环仍会继续。你可能还记得,自我影响的能力是社会认知理论的标志(Bandura,2016)。在自我调节循环的所有阶段,学习者必须观察和评价自己。大多数时候,学习者的自我调节取决于他们自己的自定或内化标准。另一方面,"如果缺乏适当的自我标准,那么人们就很少有自我指导"(Bandura,1986,p. 363)。作为教师,你的部分作用是帮助学习者内化合理的标准,这将有助于他们成为良好的自我调节者。

我们只了解了一种自我调节学习的理论模型,实际上有几种自我调节学习模式,它们都赞同自我调节学习所需的认知过程需要付出努力(Greene,Muis,& Pieschl,2010;Puustinen & Pulkkinen,2001;Usher & Schunk,2017;Winne,2011,2017)。现在我们看两个课堂示例。

惠及每个学生:两个课堂中的自我调节示例

虽然学生的自我调节知识和技能各不相同,但教师必须与整个班级一起工作,并且要"惠及每个学生"。以下是教师做到了这一点的两个真实例子。第一个涉及写作,第二个是解决两个复杂的数学问题。

写作。卡罗尔是南希·佩里和林恩·德拉蒙德(Nancy Perry & Lynn Drummond,2002)描述的二年级学生。林恩女士是卡罗尔的老师,她将卡罗尔描述为"写作能力十分薄弱",卡罗尔难以找到事实和将这些事实转化为有意义的文字描述,以用于撰写研究报告。而且,她在写作技巧方面存在困难,按照林恩女士的说法,这"拖了她的后腿。"

在这一年中,林恩女士让她的二年级和三年级学生参与了三个关于动物的项目。通过写作研究报告,她希望学生学习:(1)做研究;(2)写说明文;(3)编辑和修改他们的写作;(4)使用计算机作为研究和写作的工具。为了第一份报告,该班级共同研究了一个关于花栗鼠的主题。林恩女士需要向他们展示如何进行研究和撰写报告,因此寻找事实和写作是所有学生一起完成的。而且,该班级还形成了作为学习者共同体协同工作的框架。当他们写第二份关于企鹅的报告时,林恩女士为学生提供了较多的选择,并鼓励他们更多依赖自己和同学。最后,为了完成第三份报告,学生选择一只动物,进行一项自我调节的研究项目,并撰写报告。现在他们知道如何进行研究并撰写报告,他们可以在复杂的任务中单独或共同工作,并取得成功。

卡罗尔与一名正在研究相关主题的三年级男孩一起工作。他向卡罗尔展示了如何使用目录,并提供了有关如何在她的报告中表达想法的建议。此外,卡罗尔标记她认为拼写错误的单词,以便她在与林恩女士会面时检查并对她的报告进行编辑。与许多没有学习自我调节学习策略的低成就感学生不同,卡罗尔并不害怕尝试具有挑战性的任务,她相信自己具备成为作家的能力。反思她在整个学年的进步,卡罗尔说,"我从一年级开始就遇到许多麻烦,所以那时学到了很多。"

解决数学问题。林恩·福斯(Lynn Fuchs)和她的同事(2003)评估了将自我调节学习策略纳入实际课堂数学问题解决的价值。研究人员与24名教师合作,所有教师都在三年级的课程中教授相同的内容。教师被随机分配到以下三组中的一组,第一组用他们平常的方式教学,第二组纳入了鼓励解决问题迁移的策略——用课程中学到的技能和知识解决其他情境和课程中的问题;第三组在数学问题解决单元,增加了迁移和自我调节学习策略。以下便是教授的迁移和自我调节学习策略:

- 学生应用一个评价指标为自己的作业打分,并将其交给作业收集者(同伴)。
- 学生们在一份班级报告中用图表呈现家庭作业完成情况。
- 学生使用文件夹里保存的个人温度计图表绘制个人问题的每日分数图。
- 在每次课程开始时,学生检查他们以前的图表并设定目标以超越以前的分数。
- 学生们与合作伙伴讨论他们如何在课外应用解决问题的策略。
- 在某些课之前,学生向小组报告他们如何在课外应用解决问题的技巧。

迁移和自我调节学习策略都帮助学生学习解决数学问题,并将这些知识应用于新问题。当要求学生解决与课程中遇到的问题非常不同的问题时,增加自我调节学习策略尤其有效。不同成就水平的学生以及有学习障碍的学生都可以从学习策略中受益。

技术与自我调节

在上一章中,我们看到了一些运用丰富技术环境来探索复杂概念的例子。在过去的十年中,通过一对一笔记本电脑计划、在线课程开设和混合教学方法,许多学校已转变为以技术为中介的教学(Zheng, Warschauer, Lin, & Chang, 2016)。但要在这些丰富的环境中学习,学生需要具备元认知和自我调节技能,这样他们就不会在信息的海洋中迷失和分心。他们需要主动评估网上找到的信息的可信度和可靠度,还需要动机以专注于对认知有高要求但缺少交往的网络世界中(Mayer, 2014)。如果他们学习的概念具有挑战性和复杂性,那么需要一些支架来支持他们提升理解(Azevedo, 2005; Azevedo, Johnson, Chauncey, & Graesser, 2011; Kingsley & Tancock, 2014)。

例如,梅丽莎·杜菲和罗杰·阿齐维多(Melissa Duffy & Roger Azevedo, 2015)研究了使用超媒体百科全书学习循环系统的本科学生。可用的材料包括文本、图表、照片、视频剪辑和展示循环系统如何工作的动画示例。有两种不同的条件,一组学生是对照组,要求他们为自己的学习设定两个子目标。第二组得到了相同的要求,但是他们被提示使用写摘要或做笔记等特定的自我调节学习策略,然后对他们的策略进行质量评估。对照组没有这样的提示和评价。第二组学生花了更多时间查看相关材料,并使用了更多自我调节策略。许多类似的研究表明,与面对面的学习环境非常相似,在线学习环境中的支架和提示的呈现可以增强学生的自我调节。

但是关于技术如何影响学生自我调节的研究证据仍处于起步阶段。一些研究结果表明,技术可能会阻碍自我监控和关注(Sana, Weston, & Cepeda, 2013)。例如,使用笔记本电脑的学生记了更多的笔记,但在随后的考试中比手工记笔记的学生表现更差(Mueller & Oppenheimer, 2014)。这些意想不到的发现是一些教授(甚至技术专家)决定限制学生在课上使用数字设备的原因之一(Shirky, 2014)。

你如何为上述研究中描述的学生提供自我调节教学或辅导?在教室或计算机实验室使用多媒体时,你如何为学生树立成功的自我调节学习榜样?当这些设备可能会阻碍学习的其他重要方面时,你如何示范负责任地使用技术设备(和限制其使用)?对于今天的教师来说,这些问题变得越来越重要。

自我调节的另一种方法: 认知行为矫正

一些心理学家在研究一种称为自我管理的行为矫正方法——使用强化和惩罚管理自己的行为,与此同时,唐纳德·梅亨鲍姆(Donald Meichenbaum,1977)成功地教导冲动学生在任务中"伴随自我对话"。梅亨鲍姆称他的方法是认知行为矫正(B. H. Manning & Payne,1996)。认知行为矫正(Cognitive behavior modification)①侧重于通过自我对话以规范行为。

你可能还记得,第二章中,在认知发展的一个阶段,幼儿似乎可以使用内心言语指导自己完成一项任务(Vygotsky,1987a),他们自言自语,经常重复父母或老师的话。在认知行为矫正中,学生将学习如何使用这种自我指导(self-instruction)②。梅钦鲍姆(Meichenbaum,1977)概述了以下步骤:

1. 认知榜样:成人榜样在执行任务时将思考过程说出来。

2. 显性的外部指导:孩子在榜样指令的指导下执行相同的任务。

3. 显性的自我指导:孩子在执行任务时出声地思考以指导自己。

4. 消退的自我指导:当完成任务时,孩子对自己进行低语暗示。

5. 隐性的自我指导:孩子在执行任务时通过内心言语指导行为。(p.32)

布伦达·曼宁和贝弗利·佩恩(Brenda Manning & Beverly Payne,1996)列出可以增强学生学习的四项技能:倾听、计划、工作和检查。认知自我指导如何帮助学生发展这些技能? 一种可能的方法是采用个人小册子或课堂海报促使学生"自我讲述"这些技能。例如,一个五年级班级为四种技能中的每一种都设计了一组提示,并在班级内张贴。倾听的提示包括:"这有意义吗?""我明白了吗?""忘记之前我需要问一个问题。"

---

①认知行为矫正—— 基于行为和认知学习原则,通过使用自我言语和自我指导来改变自己的行为。

②自我指导——在任务中说出自己的想法。

"保持注意!""我能照他说的做吗?"计划提示是"我准备好一切了吗?""我现在求助于朋友吗""我先让自己有条理。""我将做什么?""我知道这些!"这两个技能以及其他两项技能,工作和检查的海报如图11.3所示。这个过程的部分作用在于让学生思考并创建自己的指南和提示。许多积极的阅读计划鼓励学生问"一名优秀的读者应该做什么?"然后用他们的答案作为提示。通过讨论和发表各自的想法,学生更有自我意识并能控制自己的学习。

此海报提醒学生在倾听、计划、工作和检查中"伴随自我对话"

以下四张海报是由五年级的班级设计的,帮助他们记住运用自我指导。一些提醒反映了这些青春期前儿童的特殊世界。

海报1
倾听时:
1.这有意义吗?
2.我明白了吗?
3.在忘记前我需要问一个问题。
4.保持注意。
5.我能照他说的做吗?

海报3
工作时:
1.我的速度足够快吗?
2.停止盯着女朋友,回到工作。
3.还剩多久?
4.我要停下来重新开始吗?
5.这对我来说有难度,但我能处理。

海报2
计划时:
1.我准备好一切了吗?
2.我现在就求助于朋友吗?
3.先让自己有条理。
4.我将做什么?
5.我知道这些!

海报4
检查时:
1.我全部完成了吗?
2.我需要重新检查什么?
3.我以这项工作为骄傲吗?
4.我写下了所有的字母吗?数一数。
5.我想我完成了,我使自己有条理。我是不是走神太多次了?

资料来源: Manning, B.H. & Payne, B.D. Self-Talk for Teachers and Students: Metacognitive Strategies for Personal and Classroom Use,. 1996. Reprinted by permission of Pearson Education, Inc.

图11.3　此海报提醒学生在倾听、计划、工作和检查中"伴随自我对话"

梅亨鲍姆等人实施的认知行为矫正比仅教导学生运用自我指导有更多的组成部分。梅亨鲍姆的方法还包括,教师和学生之间的对话和互动、榜样、引导发现、激励策略、反馈、任务与学生发展水平的精细匹配,以及其他有效的教学原则。学生甚至可以参与制定计划(Harris,1990;Harris & Pressley,1991)。考虑到所有这些,学生能够将通过认知行为矫正而发展的技能迁移到新的学习情境就不足为奇了(Harris,Graham,& Pressley,1992)。

如今,整个学校的干预计划都是基于认知行为矫正。例如,"应对能力计划"(the Coping Power Program)包括对父母及其子女的训练,从一学年的后半学期开始,一直持续到下一学年。学生训练常侧重于愤怒和攻击,各培训环节强调设定个人目标、情感意识(特别是愤怒)、学习放松和从愤怒中转移注意力、做出自我陈述、发展组织和学习技巧、换位思考、形成解决社会问题的技巧、通过练习如拒绝来处理同伴压力(Lochman & Wells,2003)。另一种类似的方法是相处工具(Tools for Getting Along)(Daunic,Smith,Brank,& Penfield,2006)。这两项计划都有效地帮助富有攻击性的中学生与同学和老师更好相处。此外,在心理治疗中,基于认知行为矫正的工具已被证明是解决抑郁等心理问题的最有效的方法之一。

"应对能力计划"和"相处工具"都包括情绪自我调节技能,接下来我们转向自我调节的领域。

情绪自我调节

社交和情感能力和自我调节对于学业能力和个性的发展都是至关重要的(Weissberg,Durlak,Domitrovich,& Gullotta,2015)。一个人能有效解释自己和他人的情绪(例如焦虑、愤怒、沮丧、兴奋),识别出将这些情绪信号结合起来的有效目标,而且最终调节情绪和行为以最大限度地成功参与到社交场合中,那么他就被认为是具备高情商的特征(Cassady & Boseck,2008)。学生在校期间可能有各种各样的情绪,有些情绪有益于学习,但有些则不然。教师和学生需要有效的应对策略来解决社交或学习情境中的情感问题,以便情绪成为成功实现教育目标的资源,而不是障碍。这些应对策略包括广泛的技能和情绪自我调节(Matthews,Zeidner,& Roberts,2002)。为了说明这些重要策略,学业、社会性和情绪学习合作组织(the Collaborative for Academic,Social,and Emotional Learning,CASEL)列出了五项核心社交能力和情感技能和能力:

- 自我意识——准确评估你的感受、兴趣、价值观和优势；保持良好的自信心。

- 自我管理——调节你的情绪，以处理压力、控制冲动并坚持克服障碍；制定并监督个性和学业目标的进展；恰当地表达情感。

- 社会意识——能换位思考并同情他人；承认和欣赏个人和群体的异同；识别和使用家庭、学校和社区资源

- 关系技能——建立和维持基于合作的健康和有益的关系；抵制不适当的社会压力；预防、管理和解决人际冲突；在需要时寻求帮助。

- 负责任的决策——在考虑道德标准、安全问题、适当的社会规范、尊重他人以及各种行动的可能后果的基础上做出决策；将决策技能应用于学业和社会情境；为所在学校和社区的福利做贡献（www. casel. org/）。

在美国和意大利，追踪学生若干年的许多研究发现，早期的亲社会行为和社交能力与5年后的学业成就和在同伴中的受欢迎程度有关（Elias & Schwab，2006）。在学校学习初期，当学生正在学习如何学习时，学习发展自我情绪调节尤为重要。例如，卡洛斯·瓦连特（Carlos Valiente）和他的同事（2010年）跟踪了幼儿园近300名儿童，评估自我控制、情绪调控能力和学业成就之间的关系，发现学生的愤怒、悲伤和羞怯与成就呈负相关，但自我控制与成就呈正相关，特别是对于表现出较低负面情绪水平的学生。显然，帮助学生学会自我情绪调节可以使他们走上学校学习的健康道路，增强他们的适应力，且可能帮助他们与同伴建立社会关系。教师应该怎样帮助学生发展这种能力呢？

丹尼尔·戈尔曼（Daniel Goleman，2015）认为，第一种方法是树立榜样。"理想情况下，教师以及整个学校的工作人员，会为学生树立情感和社交能力的榜样"（p. 594）。因此，作为培训的一部分，教师需要接受情感和社会调节的指导。2017年对美国教师教育计划的审查指出，培训中需要更多地融入社会情感学习成分（Schonert-

Reichl, Kitil, Hanson-Peterson, 2017)。虽然一些教育学院几乎没有提供社交和情感能力的培训,但是一些优秀课程为职前教师提供帮助他们和学生更好调节情绪的技能培训(例如,参见 The Center for Reaching and Teaching the Whole Child, http://crtwc.org；The Academy for Social-Emotional Learning in Schools, http://sel.cse.edu)。"指南:鼓励情绪自我调节"提供了一些比较实用的促进情绪调节的建议。

指南:鼓励情绪自我调节①

在课堂上营造信任气氛。举例:

1. 避免去听关于学生的小报告和传言。

2. 遵循公平的结果。

3. 避免不必要的比较,并给学生改善工作的机会。

帮助学生认识并表达自己的感受。举例:

1. 提供情感词汇,并记录人物或故事中的情感描述。

2. 清楚并描述自己的情绪。

3. 鼓励学生在日志中写下自己的感受,保护这些作品的隐私(见上面关于信任的部分)。

帮助学生认识他人的情感,培养同理心和同情心。举例:

1. 对于年幼的孩子,可以这样引导:"看看钱德拉的脸,当你那样说时,你觉得她是什么感受?"

2. 对于年龄较大的学生来说,使用阅读、文学、电影或角色转换中的人物分析来帮助他们识别他人的情绪。

提供应对情绪的策略。举例:

1. 讨论或实施其他方案,例如停下来思考对方的感受,寻求帮助或离开现场。

2. 应用集中注意力的练习,如自我对话、深呼吸或正念运动来缓解或防止情绪爆发。

---

①有关提升情绪能力的想法,请参阅 casel.org。

3. 为学生示范策略。谈谈你如何处理愤怒、失望或焦虑。

帮助学生识别情感表达中的文化差异。举例：

1. 让学生写下或讨论他们如何在家庭中表达情感。

2. 指导学生认真讨论并询问他人的感受。

指向自我效能感与自我调节学习的教学

教师、学校领导和研究人员都非常关注教师压力。在教学的最初几年,高强度的压力导致教师无法制定有效的策略应对他们面临的许多问题(Chang, 2009)。

教师压力、效能感和自我调节学习

那些在课堂上最能有效处理压力的教师,兼具前面讨论过的高水平的教学效能感和积极的情绪自我调节水平(Montgomery & Rupp,2005；Schonert-Reichl et al. ,2017)。最常见的教师压力来源是学生的不良行为、人际关系挑战以及与工作相关的压力——例如满足标准要求(Cano-Garcia, Padilla-Munoz, & Carrasco-Ortiz, 2005；Griffith, Steptoe, & Cropley, 1999)。如果教师可以理性处理学生的干扰和来自家长的压力,保持理智,并寻求同伴的支持,那么他们更可能拥有健康的职业生涯(Collie,Shapka, & Perry, 2012；Jennings & Frank, 2015；Wilkinson, 1988；Woolfolk Hoy, 2013)。

最近获得研究支持的一种有前景的做法是为教师提供"正念训练",帮助教师将注意力和情感资源集中在当前情形上,不需要进行判断,认识并释放不必要的期望和偏见,并培养对自己和他人更大的同情心(Roeser et al. ,2013)。被随机分配接受情绪技能、正念减压和同情心训练的教师与对照组相比,在幸福感、自我效能和正念方面表现出显著提高,同时倦怠感减少(Jennings, Frank, Snowberg, Coccia, & Greenberg, 2013)。

设计自我调节课堂

停下来想一想:你现在正在学习什么? 你今天为阅读设定了什么目标? 你的学习计划是什么,你现在用什么策略来学习? 你是如何学习这些策略的?

幸运的是,越来越多的研究为如何设计任务和构建课堂互动提供了指导,以支持学生参与和发展自我调节学习的能力(Brown, Roediger, & McDaniel, 2014；Diamond & Ling, 2016；Perry, 1998；Stoeger & Ziegler, 2011；see Schunk & Greene, 2017)。这项研究表明,当教师让学生参与长期的复杂、有意义的任务时,他们会形成学业上有效的自我调节学习方式和学习效能感,这很像第十章中描述的建构主义活动。为了培养学生的自我调节学习和自我效能,学生需要控制学习过程和结果;他们需要对做什么、在哪里以及与谁合作做出抉择。他们还需要控制任务的难度——读或写的数量,以什么速度以及在什么水平的支持下进行。由于自我监控和自我评价是有效的自我调节学习和效能感的关键,教师可以通过让学生参与制定评价学习过程和结果的标准,给他们反思的机会并利用这些标准来判断他们的进步,从而帮助学生发展自我调节学习。与同伴协作并从他们那儿寻求反馈会有所帮助。正如你之前看到的,这被称为共享调节。在整个过程中,教师必须通过"提供足够和及时的信息和支持,促进学生习得和应用自我调节学习"来协作调节任务(Perry & Rahim, 2011, p. 130)。下面让我们逐一细致地分析这些基于研究的支持自我调节发展的方法。

复杂任务

教师不希望为学生分配过于困难而容易导致挫败感的任务。当学生有学习困难或障碍时尤其如此。事实上,研究证实,对学生来说,最具激励性和对学业最有利的是那些有一定挑战但却在能力范围内的任务(Mayer,2014)。记住你在第八章中学到的关于外在认知负荷的知识。

复杂一词指的是任务的设计,而不是它们的难度水平。从设计的角度来看,当任务具有多个目标并涉及大量意义时,就会变得复杂。例如,主题单元和项目。此外,复杂的任务可以在很长一段时间内完成,让学生参与到各种认知和元认知过程中,并允许产生多样化的结果(Perry, VandeKamp, Mercer, & Nordby, 2002)。例如,对埃及金字塔的研究可能会产生书面报告、地图、图表、短剧、模型、甚至一座埃及"博物馆"。

更重要的是,复杂的任务可以为学生提供他们学习进度的信息。这些任务要求他们进行深入、精细的思考并解决问题。在此过程中,学生形成和完善他们的认知和元认知策略。此外,在这些任务中取得成功可以提高学生的自我效能感和内在动机

（McCaslin & Good，1996；Turner，1997）。学习应对压力、调节情绪和适应环境是一个重要的教育目标（Matthews，Zeidner，& Roberts，2002）。请记住，从第四章开始，根据斯腾伯格（2004）的观点，智力的一个方面是选择或适应环境，以便获得成功。班杜拉（2016）也认同此观点，选择最适合你的环境是成为有能动性的主体的一种方式。

控制

教师可以通过给予学生选择与学生分享控制权。当学生可以选择时（例如做什么、如何做、在哪里工作、与谁一起工作），他们会觉得更有希望成功，从而提高自我效能感，因此能在面临困难时更加努力并坚持下去（Turner & Paris，1995）。此外，通过让学生参与决策，教师邀请他们通过计划、设定目标、监督进展和评价结果来承担学习的责任（Turner，1997）。最后，正如第十二章（Ryan & Deci，2000）中提出的动机理论所假设的，当学生认为能够控制学习活动时，他们会保持更高水平的动力来完成任务。这些都是高效、自我调节学习者的素质。

为学生提供调整和选择特定任务挑战水平的机会（例如，他们可以选择简单或更具挑战性的阅读材料，确定报告的性质和写作量，用学习的其他表达方式补充写作）。但是，如果学生做出较差的学业选择呢？高度自我调节学习的高效教师会认真考虑他们给予学生的选择。他们确保学生拥有独立工作和做出正确决策所需的知识和技能（Perry & Rahim，2011）。例如，当学生学习新技能或规则时，教师可以提供有限制的选择（例如，学生必须至少写四个句子、四个段落、四页纸，他们可以选择写更多；他们必须证明对动物的栖息地、食物、后代有了解，但他们可以选择写作、绘画或说出他们的理解）。

高效的教师也教授和示范怎样做出良好的决策。例如，当学生选择合作伙伴时，可以要求他们考虑对合作伙伴的需求（例如共同的兴趣和承诺，或者是他们需要发展的知识与技能）。当学生们选择如何最好地利用他们的时间时，这些老师会问："你完成后能做什么？如果你正在等待我的帮助，你可以做什么？"通常，教师会制成问题单并发布，因此学生可以在活动时随时参考。最后，高效的教师会向学生提供所做出的选择的反馈，并根据特定学习者的个性特征定制适合他们的选择。例如，他们可能会鼓励一些学生选择能够随时获得的资源并以其可以理解的水平编写研究课题。或者,他们可能会鼓励一些学生合作而非独立工作,确保他们获得成功所需的支持和共享调节。

自我评价

支持自我调节学习的评价应是无威胁的。它们嵌入正在进行的活动中,强调过程和结果,关注个人进步,并给学生解释错误作为学习机会。在这样的情境中,学生喜欢并且寻求有挑战性的任务,因为他们感知到参与的风险很低(Paris & Ayres, 1994)。让学生参与制定评价标准并评价自己的工作,也可以通过让学生对结果的控制感来减少评价中经常出现的焦虑。学生可以根据他们和教师一致认为的"好"的工作品质判断自己的工作,他们可以考虑自己学习方法的有效性,并以提升学习的方式选择行为(Winne, 2011; Winne & Perry, 2000)。

自我调节学习水平高的课堂为学生提供正式和非正式的评价其学习的机会。例如,一位教师要求四年级和五年级的学生提交反思日志,描述他们与合作伙伴为概率和统计单位设计的游戏(Perry, Phillips, & Dowler, 2004)。他们的日志阐释了他们对团队合作过程和结果的贡献,并描述他们从参与中学到了什么。教师在评价游戏时将这些反思作为参考。教师问学生一些非正式的问题:"今天,你作为一名作者学到了什么?""好的研究人员和写作者做了什么?""我们做了哪些以前我们做不到的事情?"向个人提出或在课堂讨论中嵌入与此相似的问题,推动元认知、动机和战略行动的发展——是自我调节学习的构成元素。

协作

"提高高中学生参与度和学习动机委员会"(The Committee on Increasing High School Students' Engagement and Motivation to Learn, 2004 年)得出结论,当学生们能够集思广益时,他们更容易接受具有挑战性的任务,这种任务有助于发展自我调节能力。最能有效利用合作/协作关系支持自我调节学习的是在合作中体现出团体氛围和共享解决问题方法(Perry & Drummond, 2002; Perry, VandeKamp, Mercer, & Nordby, 2002)。在此背景下,无论学习方式是独自学习、结对还是小组合作,教师和学生实际上共同调节彼此的学习(McCaslin & Good, 1996),为彼此提供支持,这种支持有助于个人元认知、内在动机和策略性行动(例如,分享想法、比较解决问题的策略、识别每个人的特长领域)。自我调节能力水平高的教师,在每学年初,常在教学日常行为规范和课堂参与规则上花费一些时间。例如,如何提供建设性反馈,如何解释和回应同伴的建议。正如你将在第十三章中看到的那样,形成有用的管理和学习程序与规则需要在学年之初投入时间,但是花费这些时间是必要的。一旦建立了相互作用的习惯和模式,学生可以专注于学习,教师可以专注于教授学业技能和课程。

综述:学习理论

以上四章探讨了关于学习的不同阐释,我们如何理解阐释视角的多样化? 我们考虑了行为主义、认知学派、建构主义(个人和社会)和社会认知理论关于人们学什么和如何学习的解释,表11.3呈现了不同学习观点的总结。

我们并不是争论这些理论的优劣,而是看它们对理解学习和促进教学的贡献。我并不认为要选出"最好的"理论——事实上也并不存在。化学家、生物学家和营养学家都根据不同的理论解释而促进人的健康。不同的学习理论观点可被综合运用以为各种各样的学生创设积极的学习环境。行为主义理论帮助我们理解在建立行为阶段中暗示的作用,结果与练习在鼓励或削弱特定行为中的作用。但大部分人类的生活和学习超出了行为范畴,语言和高级思维要求复杂的信息加工和记忆——认知模型有助于我们理解这些过程。那么,作为知识的创造者和建构者,而不仅仅是信息的加工者的人呢? 对此,建构主义观点提供了较多阐释。社会认知理论说明了模仿和观察学习提供的强大学习机会,并突出了自主性和自我指导的重要作用。最后,生活需要自我调节学习。无论学习的操作过程如何,发展有效的自我调节技能可以促进学习获得更大成功。

我喜欢把表11.3中的四个主要学习理论视为教学的四大支柱。学生必须首先理解并弄懂材料(建构主义者);再者,必须记住他们所理解的内容(认知信息处理);然后,必须练习并应用(行为)他们的新技能和理解,以达到更加流畅和自动化——成为他们认知中的永久性知识。最后,他们必须管控自己的学习(社会认知)。如果该过程的任何部分未落实,都将导致学习质量下降。

表11.3 四种学习观

每种学习观内部都存在不尽相同的观点,而各种观点间也存在重合之处,建构主义尤其如此。

	行为主义	认知学派	建构主义		社会认知
	应用行为主义分析	信息加工	个体的	社会的/情境化的	社会认知理论
	斯金纳	安德森	皮亚杰	维果斯基	班杜拉
知识	• 固定的知识体系 • 来自外界刺激	• 固定的知识体系 • 来自外界刺激 • 已有知识影响信息加工方式	• 变化的知识体系,在社会环境中由个体建构 • 建立于学习者带来的经验	• 社会建构知识 • 建立于参与者贡献和共同建构	• 变化的知识体系,在与他人和社会环境的互动中建构
学习	• 获得事实、技能、概念 • 通过反复操练、指导下的练习产生	• 获得事实、技能、概念和策略 • 通过策略的有效应用	• 积极建构和重构已有知识 • 通过多种机会和不同过程联系已有经验	• 协作建构社会上确认的知识和价值 • 通过社会建构的机会	• 积极建构知识,这些知识基于观察、自然和社会环境中的相互作用和发展自主性——提高自我调节能力。
教学	• 传递呈现(讲课)	• 传递 • 指导学生获得更准确、更完整的知识	• 挑战,指导学生思考,以获得更完整的理解	• 和学生共同建构知识	• 通过榜样示范支持自我效能和自我调节
教师角色	• 管理者、监督者 • 纠正错误回答	• 教和示范有效策略 • 纠正错误概念	• 促进者,指导者 • 听取学生当前的概念、想法和思考	• 促进者、指导者 • 共同参与者 • 共同建构知识的不同理解,听取社会建构概念	• 榜样、促进者、激励者 • 自我调节学习的榜样
同伴角色	• 通常不予考虑	• 不必要但可能影响信息加工	• 不必要,但可以刺激思维、提出问题	• 知识建构过程的正常和必要的组成部分	• 作为榜样 • 知识建构过程的正常和必要的组成部分
学生角色	• 被动地接受信息 • 积极的听众、指令的跟随者	• 主动的信息加工者、策略运用者 • 信息的组织者和再组织者 • 记忆者	• 积极的建构(在内部) • 积极的思维者、解释者、理解者、提问者	• 与他人一起和独立地积极共同建构 • 积极的思维者、解释者、理解者、提问者 • 积极的社会参与者	• 与他人一起和独立地积极共同建构 • 积极的思维者、解释者、理解者、提问者 • 积极的社会参与者

总结

社会认知理论

区分社会学习理论和社会认知理论。社会学习理论扩展了行为主义对强化和惩罚的认识。根据行为主义,强化和惩罚直接影响行为。而社会学习理论认为他人、榜样、强化或惩罚对观察者产生相似的影响。社会认知理论又扩展了社会学习理论,它包含了认知因素如信念、期望和自我知觉。当前的社会认知理论是一个解释人类适应性、学习和动机的动态系统,该理论阐述了人们如何发展社交、情感、认知和行为能力;人们如何调整自己的生活;是什么激励他们。

什么是三元交互决定论?三元交互决定关系是指个人因素、环境事件和行为间的动态交互作用。个人因素(信仰、期望、认知能力、动机、态度和知识),物理和社会环境(资源、行动的后果、其他人、榜样和教师、物理环境)和行为(个人行为、选择、和言语)之间相互影响。

模仿: 通过观察他人学习

榜样是什么?通过观察他人来学习是社会认知理论的关键要素。榜样受观察者的发展特征、榜样的地位和声望、榜样的行为后果、观察者对所观察到的行为的期望等因素的影响(我会得到奖励吗?)。观察者衡量他们的目标和榜样的行为之间的联系(榜样做了我想做的事吗?),以及观察者的自我效能感(我能做到吗?)。

观察学习能促成怎样的结果?观察学习可以产生五种可能的结果:吸引注意力,鼓励现有行为,改变抑制,教授新的行为和态度,唤起情绪。通过吸引注意力,我们可以洞察他人如何做事以及他们的行为目标。适当鼓励或调整现有行为可以促进良好习惯的发展和提高工作效率。观察他人也提醒我们有意识的注意他人,这可能会使我们对自己的行为负责。当别人做某事时,我们也可能效仿。特别是幼儿通过观察和模仿他人来学习,但每个人都可以通过观察他人的方式来深入了解某些事情如何做得好(或很差)。最后,观察可以使情绪与某些活动相联系。如果观察到他人在活动中非常愉悦,那么观察者也可能尝试享受这个活动。

自主性与自我效能感

什么是自我效能感?它与其他自我图式有何不同? 自我效能与其他自我图式不同的之处在于,它涉及对特定任务相应能力的判断。自我概念是一个更全面的概念,包含自我认知和自我效能感。与自尊感相比,自我效能感与对个人能力的判断相关,自尊感与对自我价值的判断相关。

自我效能的来源是什么? 自我效能的四个来源是直接经验(掌握或失败)、替代经验(榜样的行为表现)、他人劝说(他人的评价判断或具体的绩效反馈),以及在任务中的情绪或生理唤醒程度。

自我效能如何影响动机? 较强的自我效能感激发个体更加努力,设立更高的目标,面对挫折时较多坚持,以及不断寻找成功的方法。然而,如果效能感较低,人们可能会逃避任务或在困难面前轻易选择放弃。

什么是教师的自我效能感? 教师与学生成绩相关的少数个人特征之一就是教师的自我效能感——相信他们可以帮助有困难的学生学习。具有高效能感的教师工作更努力,更能坚持,并且产生倦怠的可能性低。当其他教师和管理人员对学生寄予厚望,并且校长会在教师解决教学和管理问题时给予帮助,教师的自我效能感更高。自我效能感来源于学生的真正成功,因此,任何能帮助教师在日常教学任务中成功的经验或培训,都将成为其培养效能感的基础。但是,如果低效能感鼓励了教师追求专业发展,那么适当的低效能感可能会有益。

自我调节学习:技能与意志力

自我调节学习涉及哪些因素? 教学的一个重要目标是让学生为终身学习做好准备。为了达到这个目标,学生必须是自我管理的学习者,他们必须结合知识、学习动机和意志,为支持独立且有效的学习提供技能和意志力。知识包括对自我、主题、任务、学习策略和应用背景的理解。学习动机为自我信念和兴趣等提供了保障。尽管会分散注意力,但意志仍需伴随始终。在此,人格特征如勇气、责任心和自我控制很重要。

　　什么是自我调节学习循环圈? 齐默尔曼的自我调节学习模型指出了三个阶段:预见(包括设定目标、制定计划、自我效能和动机)、执行(包括自我控制和自我监控)、和反思(包括自我评价与调整,再次预见/规划阶段)。

　　哪些例子体现了教学生成为更好的自我调节者? 自我调节学习者参与四种类型的活动:分析任务、设定目标和制定计划、参与学习,以及调整他们的学习方法。让学生更能自我调节的方式是可以提供识别和分析手头任务的机会。学生应该反思:任务是什么? 任务的理想结果是什么? 学生也可以从目标设定中受益。他们可能会反思:我的短期目标是什么? 我的长期目标是什么? 学习策略,例如识别重要细节和更好地理解下步工作所需的重要材料,是这个过程的下一步。最后,学生需要思考他们是否成功地制定策略来克服自我调节过程中的不足。他们可能会问自己:我在哪方面做得出色? 为了实现未来的目标,我需要在哪方面改进?

　　什么是认知行为矫正? 认知行为矫正是一个使用自我对话来调节行为的过程。可以采取多种形式对认知行为进行修正,包括帮助学生参与学习或帮助他们有效地处理愤怒和冲动。已有研究已经确定了四种特别有用的自我对话策略:倾听、计划、工作和检查。认知行为修正适用于所有年龄段的学生,但是年幼的孩子或那些没机会实践较好自我调节策略的人,可能更需要成年人帮助和指导其进行自我对话。

　　情绪自我调节包括哪些技能? 情绪自我调节的个体能意识到自己的情绪和他人的感受——意识到内心情绪可能与外在表达不同。他们可以以适合其文化群体的方式表达情感。他们可以感受到对困境中他人的同情,也可以应对自己压力和痛苦的情绪。情绪的自我调节者也可以使用各种解决和应对问题的策略,帮助他们管理个人和社会情绪,以促进个体恰当的行为表现。这些个体都知道关系的定义部分取决于情感在关系中的传达方式。这些技能组合在一起,产生了情绪自我调节的能力。

指向自我效能感与自我调节学习

　　教师如何促进自我效能和自我调节学习的发展? 教师应让学生参与长期的、复杂且有意义的任务。教师应该让学生控制他们的学习过程和结果,让他们做出选择,应该让学生参与制定评价自己学习过程和结果的标准,然后给他们机会使用这些标准来判断他们的进步。最后,教师应鼓励学生与同伴合作并寻求同伴的反馈。

综述:学习理论

四种学习观的价值是什么? 行为主义、认知主义、建构主义和社会认知学习理论是教学的四大支柱。学生必须首先理解并弄懂材料(建构主义)。那么,他们必须记住他们所理解的内容(认知信息处理)。然后,他们必须练习并应用(行为)他们的新技能和理解,并使其更加流畅和自动化——成为他们认知中的永久性知识。最后,他们必须管控自己的学习(社会认知)。如果该过程的任何部分未落实,都将导致较低质量的学习。

关键术语

Cognitive behavior modification	认知行为矫正
Co-regulation	协作调节
Direct reinforcement	直接强化
Grit	毅力
Human agency	人的自主性和能动性
Mastery experiences	掌握经验
Modeling	模仿
Physiological or emotional arousal	生理或情绪唤醒
Ripple effect	连锁效应
Self-efficacy	自我效能感
Self-instruction	自我指导
Self-regulated learning	自我调节学习
Self-regulation	自我调节
Self-reinforcement	自我强化
Shared regulation	共享调节
Social cognitive theory	社会认知理论

Social learning theory	社会学习理论
Social persuasion	他人劝说
Teachers' sense of efficacy	教师效能感
Triadic reciprocal causality	三元交互决定论
Vicarious experiences	替代经验
Vicarious reinforcement	替代强化
Volition	意志

教师案例簿

不能自我调节——他们会做什么？

以下是几位专家型老师如何应对本章开头一班学生不善计划、杂乱无章行为的例子。

JANE W. CAMPBELL　二年级教师

John P. Faber Elementary School, Dunellen, NJ

今年开始，我教学生几条行为规范，帮助他们变得更加独立和成功。首先，先给他们介绍标有教室编号和学校名称的家庭作业文件夹。归属感很重要，所以他们也要在标签上写下自己的名字。也有指定要父母签名的部分，还有需返回学校或只在家完成的作业。每天学生把他们的东西放到适当的位置。我在教室中查看他们的文件夹，了解他们的进步。随着一些学生逐步变得熟练，他们成为小老师，帮助检查其他学生。让学生变得有条理需要时间，但一旦建立规范，大多数学生可以成功完成任务。随着常规的实施和建立，学生们变得成功，也更加自立。学生、家长和教师都很开心。

CARLA S. HIGGINS　五年级读写协调员

Legend Elementary School, Newark, OH

我不对学生的组织能力做预设。相反，我明确地教他们课堂学习的技巧，为他们未来组织能力的发展提供支持。例如使用结构化文件夹记录课堂作业、频繁地检查作业日程表。我和学生都会为每项任务制定到期前的计划。对于较长的任务，我要求学生帮忙创建一个完成项目的合理时间表，说明完成项目的详细步骤并经常检查这些步骤的完成情况。最后,因为我们生活在借助科技交流的文化中,我建立了一个网站或电子邮件提醒系统,为一些特定的学生提供支持,并与家长沟通让他们也参与进来。

MARIE HOFFMAN HURT　八年级外语教师

Pickerington Local Schools, Pickerington, OH

作为优秀教师的一项技能是学习如何随着必学的内容材料教授学习"过程"。我刚教学时未曾想到,在宏观的教学计划中,特定内容的学习只是教学的一小部分。学生成功的一大部分(成就测试)不是只会搭配法语动词,而应该知道学生在学习法语动词时所掌握的习惯和学习技巧。在头脑中有此观念,更容易把握教学目标。如果教师专注于组织和计划等基本策略,并使这些策略与课堂运作密不可分,那么这些观念就成为学生的第二天性。因为学生有必备的工具,所以他们能够更好地学习和掌握特定内容。

KELLY L. HOY　五年级文科教师

Katherine Delmar Burke School, San Francisco, CA

在小学课堂中,组织技能对于缓解学生、教师甚至父母的压力至关重要。从书桌到活页夹到背包,不知何故,学生的纸质作业神秘地消失了。有几个办法可以对付邪恶的"黑洞"——书包或书桌。教师应该在每个学期结束时,花时间清楚地说明作业应该摆放的位置,标记作业是否在正确位置。对于有严格时间限制的项目,标注笔记、草稿和最终项目的不同到期日,将有助于学生学习时间管理。学生可以在作业日志中清点是否有正确的材料并让教师签名。定期的"书包检查"可以帮助学生整理书包和完成作业。

PATRICIA A. SMITH　高中数学教师

Earl Warren High School, San Antonio, TX

在我的高中数学课上,我在学年的前两个月里训练学生的组织技能。我的所有学生都有一个时间表,包括讨论作业的截止日期和测验、考试日期。我还给他们每个人一个"记分卡",用于记录他们自己的成绩。这可以作为老师的双重检查,并为学生提供获得成绩的归属感。

　　我的所有学生都有一个带有塑料封面的三环活页夹，他们的日程安排放在里面。在今年年初，每节课我会以查看日程表开始，并询问学生作业的截止日期。此外，我在不同的彩色文件夹中收集课程不同部分的所有作业和测试。当学生走进教室并看到我桌子上为他们指定的文件夹时，他们知道应提交什么。我的大多数测验都是带回家的，我把它们放在房间后面的桌子上，学生负责寻找、完成和归还测验试卷。事实上，我会提前几天把它们拿出来，并且不接受延迟测验，因此，这让学生变得更加有组织和有条理。评分文件也以同样的方式处理，从而使新的、有序的行为得以保持，而旧的、无组织的方式被摒弃。

第十二章 学习与教学中的动机

概览

教师案例簿：资源匮乏时激励学生——你会做什么？

概述和目标

什么是动机？

    一些学生案例

    内部动机和外部动机

    关于动机，你已知什么？

需求和自我决定

    马斯洛的需求层次论

    自我决定：对胜任力、自主性与关系的需求

    给教师的建议：需求

目标和目标定向

    目标类型和目标定向

    反馈、目标框架和目标接受度

    给教师的建议：目标

"期望—价值—成本"理论

    成本

    任务价值

    给教师的建议：重视任务价值

关于知识、能力和自我价值的归因和信念

    课堂中的归因

教师案例簿

资源匮乏时激励学生——你会做什么?

七月份,你终于得到了教学职位。虽然这个区不是你的第一选择,但是职位空缺非常少,所以在你的专业领域内能找到一份工作你感到开心。你发现所在学校几乎没有什么教学资源,唯一可用的材料是一些陈旧的课本和练习册。你建议提供软件、学习应用程序、模拟游戏、DVD、科学项目用品、实地考察机会或其他更灵活的教学材料,但是都得到了同样的回应:"没有预算。"当你浏览教材和练习册时,会想学生们肯定对此感到厌烦。更糟糕的是,这些课本的目标远超出了学生水平。但是练习册中的学习目标很重要,而且学区课程要求学习这些单元。明年春天,学生将接受学区层级的评估测试。

批判性思维

- 你如何激发学生对练习册中的主题和任务的好奇心和兴趣?

- 你如何确定学习这种材料的价值?

- 你会如何处理课本的难度水平?

- 你知道解决这些问题需要怎样的动机吗?

- 为了激励学生你知道需要了解他们哪些方面吗?

概述与目标

大多数教育工作者认为激励学生是教学的关键任务之一。要实现学习目标,学生必须在认知、情感和行为上参与课堂活动。我们从"什么是动机"这个问题开始,并分析已有的许多回答,包括内在和外在动机的讨论。基于你对行为主义、认知主义、社会认知和社会文化学习理论的理解,你对于动机已经有了相当多的了解。

接下来,我们认真地考虑在动机讨论中经常出现的五个因素或主题:需求和自我决定,目标导向,期望和价值观、归因和信念以及情感,如兴趣、好奇心、心流体验或焦虑。我们如何在教学中考虑这些因素? 我们如何创造激发学习动机和参与的教学环境、情境和关系?

首先,我们考虑如何将影响动机的因素整合起来支持学习动机。然后,我们使用TARGET 模型检查动机如何受任务、自主性、认可、分组、评价和时间的影响。最后,我们讨论将动机发展的许多策略作为课堂中的常态,并使之成为学生潜在特质。

读完本章后,你应该能够:

目标 12.1 定义动机并对比内在和外在动机,包括四种外在动机。

目标 12.2　解释学习者的需求,解释胜任感、自主性和相关性等如何影响学习动机。

目标 12.3　描述不同类型的目标导向,并分析它们对动机的影响。

目标 12.4　讨论学生有关成功期望、任务价值和成本的想法如何影响动机。

目标 12.5　讨论学生有关控制、知识本质、思维倾向和自我价值的信念如何影响动机。

目标 12.6　描述兴趣、好奇心、心流体验、情感和焦虑在动机中的作用。

目标 12.7　解释教师如何影响和鼓励学生的学习动机。

我们在前一章已经开始了对动机的探索,我们探讨了学生有关他们能力的信念——学生的自我效能感。我还用本章专门论述动机,因为学生的动机对其在课堂中的社交互动和学业成就有着直接和重大的影响。具有相同能力和知识基础的学生可能会因动机而体现出相当大的行为差异(Wigfield & Wentzel,2007)。教师该如何应对? 让我们从一个基本问题开始——什么是动机?

什么是动机?

动机(motivation)①通常被定义为引发、指引和维持行为的内部状态。有动机的学生会更加努力、更能坚持、学得更多以及在测验中获得更高的分数(Lazowski & Hulleman,2016)。研究动机的心理学家关注五个基本问题:

1. 人们做出怎样的行为选择? 例如,为什么一些学生在别人看电视时自己能专心做功课?

2. 行为的启动需要多长时间? 为什么一些学生选择马上开始做功课,而有的学生却要拖延?

3. 投入的深度或水平如何? 书包一打开,学生就集中精力、全神贯注呢? 还是只是做做样子?

————————————

①动机——引发、指引和维持行为的内部状态。

4. 一个人坚持或放弃的原因是什么？一个学生是读完教师要求的莎士比亚作品呢,还是就读几页？

5. 在活动过程中个体想到什么？他们感受如何？学生是真的喜欢莎士比亚的作品呢,还是考虑到将来的考试(Anderman & Anderman, 2014;S. Graham & Weiner,1996; Pintrich, Marx, & Boyle, 1993)？

一些学生案例

许多因素影响动机和学习参与,为了体验其中的复杂,让我们走进一所中学的普通科学课堂,分析学生的动机问题,那些问题都是你作为教师可能遇到的。学生档案由斯蒂普克(Stipek,1998)提供。

• 无能为力的热拉尔多,甚至不会像往常一样开始任务,他只是一直说"我不明白"或"这太难了。"当他正确地回答你的问题时,他认为只是"猜到了",并非真的知道。热拉尔多大部分时间都在发呆。他越来越落后。

• 谨慎的苏美特会检查他的每一步——他想要完美。你曾经因为他一幅出色的彩色实验仪器图给他加分。现在他每次都会为实验制作一件艺术作品。但是苏美特不会冒险获得 B, 如果老师不要求或不是考试内容,他就不感兴趣。

• 相反地,满足的索菲娅对这个项目非常感兴趣,事实上,她比你知道得更多。她花了几个小时阅读有关化学和实验的文章。但是她这门课的整体成绩在 B - 和 C 之间,因为她从未交过作业。索菲娅对自己没有努力而取得 C 的成绩感到满足。

• 自我防御的达蒙又没带自己的实验手册。老师告诉他可以和别人合用一本,他假装在学习,但大部分时间他在糊弄。当老师转过身时,他从别的同学那儿得到答案,他想让所有人都知道他"不是真正努力"。这样,如果他分数低,他也有借口。他害怕努力,因为如果努力了再失败,他害怕大家都认为他"笨"。

• 焦虑的艾梅在多数学科学习中都是一个好学生,但在科学测验上却一筹莫展。在小组活动和完成自己的作业时,她似乎做得很不错,但当众回答问题或考试的时候,她知道的所有东西就"忘"了。她的父母是科学家,并希望她将来也成为科学家,这个希望看起来前景不乐观。

停下来想一想:以上每个学生都至少在五个动机领域中的一个方面有问题:(1)选择;(2)行为启动;(3)强度;(4)持久性;(5)想法和感受。你能诊断出问题吗？答案在后面。

每个学生有不同的动机问题,然而教师又必须指导如何激励和教授整个班级。下面我们将更深入地分析动机的含义,从而更好地理解这些学生。

内部动机和外部动机

我们都知道,即使我们对任务本身不感兴趣,但当我们充满渴望、精力饱满地去实现某个目标时是怎样一种感受,是什么激励、引导和维持我们的行为？一些心理学家根据个性特质和个体特征对动机加以解释。正如理论所言,某些人对汽车或艺术感兴趣,所以他们在车库或画廊里待上几个小时。另一些心理学家更倾向于把动机看成是一种状态,一种暂时的状况。例如,如果你是因为明天有一场考试而阅读这篇文章,那你就是由这个情形所激发(至少现在如此)。当然,不论何时,我们所体验到的动机总是个性特质与状态的结合。或许你正孜孜不倦地学习,因为你重视学习,并且在准备考试。

对动机的经典划分是将其分为:无动机、内部动机和外部动机。无动机(amotivation)①指没有任何行动的意图,内部动机(intrinsic motivation)②追求个人的兴趣和锻炼能力时寻求和克服挑战的自然倾向。当受到内在激励,我们不需要诱因或惩罚,因为"活动本身就是报偿"。(Anderman & Anderman, 2014; Deci & Ryan, 2002; Reiss, 2004)。满足的索菲娅只是因为喜欢学习化学而在校外学习化学,没有人要求她这样做。

与此相反,当我们从事一项活动是为了取得高分和赞誉、避免惩罚、取悦教师或是为了与任务本身几乎无关的其他原因时,那么我们所感受到的是外部动机(extrinsic motivation)③。我们对活动本身没有真正的兴趣,我们关心的只是它能使我们获得什

---

①无动机——没有任何行动的意图。
②内在动机——以活动本身作为报偿的动机。
③外部动机——由外部因素如奖赏和惩罚而导致的动机。

么。正如谨慎的苏美特为了分数(成绩)而学习一样,她对学科本身几乎没有兴趣。外部动机与消极情绪、不良学业成绩和不良学习策略有关(Corpus et al., 2009)。然而,如果在学生尝试新事物时提供激励,给他们额外的动力去行动,或者帮助他们坚持完成一项单调的任务,那么外部动机也有益处。要避免两者的截然划分!

根据采纳内部/外部动机概念的心理学家观点,仅仅通过看外表就说出行动是受内在因素的激励还是外在因素的激励是不可能的。两种动机类型的根本差异是学生行为的原因,也就是说,行为的原因控制点(locus of causality)①是内在的还是外在的,是存在于个体内部的还是存在于个体外部的。正在读书、仰泳或绘画的学生,可能是因为他们根据个人爱好(行为的内在原因或内部动机)自由选择该活动,也可能是因为外在的其他人或事(行为的外在原因或外部动机)影响他们(Reeve,2002;Reeve & Jang,2006a,2006b)。

当你考虑自己的动机时,你可能会意识到内部动机和外部动机之间的二分法太过非此即彼——太过"全或无"。动机的两种解释避免非此即彼的想法。第一种解释是,我们的活动从完全的自我决定(内部动机)到完全的外部决定(外部动机)处于一个连续的渐进变化中。四种外部动机是基于参与活动的内部驱动程度而划分的(Linnenbrink-Garcia & Patall,2016)。从最外部的动机开始,这四种类型是:

- 外部调节(完全由外部后果控制);
- 摄入调节(参与任务以避免内疚或消极的自我认知);
- 认同调节(尽管缺乏兴趣,但仍参与,因为它提供了一个较大的目标);
- 整合调节(因为任务有趣和外在的奖励价值而参与任务)。

举两个整合调节的例子。例如,学生发现学习并不是特别令人愉悦的活动,但仍然自愿努力学习,因为他们知道为实现有价值的目标,努力学习是非常重要的。又如一些教师为了成为优秀教师而愿意花大量时间学习教育心理学。人们自愿接受诸如

---

①原因控制点——行为原因的位置——内部或外部。

资格认证的外在目标的要求,然后再从那些要求条件中获得最大收益。(Vansteenkiste, Lens, & Deci, 2006)。

第二种解释认为内部和外部动机不是连续统一体的两端。相反,内在和外在趋向各自独立,并且在任何特定的时间,我们都可以同时受到内在和外在因素的驱动(Covington & Mueller, 2001; Vansteenkiste & Mouratidis, 2016)。

停下来想一想:热拉尔多的问题是行为启动(2)和绝望感(5),在活动中他感到挫败和无能为力。谨慎的苏美特在行为选择(1)、行为启动(2)和坚持(4)三个方面做得不错,但她没有真正投入,并未从活动中感受快乐(3 和 5)。索菲娅只要是她自己做出的选择,她就能迅速开始(2)、投入(3)、坚持(4)和享乐其中(5)。自我防御达蒙太在意他人对自己的评价(5),因此未进行正确的行为选择(1),而且行为拖拉(2)、逃避投入(3),并且轻易放弃(4)。焦虑的艾梅的问题与她的想法以及她的工作方式有关(5)。她的担忧和焦虑可能使她行为选择不当(1)和行为拖拉(2),这些只能使她在考试时更加焦虑。

内部动机和外部动机:给教师的建议。你觉得分数有趣吗? 你的好奇心被不规则的动机激起了吗? 如果教师始终依赖内部动机激发所有学生,那么他们将感到失望。有些情况下诱因和外部因素的支持是非常必要的。教师必须鼓励并培养学生的内部动机,同时确保外部动机为学习提供支持(Anderman & Anderman, 2014; Brophy, 2003)。这可能会在高年级变得更具挑战性,因为随着学生的年级升高,内部和外部动机都会下降(Linnenbrink-Garcia & Patall, 2016)。为达此目的,教师需要了解影响动机的各种因素。请继续往下阅读。

关于动机,你已知什么?

动机是一个庞大而复杂的主题,包含许多理论和解释。一些理论是通过观察实验室中的动物而形成的,另一些则是建立在研究忧思和难题情境中人类活动的基础上,临床或心理学方面的工作也给动机理论带来启发。但是基于本书前面讨论过的学习和认知理论,你已经对动机有了些许了解,行为主义者倾向于强调由激励、奖励和惩罚引起的外部动机,认知主义强调个人积极寻求意义、理解和胜任力,还有个人归因和解释的作用。在社会认知理论中,自我效能和自主性是动机的核心因素,自我效能是你相信在特定情况和水平下自己可以实施特定行为。社会文化观强调在共同体中参与活动并维护自己的身份认同。

尽管你已经对动机有了初步认识,但现在对于那些影响教学的动机有着许多更为具体的阐述。我们要有选择性地分析这些解释,否则永远无法结束这个话题。让我们从你的个人动机体验开始。

停下来想一想:你为什么要阅读这一章? 你是否对动机这个主题感兴趣? 或者在不久的将来要参加测试吗? 你是否需要通过这门课程才能获得教学资格证或毕业? 也许你相信会在这堂课上取得好成绩,这种信念促进你学习。也可能你被书中的观点吸引,而爱不释手。或者是以上这些原因的某种组合。是什么促使你学习动机?

为了将许多关于动机的观点组织起来,使之对教学有用,我们将探讨五大主题或方法。大多数当代动机理论包括以下论题:需要和自我决定;目标、期望和价值;归因与信念;最后是动机的情感“热烈”的一面——兴趣、好奇心和焦虑(Murphy & Alexander,2000)。你能按照这些动机解释的归类来回答“停下来想一想”的问题吗? 如果你现在不知道,到了这一章结束时,你就会明白了。

需求与自我决定

早期的心理学研究从类似特质的需求角度看待动机。在这些早期的工作中,研究的三个主要需求是成就、权力和归属的需求(Pintrich,2003)。亚伯拉罕·马斯洛(Abraham Maslow)著名的需求层次理论包含了所有这些需求层次。

马斯洛的需求层次论

马斯洛(1970)提出人类拥有一个需求层次(hierarchy of needs)①,该层次从首先必

_____

①需求层次——马斯洛的人类七种需求水平模型,从基本的生理需求到自我实现的需求。

须满足的生存和安全的低层次需求到高层次的自我实现的需求(见图 12.1)。自我实现(self-actualization)①是马斯洛用以解释自我满足以及实现个人潜能的术语。在满足每个较低层次的需求的基础上,才能满足下一个更高的需求。

马斯洛(1968)把生存需求、安全需求、归属与爱的需求、自尊需求这四种较低层次需求称为缺失需求(deficiency needs)②。当这些需求得以满足,实现它们的动机就会减弱。他把较高层次的三种需求——认知需求、审美需求、自我实现需求——称为成长需求(being needs)③。当这些需求得以实现,人的动机不会终止,相反,为追求更高的完善,动机会继续增强。例如,你期望成为一名优秀的教师,即使你已经取得了较大进步,你仍然会坚持不懈地努力。

马斯洛的理论已受到批评,一个显而易见的原因就是人们并不总是如其理论所说的那样行为。我们当中的大部分人摇摆于不同类型的需求之间,甚至同时被不同的需求所激发。许多人为实现认知需求、理解需求或强烈的自尊需求而自我放弃安全和友爱。

所受批评姑且不论,马斯洛的需求层次理论确实给予我们一个全面观察人的视角,人们的生理需求、情感需求和认知需求都是相互关联的。饥肠辘辘的学生来学校上课,他们不太可能被激励去探索知识。一个安全感和归属感受到父母离异威胁的孩子,在学习除法运算方面会兴味索然。如果课堂是令人生畏、难以预测的地方并且学生不知自己身处何方,他们就极有可能会更多地关注安全问题,而对学习关注甚少。对于学生来说,作为某个社会团体当中的一分子并在该团体中保持自尊极为重要,如果教师的要求与该团体规则相冲突,学生可能对教师的期望置若罔闻,甚至会与教师分庭抗礼。

---

①自我实现——实现自我潜能。
②缺失需求——马斯洛理论中的首先要满足的四种低级需求。
③成长需求——马斯洛理论中的三种高级需求,有时称为"growth needs".

马斯洛需求层次理论

马斯洛的四种较低水平需求——生存、安全、归属、自尊需求——被称为缺失需求，因为当这些需求得到满足时，实现它们的动机就会减弱；他将较高水平的三种需求——认知需求、审美需求、自我实现——称为成长需求，当它们得到满足时，动机也不会终止。

自我实现的需求
充分实现
你的发展潜能。
"成为自己
能够成为的一切。"

审美的需求
艺术美与自然美，
对称、平衡、秩序、形式。

认知的需求
知识和理解、
好奇心、探索、对意义的探求
和可预测性。

尊重的需求
尊重他人和自尊；
胜任感。

爱与归属的需求
接受和给予爱、关爱、信任和接受；
隶属、成为一个团体（家庭、朋友、工作）的一部分。

安全需求
保护免于遭受潜在危险的事物或情形，
例如恶劣天气、身体疾病。
这种威胁包括生理的和心理的，例如"对未知的恐惧"。
常规和熟悉的重要性。

生理需求
食物、饮水、氧气、温度调节、排便、休息、活动、性

图 12.1　马斯洛需求层次理论

自我决定理论是基于人类需求的较新动机观（Deci & Ryan，2002；Reeve，2009）。

自我决定：对胜任力、自主性与关系的需求

自我决定论认为，我们都希望感到有信心和有能力，对自己的生活有自主性和控制感，并与他人建立联系。请注意，这些与早期的基本需求概念相似：成就（胜任力）、权力（自主性和可控性）以及归属（关系）。从某种意义上说，胜任力需求（need for competence)①是个体展示能力或掌握当下任务的需求。满足这种需求会产生成就感,提升自我效能感,促进学习者为将来的任务建立更高的学习目标(J. Kim, Schallert, & Kim, 2010)。自主性需求(need for autonomy)②是自我决定的核心,我们渴求由自己的愿望决定自己的行动,而不是由外部奖励或压力决定我们的行动(Deci & Ryan,2002; Reeve,2009)。人们力争控制自己的行为,他们不断抗争以抵制来自外部控制的压力,例如规则、日程、期限、命令以及他人强加的限制。有时甚至拒绝帮助以使自己保持主动(deCharms,1983)。亲密关系需求(need for relatedness)③是渴望归属感,并依恋关心我们的人,希望与他人建立密切的情感纽带。

由于不同的文化有不同的自我概念,一些心理学家质疑胜任力、自主性和关系的需求是否普遍存在。通过一系列的研究,张(Hyungshim Jang)及其同事(2009)发现,胜任力、自主性和关系与韩国高中生的学习经历有关,所以,即使在集体主义文化中,这些需求可能也很重要。

课堂中的自我决定。学生自主性受多种因素的影响。例如,对美国和韩国学校的研究表明,学生的学习动机受到课堂目标结构(教师给出的关于自主性和展示能力的言语)和父母提供的自主性支持水平的影响(Friedel, Cortina, Turner, & Midgley, 2007; J. Kim et al., 2010)。然而,研究结果还表明,对于年龄较大的学生,父母的态度和支持的直接影响会下降,而教师教学内容的影响仍然存在。

支持学生自我决定和民主的课堂环境与学生的多种表现相关联,如更高的兴趣和好奇心(甚至是对作业的)、成绩、能力感、创造性、概念学习、出勤率、满意度、参与度、心理健康、自我调节学习策略的使用以及愿意接受挑战。这一相关性贯穿小学到研究生学习阶段(Hafen et al., 2012; Jang, Kim, & Reeve, 2012; Moller, Deci, & Ryan, 2006; Pulfrey, Darnon, & Butera, 2013; Reeve, 2009;Shih, 2008)。自主性也可以与兴趣相互作用。在一项对大学生的研究中,只有当阅读内容枯燥无味时,自主选择才增

---

①胜任力需求——个体展示能力或掌握当下任务的个体需求。
②自主性需求——渴望由自我愿望决定行动,而非外部奖励和压力。
③亲密关系需求——渴望归属感,希望与他人建立亲密联系,并依恋关心我们的人。

强了阅读兴趣、胜任感和阅读任务的重视度(Patall,2013);当阅读具有吸引力时,自主选择可能不那么重要。但总的来说,当学生能够选择时,他们更可能认为工作是重要的,即使它并不有趣。此时,他们倾向将教育目标内化为自己的目标。

与自主性支持的课堂不同,控制性的环境倾向于提高死记硬背式的记忆任务成绩。当学生被迫学习时,他们通常寻找最快的、最简易的解决方法。但即使控制型教学方式的效果较差,教师仍面临着来自管理者、问责制要求和文化期望的压力,而且父母总是期望良好的课堂"纪律"。此外,学生往往是被动的、不参与的甚至反叛的。最后,一些教师将控制与有效的课堂结构等同起来,或者认为控制型的风格更舒适(Reeve,2009)。假如你愿意冒险放弃控制型教师这个受大家欢迎的形象,那么你怎样支持学生的自主性呢? 答案之一是在你与学生的相互交往中关注信息,而不是施加控制。

信息与控制。认知评价理论(cognitive evaluation theory)①(Deci & Ryan,2002)解释了在学校的一天中学生的经历如何通过影响学生自我决定和胜任感来影响他们的内部动机,如被表扬或者受到批评、被提醒交作业期限已到、被排名、接受既定的选择、听取规则讲解等等这些经历。根据这一理论,所有事件都有两面性:控制性和信息性。如果一件事情是被高度控制的,也就是说,如果它迫使学生以特定的方式行动或感觉,那么学生将体验到较多的控制,而且他们的内部动机将会削弱。另一方面,如果这件事情能够提供增加学生能力感和效能感的信息,那么学生的内部动机将会增强。当然,如果所提供的信息使学生感觉不能胜任,那么动机可能会降低(Pintrich,2003)。以下是更具控制性的交流示例:

> 你的论文需在周一提交。今天,我们要去学校图书馆,在图书馆中你可以找到与你论文相关的书籍和网站信息。不要浪费你的时间,不要搞砸,确保你的工作完成。在图书馆你可以单独或与合作伙伴一起工作。(Reeve,2009,p. 169)

———————————

①认知评价理论——认为外界事件对动机的影响,是通过个体对事件的知觉,即将事件视为对行为的控制或提供信息。

这位老师可能认为他支持自主性,因为他提供了一个选择。将该教师的言语与下面这位教师的陈述进行对比,该陈述提供了为什么访问图书馆是有价值的信息:

你的论文将在周一提交。为了帮助你撰写一篇成熟的研究论文,我们将前往查找信息——学校图书馆。我们去图书馆的原因是,在那里你可以从书籍和网站上找到论文需要的信息。虽然在那里,你可能会想要逃避,但以前的学生们发现去图书馆是撰写优秀论文的重要环节。为了帮助你撰写最好的论文,你可以按照自己的方式——单独或与合作伙伴一起工作(Reeve, 2009, p. 169)。

为了支持学生自主和胜任需要,教师能够做些什么呢?显然第一步是限制他们对学生的控制性言语,因为控制性言语(必须、应该、不得不……)会削弱学生的动机(Vansteenkiste, Simons, Lens, Sheldon, & Deci, 2004)。确保你提供的信息强调坚持不懈和实践获得的收获,并通过鼓励学生反思,突出学生不断提升的能力,例如,提供档案袋或学习样本评价。下面的"指南:支持自我决定和自主性"给出了一些方法和建议。

指南:支持自我决定和自主性

允许和鼓励学生做抉择。举例:

1. 设计达成某个学习目标的几种不同方式(例如,论文、采访编辑、测验和新闻广播)让学生选择一种方式,请他们解释做出这种选择的原因。

2. 委派学生委员会提出高效率的活动程序,例如如何照顾班级宠物和分发设备。

3. 为学生独立和拓展的活动提供时间。

4. 只要专注于任务,学生就可以选择合作伙伴。

帮助学生计划自己的行为以实现自我选定的目标。举例:

1. 试用目标卡。学生要列出他们短期和长期的目标,然后记录3项或4项将推动他们实现目标的具体行动。目标卡是私人的——正如信用卡一样。

2. 鼓励初中和高中的学生在每一个学科领域确立目标,把它们记录在目标本或U

盘上,定期检查为实现目标所取得的进展。

让学生为他们的选择结果承担责任。举例:

1. 如果学生选择与朋友一起工作,并且因为把太多的时间用于社交活动而没有完成计划,那么就根据活动的完成情况评分,帮助学生看到失去的光阴和不良成绩之间的关系。

2. 当学生选择了一个引发他们想象力的主题时,讨论他们在学习中的投入和随后的良好成果之间的联系。

提供合理的限制、规则和约束。举例:

1. 解释规则的原因。

2. 在自己的行为中体现对规则和约束的尊重。

承认消极情绪是对教师控制的正当反应。举例:

1. 例如,使学生了解由于依次等待发言而感到厌烦是恰当的(正常的)。

2. 使学生了解有时重要的学习难免挫折、迷惑和疲倦。

3. 承认学生的观点:"是的,这个问题很难。"或者"我能理解为什么你会有这种感觉。"

利用非控制性的和积极的反馈。举例:

1. 将不良的成绩和行为看作是要解决的问题,而不是批评的对象。

2. 避免使用控制性的语言,如"应该"、"必须"和"不得不"等。

3. 提供意想不到的、自发的、真诚的赞美。

资料来源:Source:From 150 Ways to Increase Intrinsic Motivation in the Classroom, by James P. Raffini. Copyright ? 1996, by Pearson Education, and from Motivating Others:Nurturing Inner Motivational Resources, by Johnmarshall Reeve. Copyright ? 1996 by Pearson Education. Adapted by permission of the publisher.

亲密关系需求。想想过去几年中你认为的最好的教师,使他们不凡的品质是什么? 我猜你一定还记得那些关心并与你建立情感联系的老师。与教师、父母和同龄人有关联感和关系的学生在学校中有更多情感参与,更具内部动机(Furrer & Skinner, 2003;Lawson & Lawson, 2013)。所有学生都需要有爱心的老师,但处于弱势地位的学生更需要这种老师。与教师的积极关系增加了学生在高中取得成功并继续上大学的可能性(G. Thompson, 2008; Woolfolk Hoy & Weinstein, 2006)。此外,在缺乏社交关系的人群中更容易出现各种身心问题,如饮食失调、情绪紊乱、自杀等(Baumeister & Leary, 1995)。亲密关系与第三章(Osterman, 2000)中讨论的归属感以及本章前面所述的马斯洛的归属基本需求相似。

给教师的建议: 需求

从婴儿期到老年期,人们希望变得有能力、有人脉和有掌控力。学生更有可能参加有助于他们变得更有能力并且不太可能失败的活动。这意味着你的学生需要选择适当的挑战性任务——有难度但是也有希望成功。他们可以通过自我监控或档案袋来观察他们能力的提升。为保持集体感,学生需要感到学校里的人关心他们,能帮助他们学习,并且值得信赖。

在动机中还有什么是重要的? 许多理论将目标作为关键要素。

目标和目标定向

当学生们正努力去阅读书籍的一章或力争取得4.0分GPA的成绩时,他们的行为是目标定向的。在追求目标过程中,学生一般会意识到当前情况(我还没有翻开书)、某些理想状况(我已经阅读和理解了每一页)以及二者之间的不一致。目标激励人们为了缩小"现状"和"理想"之间的差距而采取行动。对我而言,确立目标通常是有效的。除了常规的无须注意的活动如吃午饭,我总是每天设定目标。例如,今天我的目标是写完这一章、去杂货店、在亚马逊上为侄女订购礼物、再洗一两件衣服(这些都是日常的小事)。决定要做这些事情之后,如果没有完成列出的任务,我将为此感到不安。

根据洛克和莱瑟姆(Locke and Latham, 2002)的观点,确立目标能促进行为表现的原因主要有四个。目标:

1.指引注意力。指引注意力集中在当前手头的任务上。每当我的思绪从本章的写作游离出去,完成写作的目标有助于让我快速回来。

2.推动人们努力工作。目标越难以完成,需要付出的努力程度就越大。

3.提高坚持性。当我们拥有明确的目标,在实现目标前分心或放弃的可能性较小。较难的目标需要持续努力,紧迫的期待促进更高的效率。

4.促使形成新的知识。当旧策略不能奏效时,促使形成新的知识和策略。例如,如果你的目标是取得 A 等成绩,然而在第一次测验中你没有实现目标,你或许会放弃一遍遍阅读课文的策略,而去尝试一种新的学习方法,比如向朋友解释要点。

目标类型和目标定向

具体的、难度适中的和短期就可能实现的目标倾向提高动机和毅力(Anderman & Anderman, 2014; Schunk, Meece, & Pintrich, 2014)。

具体的、精细化的目标提供了判断行为表现的清晰标准。如果行为表现尚有差距,我们就需再接再厉。拉尔夫·费雷蒂(Ralph Ferretti)和他的同事们(2009)给四年级和六年级学生一个总目标:写一篇有说服力的文章("给老师写一封关于学生是否应该写更多课后作业的信……"),或者用具体的子目标精细阐述总体目标。比如:

- 你需要非常清楚地说出你的观点。

- 你需要考虑两个或多个理由来支持你的意见。

- 你需要解释为什么这些原因是你观点的充分理由。(p. 580)

即使是有学习障碍的学生在给出了具体的子目标时也写出了较有说服力的文章。

难度适中提出了挑战,一个合理的挑战。最后,很快就能实现的目标不太可能被其他更紧迫的事情冲到一边。如匿名酒精协会已表明他们意识到短期目标的激励价值,他们鼓励协会成员"一次戒酒一天"。此外,将长期目标分成短期步骤也是一种利用近距离目标激励力量的方法。

停下来想一想:从1(非常同意)到5(非常不同意)的等级,回答以下问题:

我在学校感到非常开心,当:

——我努力学习来解决问题　　　　——所有任务都很简单

——我比其他人了解得多　　　　——我学到了新东西

——我不必努力学习　　　　——我是唯一一个获得 A 的人

——我一直很忙　　　　——我和朋友们在一起

——我先完成

学校中的四种成就目标定向。目标是具体的指标。目标定向(goal orientations)①是我们追求目标的原因,也是我们用于评价实现这些目标的标准。例如,你的目标可能是在此课程中得 A? 你这样做是为了掌握教育心理学? 或者为了在你的朋友和家人的眼中表现得很好? 有四个主要的目标定向类型:掌握型目标(学习性)、行为表现目标(看起来很好),逃避工作目标和社会性目标(Dweck, 1986; Linnenbrink-Garcia & Patall, 2016; Schunk et al., 2014)。在刚刚完成的"停下来想一想"的练习中,你能告诉我不同的答案反映了哪类目标吗? 大多数问题改编自学生关于学习数学的认识的研究(Nicholls, Cobb, Wood, Yackel, & Patashnick, 1990)。

关于学生目标的研究发现,掌握型目标(也称作任务目标或学习性目标)和行为表现目标(也称作能力目标和自我目标)之间存在普遍区别。掌握型目标(mastery goal)②的意义在于提高、学习,而不管你犯了多少错误,也不管你的处境多么尴尬。确立学习性目标的学生能持之以恒,尤其是当他们感觉有更多自主性和选择时会更专注(Benita, Roth, & Deci, 2014; Michou et al., 2016)。确立学习性目标的学生倾向于寻找挑战并且在困境中不折不挠、持之以恒,并对自己的工作感觉更好(Rolland, 2012)。因为他们关心的是掌握任务,并不担心与班里其他同学相比如何。我们常说这些人"沉迷于他们的学习之中"。另外,任务介入型学习者更有可能寻找适当的帮助,利用更深层的认知加工策略,并且运用较好的学习策略,通常更有信心地逐步完成学业任务(Anderman & Patrick, 2012; Senko et al., 2011)。

持有行为表现目标(performance goal)③的学生关心的是把自己的能力展示给别人。他们把精力集中于获得好的考试成绩,或者更加关注战胜并打败其他同学。以行为表现超过别人为目标的学生做一些使他们看来聪明的事情,如为了"读最多的书"而去读简单易懂的书。有行为表现目标的学生的学习方式可能会干扰学习。比如,可能会抄袭或使用捷径来完成学习任务;只用功做会评分的作业;因考试低分感到不安,并

―――――――――――――――――――

①目标定向——与学校成就相关的目标信念模式。

②学习性目标——无论成绩如何,促进能力和理解的个体目标。

③行为表现目标——看起来有能力和在别人看来表现好的个人目标。

把得低分的考卷藏起来;选择容易的任务;避免与同学合作;面对没有清晰评价指标的作业会感到不安(Anderman & Anderman,2014;Senko et al.,2011)。

等一下——行为表现目标都是糟糕的吗? 行为表现目标听起来很异常,不是吗?早期的研究表明,行为表现目标通常不利于学习,就像外部动机一样,行为表现目标定向可能并非没有优点。但事实上,一些研究表明,学习性目标和行为表现目标都与使用主动学习策略和提高自我效能有关(Midgley,Kaplan,& Middleton,2001)。对于大学生来说,追求行为表现目标与更高的成就有关。而且,与内部和外部动机的情况一样,学生可能会同时具有学习目标与行为表现目标。例如,你可能希望真正了解教育心理学,但也希望在课堂上获得最高分(Anderman & Patrick,2012)。

为了解释这些最近的发现,教育心理学家在对掌握目标和表现目标的区分中加入了趋近与回避这一维度。换句话说,学生可能因为趋近掌握目标而产生动机,也可能因为避免无知而产生动机。他们可能是为了趋近表现目标,也可能是为了避免看起来很傻。表 12.1 显示了每种目标定向的示例和效果。你觉得哪部分问题最多? 你是否同意逃避才是真正的问题? 害怕错误理解(逃避掌握)的学生可能是完美主义者,致力于完全正确或害怕不能发挥他们的潜力。避免看起来愚蠢(逃避行为表现)的学生可能采取自卫、防止失败的策略,比如前面描述自我防御的达蒙——他们作弊、假装不关心,或者表现出"并不是真正在尝试",所以他们有一个失败的借口(Harackiewicz & Linnenbrink,2005;Linnenbrink-Garcia & Patall,2016)。对东西方文化的研究表明,避免失败的策略与学生的无助感、逃学、辍学以及学业成绩较低有关(De Castella,Byrne,& Covington,2013;Huang,2012)。

表 12.1　目标定向

对于掌握目标和表现目标定向,学生都可能表现出趋近或回避的倾向,他们也可以同时拥有几个目标定向。

目标定向	趋近型	回避型
掌握目标	焦点:掌握任务、学习、理解 使用的标准:自我改善、进步、深刻理解	焦点:避免错误理解,害怕不能发挥潜力。 使用的标准:只求不出错;不犯错就是完美主义者;我会成为我应该成为的人吗?

	焦点:变得更优秀、获胜、成为最好的	焦点:避免看起来愚蠢、避免失败、避免落后
表现目标	使用的标准:获得最高分、在比赛中获胜	使用的标准:常模比较——不成为最差的、获得最低分的、最慢或最不称职的

资料来源:Based on Schunk, D. H., Meece, J., & Pintrich, P. R. (2014). Motivation in Education: Theory, Research, and Applications (4th ed). Pearson Education, Inc. Adapted by permission of the publisher.

两项最后提醒——如果学生表现或获胜的希望不大,那么趋近的行为表现目标可转变为避免表现的目标。变化的过程会从趋近行为表现(试图获胜),到避免行为表现(挽回面子,尽量看起来不傻),到最终的无能为力(放弃!)。因此,明智的教师会避免通过竞争和社会比较激励学生(Brophy, 2005)。此外,趋向行为表现和避免行为表现并非截然对立,也存在一定的相关性,所以学生可以同时追求两种类型的行为表现目标(Linnenbrink-Garcia et al., 2012)。

社会性目标和逃避工作目标。一些学生不想学习,也不想让别人觉得他聪明,他们就是想逃避学习。这些学生想尽可能快速地完成作业和活动,而不付出许多努力,也许是因为他们希望失败或者因为他们只是不感兴趣(Schunk, Meece, & Pintrich, 2014)。约翰·尼克尔斯(John Nicholls)把这些学生称作逃避工作型学习者(work-avoidant learners)[1]——当他们无须努力工作时,当任务简单时,或当他们能"稀里糊涂混过去"时,他们会有成就感(Nicholls & Miller, 1984)。为了逃避工作,这些学生可能会说任务过于艰难或过长,扰乱课堂,找借口不工作或作弊。当然,如果你使用这些策略来逃避学习,你就不会学到很多东西,也不会喜欢上学(King & McInerney, 2014)。

最后一种目标类型随着学生年龄的增长而变得愈加重要——即社会性目标(social goals)[2]。青少年试图在"融入"同龄人,但也以某种方式从人群中"脱颖而出"——这种平衡行为花费他们许多时间和精力(Gray, 2014)。非学术活动如运动、约会和"闲

---

[1] 逃避工作型学习者——那些不想学习,也不想让人觉得他聪明,就是想逃避学习的学生。

[2] 社会性目标——与他人和群体相连的各种需要和动机。

荡"与学习活动平分秋色(Wrdan and Machr, 1995)。社会性目标包括多种多样的需要和动机,它们同学习的关系也不尽相同,某些有助于学习、但另一些却妨碍学习。例如,在合作学习小组中学生维护友好关系的目标有时就会妨碍学习,因为不愿伤害其他成员的感情,谁都不指出错误答案和错误概念(Tschannen-Moran & Woolfolk Hoy, 2000)。当然,追求与朋友玩得开心或避免被称作"异己分子"这样的目标当然会妨碍学习。但是通过努力工作来给家庭或团队带来荣耀的目标会促进学习(Pintrich, 2003; A. Ryan, 2001; Urdan & Maehr, 1995; Zusho & Clayton, 2011)。社会目标也与学生的情绪健康和自尊有关。在一项研究中,寻求社交关系的学生更有可能报告喜悦等积极的情绪状态,而逃避关系的学生则表现出更高水平的恐惧、羞耻和悲伤(Shim, Wang, & Cassady, 2013)。

我们分别讨论了各种类型的目标,但是学生常能同时追求几个不相容的目标(Darnon, Dompnier, Gillieron, & Butera, 2010; Vansteenkiste & Mouratidis, 2016)。学生必须协调各种目标以做出行为决策,决定做什么和怎样做。如果对做家庭作业的兴趣被对电子游戏的兴趣所取代怎么办? 如果学生之间没有看到生活中学业成就和成功之间的联系,特别是因为歧视而阻碍他们成功时怎么办? 他们不太可能将学业掌握作为目标。对于大多数人来说,同伴关系的需求是基本的和强烈的。但同龄人群体不重视学校教育,导致社会性目标和学业性目标不相容怎么办? 有时,融入同伴群体意味着在学校未达成学业成就——而在同伴群体中取得成功更重要(Gray, 2014)。这些反学业的同龄人群体可能存在于每所高中(Committee on Increasing High School Students' Engagement and Motivation to Learn, 2004; Lawson & Lawson, 2013)。

社会环境下的目标。如你所知,目前教育心理学的理念是将人们置于特定的情境中,目标定向理论也不例外。因此,在竞争激烈的课堂氛围中,学生更有可能采用行为表现目标。相反,在一个支持性的、以学习者为中心的课堂中,即使是自我效能感较低的学生也可能被鼓励去实现更高的掌握型目标。目标是社会认知理论所描述的人、环境与行为相互作用的一部分(A. Kaplan & Maehr, 2007; Zusho & Clayton, 2011)。

学生知觉课堂的方式决定了课堂目标结构——他们认为在课堂中重要的目标

(Murayama & Elliot, 2009)。在一项研究中发现,教学中采用掌握目标导向的教师(例如,成为优秀教师),更有可能认为所有学生都能在课堂上取得成功,也更有可能积极地掌握目标结构。相比之下,具有行为表现导向目标的教师(例如,证明它们有利于达到国家或工作审查标准),促进了以行为表现为导向的课堂目标结构,并倾向于将学生的能力视为一种固定特质而非学生可控(Shim, Cho, & Cassady, 2012)。掌握定向的课堂目标结构对学生很重要。莉莎·法斯特(Lisa Fast)和她的同事们(2010年)发现,当感受到数学课程充满关怀、挑战和掌握定向时,四到六年级的学生的自我效能和数学成绩水平显著提高。所以挑战、支持和专注学习,看上去不那么好,但似乎创造了一个积极的课堂环境。

反馈、目标框架和目标接受度

除了具有特定目标和创建支持性社会关系外,还有三个因素影响有效的课堂目标设定。首先是反馈。由于当前水平和目标水平之间的差异,你必须准确确定你的起点和终点。证据表明,强调进步的反馈是最有效的。在一项研究中,给成年人的反馈方式或强调他们已经完成确定标准的75%,或是强调他们未达到标准的25%。当反馈突出取得的成就时,他们的自信心、分析思维和表现都得到了提升(Bandura, 1997)。

影响追求目标动机的第二个因素是目标框架。当活动与学生变得更有能力、自我指导和与他人联系的内在目标相联系时,学生就会更深入地加工信息,坚持更长时间以获得概念的(而非表面的)理解。将活动与满足他人标准的外在目标联系起来容易导致死记硬背地学习,而不是深刻地理解或坚持(Vansteenkiste, Lens, & Deci, 2006)。

第三个因素是目标接受度。当人们致力于实现目标时,较高目标和较好绩效之间的关系最强(Locke & Latham, 2002)。如果学生拒绝他人设定目标或拒绝设定自己的目标,那么他们的动机就会受到影响。一般来说,如果他人的目标看似现实、有意义、难度适中,并且通过活动与学生的内在兴趣联系起来,那么学生更愿意致力于实现这些目标(Grolnick, Gurland, Jacob, & Decourcey, 2002)。因此,如果学生参与目标设定并积极致力于实现目标,教师可以提高目标接受程度,而不是直接为学生建立目标。

例如,写下目标并在达到目标时进行核对。

给教师的建议：目标

学生更有可能为之付出努力的目标是明确的、具体的、合理的、有适度挑战性的以及在相对短的时间内可以实现的目标。如果教师关注于学生的行为表现、高分、竞争,他们可能鼓励学生确立逃避行为表现目标。这将削弱学生深度介入任务的能力,并使他们容易疏离学校学习和产生习得性无助(Anclerman and Machr, 1994；Brophy, 2005)。学生可能还不擅于确立自我目标或者不擅于牢记目标,因此鼓励和训练是必要的。反馈应该与学生自己比较,而不是与课堂上的其他人——与他人比较会鼓励学生避免看起来不好而不是努力学习。如果你利用任何奖励或诱因系统,就要保证确立的目标是为了在某些领域"学习和提高",而不是仅仅表现良好或看起来聪明,并且一定不要使目标过难。与成年人一样,学生未必能对工作任务坚持不懈,也不可能对使他们感到不安全和无能力的教师反应良好。这将带领我们进入下一个主题——动机中期望价值理论的力量。

"期望—价值—成本"理论

许多有关动机的有影响的阐释可以描述为期望×价值理论(expectancy × value theories)①。这意味着动机被视为两种主要因素的产物：这两种因素是个体对达到目标的预期和目标对个体的价值。换句话说,重要的问题是"如果我努力了,我能成功吗？""如果我成功了,结果是不是对我有价值和有意义？"请注意,期望和价值都是个人的理解——也许我真的不会成功,或者成功也许不会有所回报——但我的看法比现实对动机的影响更大(Barom & Hulleman, 2015)。

动机是期望和价值的产物,因为如果缺少其中的任何一个方面,就不会产生为那个目标而努力的动机。例如,如果我认为我很有可能参加这支篮球队(高期望),并且如果这支篮球队对我来说相当重要(高价值),那么我的动机就很强烈。但是缺少其中

---

①期望×价值理论——强调个体对成功的期望与他们对目标价值的评价相结合的动机观点。

的任何一个因素(我认为我没有加入这支篮球队的希望,或者我不太喜欢打篮球),那么我也就没有动机(Tollefson, 2000)。

成本

杰奎琳·埃克勒斯(Jacqueline Eccles)和艾伦·威格斐德(Allan Wigfield)在期望×价值理论中加入了成本要素。必须考虑价值与追求它们的成本之间的联系。需要多少精力?我可以做什么呢?如果我失败会有什么风险?我会看起来非常愚蠢吗?对于可能的收益成本是否值得?(Eccles, 2009; Eccles & Wigfield, 2002)承认成本要素提醒我们,动机不仅涉及带动我们从事一项活动的原因,还涉及我们因为不值得付出如此代价离开某项活动的原因。例如,学生可能因为抵制反叛教师而拒绝完成作业,就学生反叛者的身份而言,与教师合作的成本太高了(Vansteenkiste & Mouratidis, 2016)。

因此,我们在特定情况下的动机强度取决于我们对成功的期望、成功对我们的价值以及追求目标的成本(Baron, & Hulleman, 2015)。我们在第十一章中讨论社会认知理论和自我效能感时,已经多次提到期望。我们将在本章后面探讨一个相关的概念:思维定势。思维定势和效能期望能预测实际完成任务的成就,但理论中的价值发挥什么样的作用?

任务价值

价值(value)①是个人对于任务在多大程度上是有用的、令人愉快的或者在其他方面是否重要的一种信念(Conradi, Jang, & McKenna, 2014)。价值知觉预示着学生在参与一项任务或活动时首先做出的选择,比如是否努力完成一项任务,是否加入高等科学班级或加入田径队(Wigfield & Eccles, 2002)。

我们可以从五个可能的方面考虑任务价值:重要性、兴趣、效用、取悦他人和成本(Eccles & Wigfield, 2002; Hulleman & Barron, 2016)。重要性或获得性价值(important

---

① 价值——对于任务在多大程度上是有用的、令人愉快的或者在其他方面是否重要的一种信念。

or attainment value)①是指出色完成任务的重要性。这个方面的价值与个体的需要(需要被人喜欢、喜欢运动、有男子气概等)以及成功对个体的意义紧密相连。例如,如果某人有强烈的需求要展现其聪明,并且相信测验中的高分数可以显示人的聪明,那么这个测验对于他来说就具有高获得性价值。第二种价值是兴趣或内在价值(interest or intrinsic value)②。这就是个人从活动本身获得的享受。一些人喜欢学习带来的体验,另外一些人享受艰苦的体力劳动或解难题的挑战带来的感觉。最后,任务还有实用价值(utility value)③。这就是说,它们帮助我们实现短期或长期的目标,例如获得学位。此外,一项任务可能是有价值的,仅仅因为这项活动是一种取悦他人(朋友、家人、教师、教练)等的方式。最后,任务会产生成本——执行任务可能带来的负面影响,例如没有时间做其他事情或在执行任务时看起来很笨拙。

从我们对任务价值的讨论中可以看出,个人和环境对动机的影响总是相互的。我们要求学生完成的任务是环境的一个方面,对于学生是外在的,但完成任务的价值与个人的内在需求、信念和目标密切相关。

给教师的建议: 重视任务价值

从一年级到研究生院,期望、价值和成本预测了许多重要结果,例如活动和课程的选择、坚持、成就、辍学、上大学和职业选择(特别是女性)。看起来学生在重视任务价值前先要相信他们能够取得成功,但是要取得成功和坚持不懈,需要兼具成功的信心并重视任务。此外,对努力成本的看法影响学生选择放弃一些专业,如科学、工程、数学、技术或职业(Linnenbrink-Garcia & Patall, 2016)。因此,为了支持动机,教师可以按第十一章中提到的鼓励学生自我效能的建议去做,同时也为他们重视课程价值提供有影响力的案例,帮助学生在困难面前能坚持不懈,甚至重视成功所需要的努力付出——毅力。

---

①重要性或获得性价值——圆满完成任务的重要性;任务成功满足个人需要的程度。
②内在的或兴趣价值——个人从任务中获得的享受。
③实用价值——任务如何满足个人目标。

关于知识、能力和自我价值的归因和信念

关于动机的一个著名阐释始于这样的假设,即我们试图去理解成功与失败,特别是面对始料未及的结果。我们总在问"为什么?"学生可能问自己,"我为什么期中考试没有及格?""我的论文有什么毛病?""这一段我为什么做得这么好?"学生或许把他们的成败归于能力、努力、心情、知识、运气、帮助、兴趣、指导清晰度、他人干扰、不公平的做法等等。为了理解他人的成功和失败,我们也会将其归因于他人——例如,他人是聪明的、幸运的或努力工作的。归因理论(attribution theories)①描述了个体的解释、理由和借口是怎样影响动机的(Anderman & Anderman, 2014)。

伯纳德·韦纳(Bernand Weiner)是将归因理论与学校学习联系起来的主要教育心理学家之一(Weiner, 2000, 2010, 2011)。根据韦纳的观点,大多数成功和失败归咎的原因能够用三个维度来划分:

1. 控制点(原因的控制点在本人的内部还是外部)。例如,将出色的钢琴演奏归因于音乐天赋或努力练习是内部归因,将其表现归因于优秀教师的指导则是外部归因。

2. 稳定性(原因是否保持不变还是能够改变)。例如,天赋是稳定的,但努力可以变化。

3. 可控性(人是否能够控制原因)。例如,努力找到一位优秀的老师是可控的,但天生的音乐天赋不是。

每个成功或失败的原因都能根据这三个维度加以分类。例如,运气是外在的(控制点)、不稳定的(稳定性)、不可控制的(可控性)。在归因理论中,能力通常被认为是稳定和无法控制的,但正如我们很快就会看到的那样,智力也可以被视为不稳定和可控制的。韦纳的控制点和可控性维度与德西(Deci)的因果关系控制点的概念有着紧

---

①归因理论——描述个体的解释、理由和辩解如何影响他们的动机和行为。

密联系。

　　韦纳认为,这三个维度会影响期望和价值,对动机具有重要意义。例如,稳定性维度与对未来的预期密切相关。如果学生将他们的失败归因于诸如科目的难度或教师的不公平之类的稳定因素,那么他们就预计将来这门课考试还会不及格。但是,如果他们把原因归结到心情和运气这样的不稳定因素上,那么他们就会期望将来有更好的结果。内部/外部控制点似乎与自尊感密切相关。如果我们把成功或者失败的原因归结为内部原因,成功会导致产生自豪感和动机加强,而失败将削弱自尊。可控性维度与愤怒、怜悯、感恩或羞耻等情绪有关。如果我们对失败负责,我们可能会感到内疚;如果我们对成功负责,我们可能会感到自豪。在我们无法控制的任务中失败会导致羞耻或愤怒感(Weiner, 2010, 2011)。

　　而且,对于自己学习的控制感似乎与选择难度较大的学业任务、付出更多努力、在学校学习中能持之以恒有密切相关(Anderman & Anderman, 2014;Weiner, 1994a, 1994b)。而不幸的是,妇女、有色人种和有特殊需要的人所受到的长期歧视,会影响到他们对自己驾驭生活能力的认识(van Laar, 2000)。

课堂中的归因

　　对于特定任务("我擅长数学")具有强烈自我效能感(self-efficacy)①(见第十一章)的人倾向于将他们的失败归因于内部的、可控的因素,例如,他们会把失败的原因归结为没有理解要求、缺乏必要知识或者只是努力不够。当学生把他们自己看作是有能力的,并且把失败的原因归结为缺少努力、误解提示或不够细心(可控制的原因)时,他们通常会为下次取得成功而寻找策略。因此,高自我效能的学生通常将注意力集中在下次成功的策略上。这种反应通常会带来成就感、自豪感和更大的控制感。但是自我效能感低的人常把他们的失败归咎于缺乏能力("我只是愚蠢、数学能力差")。这些倾向在不同年龄层次、文化群体和学业主题中都是显而易见的(Hsieh & Kang, 2010)。

　　当学生把失败的原因归结到稳定的、不可控制的原因时,动机问题最严重。这样

---

　　①自我效能感——在特定情景中有关个人能否胜任的观念。

的学生对失败听天由命、沮丧、无能为力——我们通常称之为"丧失动机"(Weiner,2000,2010)。这些学生对失败的反应是更认定自己无能,他们对学校学习的态度进一步恶化。如果学生认为失败的原因是稳定的、不可能改变的,并且无法控制,那么,冷漠的反应就是顺理成章的。而且,这样来看待失败的学生也不太可能寻求别人的帮助——他们相信任何方法和任何人都不会有所帮助。所以他们隐瞒自己的援助需求,这造成了失败和隐瞒的恶性循环——动机缺乏的孩子通过隐瞒他们的困难,变得更糟糕(Marchland & Skinner, 2007)。

考试焦虑程度高且考试成绩不佳的学生也表现出更高程度的无助感。在参加考试后,这些学生将他们糟糕的表现归咎于考试焦虑,这种考试焦虑"妨碍了他们做到最好"(Cassady,2004)。这将导致学生在未来学习中付出的努力呈螺旋式下降,因为他们认为提高成绩是他们无法控制的——自然,他们的成绩表现将继续变差(Schunk,Meece, & Pintrich, 2014)。

教师归因引发学生归因

当教师将学生的失败归咎于超出学生控制范围的因素时,教师倾向于同情地回应并避免给予惩罚。然而,如果将失败归因于可控因素,例如缺乏努力,那么教师的反应更可能是生气或愤怒,并且可能会伴有斥责。这些趋势在不同时代和文化背景下似乎是一致的(Weiner, 1986, 2000, 2011)。

学生如何解释来自教师的反应呢?桑德拉·格雷厄姆(Sandra Graham,1991,1996)给出了许多令人惊奇的答案。有事实表明,当教师对学生的错误报以同情,并称赞是一次"不错的尝试",或未经学生要求给以帮助时,学生很可能把他们失败的原因归结为不可控的原因,通常是归于缺乏能力。难道这意味着教师应该表示不满和不给予帮助吗?当然不是。但它提醒我们,过度的帮助会在无意间流露某些信息。格雷厄姆(Graham,1991)提出许多少数群体的学生可能会成为教师善意怜悯的受害者。一旦看见学生为现实问题所困扰,教师或许就会降低要求,以使学生"体验成功"和"自我感觉良好"。但与怜悯、赞扬、额外的帮助相伴随,老师传达了这样一个微妙的意思:"你没有能力做这件事情,因此我不介意你的失败。"这种反馈即使是善意的,也可能是一种微妙的种族歧视形式。

教师还可以对学生的归因产生积极影响,同时对成就和动机也有益处。物理课堂中教师与有天赋的女孩一起工作时,当他们将女孩们行为表现的提高归功于个人的努力和能力时,女孩们更加投入,并且他们的成绩有所提高(Ziegler & Heller, 2000)。最后,帮助表现较差的学生将成绩归功于努力而非能力,可以帮助他们提高课程和考试成绩(Hulleman & Barron, 2016)。

到目前为止,我们已经讨论了需求、目标、期望、价值、成本和归因,但在解释动机时还有另一个因素需要考虑。学生对学习、能力的看法是什么? 让我们从一个基本问题开始:学生对知识的信念是什么?

关于认识的看法: 认识论信念

学生对知识和学习的信念,即认识论信念(epistemological beliefs①),会影响他们的动机和使用的策略类型。

设身处地想一想:猜猜四年级和六年级学生将如何回答陈和萨克斯(C. K. Chan & Sachs,2001)提出的这些问题。

1.学习数学最重要的是以下哪项?

(a)记住老师教你的东西　(b)练习很多题目　(c)了解你所处理的问题

2.在学习科学方面,以下哪项是最重要的事情?

(a)踏实地做老师告诉你的工作　(b)尝试理解解释的意义何在　(c)尽力记住你应该知道的一切。

3.如果你想知道关于动物的一切,你需要多长时间学习它?

(a)如果你努力,不到一年　(b)1 或 2 年　(c)很久或不确定。

4.当你越来越多地了解某些事情时会发生什么?

(a)问题变得越来越复杂　(b)问题变得越来越容易　(c)问题都得到了回答。

你会如何回答这些问题?

---

①认识论信念——关于知识的结构、稳定性和确定性的信念,以及如何最好地学习知识。

研究人员利用以上问题,确定了认识论信念的几个维度(C. K. Chan & Sachs, 2001;Schommer,1997;Schommer-Aikins, 2002;Schraw & Olafson, 2002)。例如:

●知识结构:一个领域的知识是一组简单的事实还是一个复杂的概念和关系结构?

●知识的稳定性/确定性:知识是固定的,还是随着时间的推移而发展?

●学习能力:学习能力是固定的(基于先天能力)还是可变的?

●学习速度:我们能快速获得知识,还是需要时间来发展知识?

●学习的本质:学习意味着记住从权威那里传下来的事实,并保持事实独立分离呢,还是意味着发展你自己的综合理解?

学生关于认知和学习的信念会影响他们设定的目标和学习策略(Kardash & Howell, 2000;Muis & Duffy, 2013;Muis & Franco,2009)。例如,如果你认为应该快速获得知识,你可能会尝试一两个快速策略(阅读文本一次,花2分钟尝试解决单词问题)然后停止。在课堂研究中,认为学习是理解的学生(四至六年级)比认为学习是再现事实的学生对科学文本的加工更深入(C. K.Chan & Sachs, 2001)。这项研究,就采用前面"设身处地想一想"中的问题评价学生的信念。答案1c、2b、3c和4a对应复杂的、不断发展的知识信念,即认为知识需要时间来加以理解并从主动学习中发展而得。你的信念是什么? 有证据表明,如果教师示范和鼓励批判性思维,将新信息与学生的已有知识联系起来,并展示多种问题解决方案,教师可以帮助学生发展深度拓展学习的信念(Muis & Duffy, 2013)。

关于学习能力这一维度的信念影响尤为强大,请继续阅读。

关于能力的思维倾向和信念

停下来想一想:从1(非常同意)到6(非常不同意)对德威克(Dweck,2000)的这些陈述进行评分。

●你有一定的智力基础,你真的无法改变它。

●你可以学习新的东西,但你无法真正改变你的基本智力。

●无论你是谁,你都可以改变你的智力。

● 无论你智力基础如何,你都可以随时改变它。

影响学习动机最有力的信念是关于智力和其他能力的信念(Dweck,2006;Gunderson et al.,2013;Headden & McKay,2015;Romero et al.,2014)。这些信念的范围从一个固定型思维倾向(fixed mindset)①到成长型思维倾向(growth mindset)②。前者假设能力是稳定的、无法控制的、确定的特质,后者认为能力是不稳定、可控和可提高的。在一次采访中,卡罗·德威克指出,具有成长型思维倾向的学生相信他们的天赋和能力可以通过良好的教学或指导、练习、努力和坚持来提高。总之,每个人都可以通过努力工作变得更聪明(Morehead,2012)。德威克(2006)发现,大约40%的学生持有固定性思维倾向,40%的学生持有成长型思维倾向,其余学生介于两者之间。回顾一下你对"停下来想一想"中问题的回答:你拥有怎样的思维倾向?

在小学低年级阶段,大多数学生都有成长型思维倾向,绝大部分学生认为努力和能力是一样的。聪明的人努力工作,努力工作又使人聪明(Dweck,2000;Stipek,2002)。11岁或12岁的孩子们可以区分努力、能力和行为。在这一年龄,他们逐渐相信完全不付出努力就成功的人肯定是真正的聪明。也正是在这个时期,关于能力的观念开始影响动机(Anderman & Anderman,2014)。

持有固定型思维倾向的学生倾向设立行为表现目标,他们寻求使自己看起来聪明和能维护自尊的环境,就像谨慎的苏美特一样。他们总是做那些无须付出很大努力或不必冒失败危险就能做得很好的事情,因为两者之中的任何一个——努力工作或者失败都表明(对他们来说)能力低。努力工作却仍然失败将对他们的能力感造成致命打击。有学习障碍的学生更有可能持有固定型思维倾向。

相反地,持有能力增长观的学生有更强的动机、更好的成绩。他们倾向于确立难度适宜的目标,这种目标是我们所知的最能激励人的目标类型。相信能提高自己的能力,可帮助学生专注于解决问题的过程和应用好的策略,而不是考试的分数结果(Chen & Pajares,2010)。最近,固定型思维倾向和成长型思维倾向的概念已经扩展到创造力

①固定型思维倾向——认为能力具有稳定、不可控制的特点。
②成长型思维倾向——认为能力具有不稳定、可控、可提高的特点。

领域。似乎认为创造力可以发展和提高的人也有更高的创造力效能感(Hass, Katz-Buonincontro, & Reiter-Palmon, 2016)。除了能力和创造力,许多领域的思维倾向也可能在支持或抑制动机方面有作用。

教师也持有不同的思维倾向。德威克(2006)描述了她在六年级时的一次对她影响深远的经历。她的老师让学生按照智商的顺序坐在房间里,不让"低智商"的学生举旗子、清理橡皮擦,或者给校长写便条,在老师眼中努力无关紧要! 我的小学音乐老师,他不仅根据我们的歌唱给我们评分,而且还根据我们的演唱能力分配座位——优秀的在前面,最差的在后面。三年中我都在后排,极其讨厌音乐课。我坚信,若不是高中老师鼓励进步,我会一直无法提高歌唱水平。

对学生持有固定型思维倾向的教师会更快地形成判断,当遇到矛盾的证据时,他们会更慢地改变自己的想法(Stipek, 2002)。相比之下,持有成长型思维倾向的教师倾向于设定掌握目标并寻求学生可以提高技能的情境。提高意味着变得更聪明,但失败不是毁灭性的,它只是表明需要更多的努力,能力不会因此而受威胁。一项有趣的研究发现,如果父母称赞他们2至3岁儿童的努力,这些儿童在7至8岁时表现出更多的成长型思维倾向(Gunderson et al., 2013)。

给教师的建议:思维倾向

如果学生认为自己缺乏解决高级数学问题的能力,即使他们的实际能力已大大超出平均水平,他们将仍可能基于这一信念来行为。这些学生不可能有解决三角学和微积分学问题的动机,因为他们预期自己在这些领域会做得很差。教师如何支持成长型思维倾向(当然,不用依据智商测试成绩给学生分配座位)? 德威克给出如下(2013)建议:

• 让学生明白学习会改变大脑,努力是有益的,在处理困难和挑战、学习、提取和应用知识时,大脑会形成新的联系。一个成长型思维倾向课程这样写道:"每个人都知道,当你举重时,你的肌肉会增大,你会变得更强壮。但大多数人并不知道,当他们练习和学习新事物时,他们的大脑部分会发生变化并变大,就像肌肉一样。"(Headden & McKay, 2015)

- 把自己当作学习教练和资源,而不是学生能力的判断者。

- 提供有关学习过程和策略的反馈。赞美好的策略和努力,而不是正确的答案。

- 不要回避批评,而要使它们具有建设性,并专注于改进。

- 不要安慰学生说:"没关系 ,也许你就是学不好数学。"而是说,"你还没有掌握这个策略,但你将会掌握。"

当你考虑应用思维倾向的概念时,要注意德威克最近描述的"虚假成长型思维倾向"。持有虚假成长型思维倾向的教师可能会称他们持成长观只是因为他们应该知道,而不是真正赞同甚至理解这个概念。德威克指出,"每个人都是固定型和成长型思维倾向的混合体。你可以在某个领域拥有一个占主导地位的成长型思维倾向,但仍然会有一些东西会引发你陷入一种固定型思维倾向"(Gross-Loh,2016,p. 5)。真正的挑战是识别这些触发因素,并在此努力一段时间,从而能在这些领域长期保持成长型思维倾向。因此,只是表扬学生努力学习,甚至当结果很失败时,将导致杰尔·布罗菲(Jere Brophy)所说的"表扬成为一种精神安慰"。学生们认为他们得到表扬是因为他们真的没有能力做得更好,所以(未预期的)结果是强化了固定型思维倾向。与其赞美简单的努力,不如赞扬那些导致学习的过程——把注意力集中在运用好策略的努力上。

自我价值的信念

无论是哪种理论派别,绝大多数理论家都赞同效能感、控制感和自我决定是人们是否会受到内部动机激励的关键因素。如果学生没有控制感,会发生什么?

习得性无助。如果人们逐渐相信他们生活中的事件和结局绝大部分是不可控制的,那么他们就已形成了习得性无助(learning helplessness)①(Seligman,1975)。为了理解习得性无助的影响,请思考这个经典试验(Hiroto & Seligman,1975):在第一个阶段被试分别接受可解决或不可解决的疑难问题。下一个阶段,研究者给予所有被试一系列可解决的疑难问题。实验第一阶段中曾遭受不可解决疑难问题困扰的被试,第二阶

---

①习得无能为力/习得性无助——基于缺乏控制的以往经验而形成的一种预期,即个人所有的努力都将失败。

段解决疑难问题的数目明显较少。他们已经认识到自己不能控制结果,那么他们凭什么还要努力呢?

习得性无助看起来会导致三种类型的缺陷:动机缺陷、认知缺陷和情感缺陷。感到无能为力的学生没有努力学习的愿望,不愿付出努力,正像前面所描述的"无能为力的热拉尔多"一样,既然他们预料会失败,当然就不会去努力——动机因此遭受挫折。由于这样的学生悲观消极地对待学习,他们错过了练习和提高自己技能与能力的机会,因此形成了认知缺陷。最后,他们经常忍受情感问题,例如意志消沉、心情焦虑和无精打采(Alloy and Seligman, 1979)。一旦这些认知缺陷形成,就很难逆转习得无能为力带来的影响。

自我价值。成败归因与关于能力的思维倾向、自我效能、习得性无助、自我价值之间的关系如何? 科温顿(Covington)和他的同事提出这些因素来自三种动机类型;掌握定向型、避免失败型和接受失败型,表 12.2 表示了三种动机类型 (Covington, 1992; Covington & Mueller, 2001)。

表 12.2 掌握定向型、避免失败型、接受失败型学生

	对待失败的态度	目标确立	归因	关于能力的观点	策略
掌握定向型	对失败低度恐惧	学习型目标:难度适宜,挑战适度	努力、使用正确策略,充分的知识是成功的原因	不断增长、可以提高	适应性的策略,例如尝试另一种方法、寻求帮助、更多地练习、更深入地学习
避免失败型	对失败高度恐惧	表现型目标;非常难以实现、非常易于实现的目标	缺乏能力是失败的原因	不可控、固定的	自我挫败的策略,例如付出很少的努力、假装不关心
接受失败型	预料到失败,失望情绪	表现型目标;或者没有目标	缺乏能力是失败的原因	不可控、固定的	习得性无助,可能放弃

　　掌握定向型学生(mastery-oriented students)①他们不畏惧失败,因为失败不会威胁他们的能力感和自我价值感,这就允许他们确立难度适宜的目标、敢于冒险和建设性地应对失败。他们学习敏捷,拥有更多的自信和更多的精力,具有较高的唤起水平,乐意接受具体的反馈(反馈不会威胁他们),并且渴望学习"游戏规则"以获得成功。所有这些因素造就了他们坚韧不拔、持之以恒的毅力以及学习上的成功(Covington & Mueller, 2001; McClelland, 1985)。

　　避免失败型学生②(failure-avoiding students)对自己的聪明程度的感知只与最近一次考试成绩相一致,所以他们从来没有形成一致的自我效能感。如果他们以往通常是成功的,他们可以仅仅通过不去冒险和"固步自封于自己所了解的领域"来避免失败。另一方面,如果他们体验过许多次失败,可能会像我们前面讨论过的自我防御的达蒙一样,采取自我挫败的策略,表现为极少努力、确立非常低的或者极其高的目标,或者声称自己不在乎。就像考试之前,一个学生可能会说,"我根本就没学过!"然后,任何高于不及格的成绩都是成功的。拖延是另一个例子。如果学生声称:"考虑到我昨晚才开始写学期论文,所以我做得还可以。"所有这些都是自我设障(self-handicapping)③,因为学生们为自己的成就设置障碍,保护他们的自尊心或能力感。自我设障时很少有真正的学习发生,而且似乎对中小学生的成就更具破坏性(Schwinger et al., 2014; Urdan, 2004)。

　　不幸的是,正如我们所看到的,避免失败的策略是自我挫败的,一般恰恰导向学生力图避免的失败,他们放弃并因而成为接受失败型学生(failure-accepting students)④。他们确信自身的问题是因为能力低,就像无能为力的热拉尔多,几乎无望改变处境。或许,教师可以通过帮助学生寻求新的和更现实的目标,防止某些避免失败型的学生变成接受失败型的学生。通过这种方式,所有学生都有可能在某些评估中取得成功并

------

　　①掌握定向型学生——由于重视成就和认为能力是可促进的而关注学习型目标的学生。
　　②避免失败型学生——那些通过将自己固步自封于自己所了解的领域、不去冒险以及声称不在乎自己的成绩等方式来避免失败的学生。
　　③自我设障——学生为了避免测试它们的真实能力而做出妨碍自己成功的行为。
　　④接受失败型学生——那些相信自己的失败是由于能力不足和无能为力的学生。

达到至少某些目标(L. H. Chen, Wu, Kee, Lin, & Shui, 2009)。这在性别或种族的刻板印象断言某些群体"不应该"做得很好时尤其重要(如女孩不擅长数学)。这些刻板印象在数学、科学和技术学科中很常见,教师能够教会学生如何学习并且让他们担负起自己的责任,而不是怜悯这些学生或为他们寻找借口。下面的"指南:鼓励自我价值"讨论了更多相关的策略。

给教师的建议:自我价值

如果学生认为失败就意味着他们愚笨,那么他们就有可能采取许多自我保护性的、同时也是自我挫败性的策略。强调行为表现、成绩和竞争的教师鼓励了学生自我设障而不自知(Anderman & Anderman, 2014)。仅仅告诉学生"更加努力地学习"并不是特别奏效。学生需要真正的事实来证明付出努力有所回报,证明确立更高目标不会导致失败,证明他们能够提高能力,证明能力可以改变。他们需要真实的成功经验。

关于动机,我们还要了解什么? 那就是情感很重要。

指南:鼓励自我价值

强调能力不是固定的,而是可以不断发展的。举例:
1. 分享你如何提高知识和技能的示例,例如写作、运动或手工艺。
2. 说出自己失败后尝试新策略或获得正确的帮助并从失败走向成功的事例。
3. 保存学生在以前的课程中的初稿和成品,以显示学生在努力和支持下的进步程度。

直接将学习目标和行为表现目标之间的差异教给学生。举例:
1. 鼓励学生为一个科目设定一个小目标。
2. 经常认可学生的进步,对他们有利于成功的过程和策略给予真诚称赞。
3. 把目标设定为个人做到最好,而不是让学生陷入彼此的竞争。

让教室成为诊断失败的场所——失败时告诉学生需要改进什么,还有什么没掌握。举例:
1. 如果学生在课堂上给出了错误的答案,请说:"我猜其他人也会给出这样的答案。让我们来看看为什么这不是最好的答案。这让我们有机会深入挖掘,变得优秀!"

2. 鼓励不断地修改、改进、重做，强调进步。

3. 向学生展示他们修改的作品与更高分数间的联系，但主要强调他们不断增长的能力。

鼓励寻求帮助和给予帮助。举例：

1. 教导学生就自己不理解的内容提出明确问题。

2. 认识到哪些学生是乐于助人的。

3. 培训班级专家学生以满足一些持续性的需求，例如技术指导或进度检查。

你的学习感受如何？ 兴趣、好奇心、情绪和焦虑

你还记得刚上学的时候吗？ 你是否对新世界感到兴奋、充满兴趣、跃跃欲试？ 很多孩子都是如此。但父母和教师的共同关注点是，随着时间的推移，好奇心和兴趣会被一种枯燥乏味的感觉所取代，即学校成为学生不得不学习的无趣的场所。事实上，对学校的兴趣从小学到高中一直有所下降，男孩的兴趣下降幅度大于女孩。即使是芬兰国际顶级高中的学生，当他们从九年级到十一年级时，也认为校园生活变得不那么有趣和有价值（Wang et al. , 2015）。兴趣下降与向中学过渡有关。这些下降让人感到不安，因为兴趣与学生的注意力、成绩、阅读成绩、设定挑战性的目标和解决困难问题的愿望以及学习深度有关（Hulleman & Barron, 2016；Linnenbrink-Garcia & Patall, 2016；Renninger & Bachrach, 2015）。

激发兴趣

停下来想一想：面试高中教师岗位时，校长问道：“你如何让学生对学习感兴趣？ 你能在教学中激发他们的兴趣吗？”

两种类型的兴趣。根据个人特质和情境的状态，可以将兴趣分为个人兴趣和情境兴趣两种。个人兴趣关乎个人较稳定的特质，例如一直喜欢某些科目，如历史、数学等科目，或音乐、电子游戏或时尚等某些活动。在学习中有个人兴趣的学生一般都会追寻新的信息，并对学校教育有更积极的态度。情境兴趣是对活动、文本或材料方面较短暂的兴趣，可以吸引并保持学生的注意力。个体和情境兴趣都与学习有关。当学生

感到能胜任学习任务时，兴趣就会增加，所以即使学生最初没有被一个学科或活动所吸引，也可能在体验成功时获得兴趣。

安·瑞宁格和苏珊·希迪（Ann Renninger & Suzanne Hidi,2011）描述了一个兴趣发展的四阶段模型：

引发情境兴趣——→情境兴趣持续——→初显的个人兴趣——→稳定的个人兴趣

以希迪和瑞宁格（2006）描述的大四学生朱莉娅为例。当她在牙医办公室紧张地等待时翻阅着一本杂志，她的注意力被一篇关于一个人从工程工作辞职成为法律冲突协调者的文章吸引（引发情境兴趣）。当她被医生叫到时，仍在阅读这篇文章，她标记了阅读的位置，在预约完成后，继续阅读（情境兴趣持续）。她在接下来的几周内，搜索互联网、访问图书馆、做笔记，并与职业顾问会面，获得有关此职业选择（初显的个人兴趣）的更多信息。四年后，朱莉娅在为一家律师事务所处理越来越多的仲裁案件，她特别享受作为协调者的工作（稳定的个人兴趣）。

在这个四阶段模型的早期阶段，情绪——兴奋、愉悦、乐趣和好奇心——发挥了重要作用。当朱莉娅开始阅读时，积极情绪感受可能引发情境兴趣。当她学到了更多关于成为协调者的知识时，好奇心随之而来，促进朱莉娅兴趣的保持。由于朱莉娅在她的好奇心和积极情绪中增加了知识，她的个人兴趣出现了，并且形成积极的情感循环——好奇心和知识相互作用，促进持久兴趣的建立。

激发并保持兴趣。尽可能将学业内容与学生持久的个人兴趣联系起来。但鉴于大多数课堂所教内容是基于当今的州标准制定的，因此很难根据每个学生的兴趣定制每一课。你将不得不更多地依赖激发和维持情境兴趣。以此，面临的挑战是不仅要激发而且还要能维持学生的兴趣（Pintrich, 2003）。例如，马修·米切尔（Mathew Mitchell, 1993）发现，在中学数学课程中，使用计算机、小组合作和谜题的教学方式，能够激发却不能维持学生学习兴趣。能长久维持学生兴趣的课程包括开展与现实生活中的问题相关的数学活动，以及积极参与实验室实验和项目。挑战、选择、新奇、想象、与他人合作、实践活动和实验、鼓励学生解释、教学对话、承担专家角色、个体相关性、实用价值，以及参与小组项目也可以激发学生兴趣（Renninger & Bachrach, 2015；Renninger &

Hidi，2011；Tröbst et al.，2016）。例如，一名被评为具有高激励水平的三年级教师让班上学生为整个学校设立了邮局，学校的每个教室都有一个地址和邮政编码。学生们在邮局工作，学校里的每个人都使用邮局给学生和老师发信。学生们设计了自己的邮票并设定了邮费。教师认为该系统"在学生不知情的情况下提高了他们的创造性写作水平"（Dolezal，Welsh，Pressley，& Vincent，2003，p. 254）。

但对一个学生或一组学生有用的东西可能会不适合其他人。例如，在一项对年龄较大的青少年数学学习的研究中，杜立克和哈拉基维茨（Durik & Harackiewicz，2007）得出结论：对于初学数学且兴趣较低的学生，通过使用丰富多彩的学习材料和图片来吸引兴趣很有益，但对已经有数学学习兴趣的学生却没有作用。对于已经有兴趣的学生，通过展示数学如何对个人有用会更有效。此外，复杂的材料可以使学习更有趣，只要学生有成长型思维倾向并相信他们可以有效地应对复杂性问题（Sylvia，Henson，& Templin，2009）。当任务困难且学生对成功的期望较低时，你可以通过设定强调学习的目标来激起学生的兴趣。通过这些掌握型目标，困难和错误只是学习和锻炼大脑的一部分（Tanka & Murayama，2014）。

正如你在"观点与争论"中看到的那样，在回应学生兴趣时还有其他注意事项。

观点与争论：让学习有趣会带来好的学习效果吗？

当许多新手教师被问及如何激励学生时，他们经常提到让学习变得有趣，但学习有趣是否必要？

观点：教师应该让学习变得有趣。

当我在谷歌搜索"让学习变得有趣"时，我找到了15页的资源和参考资料，其中包括一个 http://makinglearningfun.com. 的网站，显然，让学习变得有趣是有好处的。研究表明，文本中有趣的段落会被更好地记住（Schunk，Meece，& Pintrich，2014）。例如，一项对15岁儿童的国际研究中发现，阅读的兴趣被证明是预测个人或国家阅读成就的有力指标。这在美国、韩国、新加坡、日本、芬兰、加拿大、新西兰、澳大利亚、荷兰九个国家中表现得尤为突出（Lee，2014）。

游戏和模拟也可以让学习更有趣。我女儿上八年级时,全班同学花了三天时间玩一种老师设计的ULTRA游戏。学生分成几个小组,形成自己的"国家",每个国家选择一个名称、标志、国花和鸟,编写和唱国歌,选出政府官员。教师给他们分配了不同资源。要完成布置的项目必须得到所有物资,各个国家不得不与别的国家建立贸易往来,一个货币系统和流通市场由此形成。学生们必须和自己"国家的公民"一起完成合作的学习活动。一些国家在交易中欺骗其他国家,引发了有关国际关系、信任和战争的争论。我女儿说她玩得很开心,同时她也学会了没有教师监督如何在小组里活动,她对世界经济和国际争端的理解更深了。

对立的观点:有趣妨碍学习。

早在20世纪初,教育工作者一直在提醒关注学习乐趣的危害性。约翰·杜威(JohnDewey)最具代表性,他写了大量关于兴趣在学习中作用的分析。他告诫说,你不能像通过添加一些美味的辣酱来使坏辣椒变好一样通过加入好玩的东西来使无聊的课程变得有趣。杜威写道,"当事情必须变得有趣时,这是因为本身就缺乏兴趣,而且这句话本身就是用词不当。事物和目标并没有比以前更有趣。"(Dewey, 1913, pp. 11 – 12)。

现在有大量的研究表明,通过结合引人入胜但不相关的细节来增加兴趣实际上会妨碍重要信息的学习。正如人们所称,这些"诱人的细节"转移了读者的注意力,使他们不去关注那些不太有趣的主要观点,特别是如果学习材料很复杂,要求很大的工作记忆容量时,影响会更加显著(Park, Flowerday, & Brünken, 2015;Reber, 2016)。如夏农·哈普和理查德·梅尔(Shannon Harp & Richard Mayer, 1998)使用试图通过受到电击伤害的游泳者和高尔夫球手这样的有趣细节激发学生的情感兴趣的高中科学课本,但这些"有趣"的细节未能改善学习。对中国中学生而言,在社会研究阅读作业中添加有趣但不相关的图片也导致其学习行为减少(Wang & Adesope, 2014)。所有这些例子中,诱人的细节可能会扰乱学生跟进分析逻辑的尝试,从而干扰他们理解文本。哈普和梅尔总结道,"帮助学生享受文章的最佳方式是帮助他们理解"(p. 100)。

当心"非此即彼"。我们当然希望课程有趣又有吸引力——但这么做的核心应该是学习。虽然学习非常艰苦又常需重复,但学生必须学会坚持。努力学习是生活的一部分,一起努力可以很有趣。

好奇心: 新奇性与复杂性

好奇心与兴趣相关。根据瑞宁格和希迪(2011)前面描述的兴趣四阶段模型,当我们提出并回答有助于组织有关某个主题知识的"好奇心问题"时,我们的个人兴趣就会被激发。一些心理学家将好奇心列为 16 种人类基本动机之一,并鼓励学校将发展学生的探索性倾向作为主要目标(Flum & Kaplan, 2006; Reiss, 2004)。

杰米·杰奥特和大卫·卡拉尔(Jamie Jirout & David Klahr,2012)指出,当注意力集中在知识的空缺之处时,个体就会产生好奇心。这种信息空缺引发一种缺失感,我们称之为好奇心。这个观点与第二章所讨论的皮亚杰的失衡概念相似,它对教学有着重要意义。首先,学生在能够体验带来好奇心的知识空缺之前,他们需要有一定的知识基础。其次,学生必须意识到差距才能产生好奇心。换句话说,他们需要对他们知道和不知道的内容进行元认知(Hidi, Renninger, & Krapp, 2004)。要求学生猜测并为他们提供反馈信息是有益的。此外,可以通过适当处理错误并指出缺失的知识来激发好奇心。最后,对某一领域了解越多,就越可能对它产生好奇心。正如马斯洛(1970)所预言的,认知和理解的需要得到满足后会继续增强进一步认知的需要,认知的需要不会减弱。请参阅"指南:培养学生的兴趣与好奇心",了解更多在课堂上建立兴趣和好奇心的信息。

指南:培养学生的兴趣与好奇心

将学习内容与学生的经历联系起来。举例:

1.与另一所学校的一名教师建立班级间笔友活动。通过写信,学生交流个人经历、照片、绘画和写作作品,并且相互提问和回答问题("你学过草书吗?""在数学方面你正在学什么?""你正在读什么?")。为节省邮票,信件可以放在一个大邮包里一起邮寄。

2.找出擅长不同作业和任务的学生。比如,谁会用电脑绘画?谁会搜寻网络?谁会做饭?谁会使用索引?

3.举办一个"转换日",这一天学生和学校职员或服务人员变换角色。学生必须通过访谈职员研究职员角色,必须为工作做准备,穿上当天所接管工作的工作服,并且在换班日之后评价他们的成功之处。

识别能够融入课堂学习与讨论的学生兴趣、爱好和课外活动。举例：

1.让学生设计和实施了解彼此兴趣的调查。

2.使班级图书处存放着与学生兴趣和爱好相关的书籍。

3.根据学生的兴趣选择语言艺术或科学课题中的故事。

用幽默感、个人经历和展现学习材料人性化一面的轶闻趣事来支持教学。举例：

1.交流你自己的爱好、兴趣和最喜欢的事物。

2.告诉学生将有一个意外参观者到访，然后装扮成某个故事的作者，谈论关于"你自己"以及你的写作。

使用包含有趣内容或详细信息的原始资料。举例：

1.历史上的信件和日记。

2.达尔文的生物学笔记。

创造惊喜和吸引好奇心。举例：

1.让学生预测实验中会发生什么，然后向他们展示他们是对还是错。

2.提供历史记录，并要求学生猜猜是谁说的。

3.使用新奇的阅读材料，比如包括行动/情绪动词（"执着"与"行走"）、不熟悉的角色（"猩猩"与"狐狸"）、不寻常的形容词（"毛茸茸"与"棕色"）以及令人惊讶的结局（Beike & Zentall,2012）。

更多有关学生兴趣和动机的资料，参见 http://www.readwritethink.org and search for "interests."

Source：From 150 Ways to Increase Intrinsic Motivation in the Classroom，by James P. Raffini. Copyright © 1996 by Pearson Education，Inc. Adapted by permission of the publisher. Also Motivation in Education (2nd ed.)，by P. Pintrich and D. Schunk，? 2002 by Pearson Education，Inc.

心流体验

你有没有过处于"巅峰时刻"或"陷入沉思"？你可能已经经历过心流体验（flow）①———一种精神状态，在这种状态下，高度专注地沉浸于某个任务中。当个人处

---

①心流体验——完全沉浸在挑战性任务中并伴有精神高度集中和参与的心理状态。

于心流体验时,他们面临着极具挑战性的任务,需要匹配高水平的技能——他们的大脑神经高度紧张且有序地工作,心流中的个体在任务中获得更大的乐趣,在没有提示的情况下持续工作,易于产生更高质量、更具创造性的作品(Abuhamdeh & Csikszentmihalyi, 2012)。

哈伊·契克森米哈伊(Mihaly Csikszentmihalyi)首先研究了艺术家、国际象棋选手、登山者、音乐家和游戏中儿童的心流体验,随后在我们日常学习和工作的活动中检验了心流状态。他发现在学校中心流体验不太常见,但在工作中更常见。工作中的人们有明确的目标和即时反馈,并且可以运用他们的技能。周末成人除了看电视之外没有特定的目标或有组织的活动,此时心流体验水平最低(Beard, 2015;Csikszentmihalyi, 2000)。

在学校里会是什么样子? 在一次采访中,契克森米哈伊描述了印第安纳波利斯的一所 K–12 学校。该学校围绕每个学生的年度个人学习目标进行了部分课程的构建。课程还包括针对所有学生的重要思想或主题的课程,如"和谐共处"。以"和谐共处"为课程主题时,契克森米哈伊说:"数学课程中,你学习数字的和谐,能够掌握数字的美丽,它们总是在方程中以正确的方式结束。在音乐中,你学习声音的和谐。在社会研究中,你将了解战争与和平的历史,特别是和平时期我们如何在社会学中学会合作"(Beard, 2015, pp. 356–357)。这所学校在差异化(发展个人利益)和整合(关注共同利益)方面实现了良好的平衡。这种设计似乎与德利昂·格雷(DeLeon Gray,2014)描述的青少年对"脱颖而出"(分化)和"适应"(整合)的需求一致。

情绪和焦虑

你对学习的感觉如何? 兴奋、无聊、好奇、可怕? 如今,研究人员强调,学习不仅仅是对推理和解决问题的"冷认知",学习也受情绪和心情的影响,因此学习中"热认知"也在发挥作用(Bohn-Gettler & Rapp, 2011;Pintrich, 2003)。我们对大脑和情绪有了更多了解,对情绪的研究正在扩展。

神经与情绪。 在包括人类在内的哺乳动物中,对杏仁核大脑区域的刺激似乎会引发情绪反应,如恐惧和"战斗或逃跑"反应,但大脑的许多其他区域也会参与情绪。与感受不同,情绪(emotions)①是复杂的。例如,想到乘坐一个巨大的过山车,两个人可能都会感受到刺激和情绪唤起,但是一个人会有一种惊心动魄的期待感,而另一个人会感到恐惧。因此,在这种情况下,关于过山车的情绪是由身体的反复交互作用引起的复杂心身现象(唤起、心跳加快、血压升高等),包括认知评价("我要死了"或"这将是一场狂欢")和有意识的感受(害怕和恐惧,期待和兴奋)(Gluck, Mercado, & Myers, 2016)。因此,人类情绪是大脑结合对情境和语境等其他信息的解释而触发的生理反应的结果。例如,在看动作片期间听到惊人的声音可能会引起短暂的情绪反应,但是当你在半夜走过一条黑暗的小巷时,听到相同的声音可能会导致更强烈和更持久的情绪反应。

从以上描述中可以清楚地看出,情感产生的一些因素并非在我们的意识控制之下,在工作时需要与"情绪化"的学生一起相处。一个学生瞬间的和无法控制的情绪判断——"我之前不擅长这个,所以注定要再次失败",可能在学习开始前就将其毁掉了。建立自我效能感和成长型思维倾向可以帮助学生将这种恐惧感重新定义为一种挑战和兴奋的感觉,这对教师也同样适用。那个学生"只是想让我出丑",这样的瞬间性情绪化判断会破坏建立良好关系的机会。你如何重新看待那种感觉(Scalise & Felde, 2017)?

我们大脑中这些难以控制的方面会影响学习、注意力、记忆和决策(Scalise & Felde, 2017)。人类更有可能关注、了解和记忆引起情绪反应的事件、图像和读物(Murphy & Alexander, 2000)。情绪可以通过改变大脑多巴胺水平和激发的速度影响长期记忆,以及将注意力引向情境的一个方面来影响学习(Pekrun, Elliot, & Maier, 2006)。有时,情绪会通过占用学习需要的注意力和工作记忆空间来干扰学习(Pekrun, Goetz, Titz, & Perry, 2002)。

在教学中,我们关注一种与学习成就有关的特定情绪,成功或失败的经历可以激发成就情绪,如骄傲、希望、无聊、愤怒或羞耻(Pekrun, Elliot, & Maier, 2006)。我们如

---

①情绪——基于情境产生的行为、生理反应、情感三个关联因素的情感反应。

何利用这些发现来支持学生学习?

成就情绪。在过去,除了焦虑之外,在学习和动机的研究中,情绪通常被忽略(Pekrun & Linnenbrink-Garcia, 2015)。但正如刚才所看到的,对神经科学的研究表明,好奇心和无聊等情绪都可以是学习过程的原因和后果。例如,无聊会导致学习成绩较差,而学习不良会导致学生感到更加无聊,学生会越来越落后(并感到无助绝望)。无聊是兴趣和好奇心的对立面,是每个年龄段学习的显见的敌人,是课堂上的一个大问题。无聊导致学生注意力不集中、缺乏内在动机、工作能力薄弱、只能进行浅层次的信息处理、自我调节能力差(Pekrun et al. , 2010)。

莱因哈德·皮克仑(Reinhard Pekrun)及其同事(2006, 2010, 2014, 2015)在美国和德国检测了一个模型,该模型将不同的目标定向与较大青少年的无聊和其他情绪联系起来。目标定向是我们之前讨论过的:掌握型目标、表现趋近或表现回避目标。通过掌握型目标,学生将注意力集中在一项活动上,他们觉得自己处于掌控地位,并将其作为一种变得更聪明的方式。这些发现总结在表 12.3 中。

表 12.3　不同的成就目标如何影响成就情绪

不同的目标与可能影响动机的不同情绪相关联。

目标定向	学生情绪
掌握 关注活动,可控性,活动的积极价值	增加:享受活动的感觉、自豪、希望 减少:无聊、愤怒
表现趋近 关注结果,可控性,积极的结果价值	增加:自豪、希望
表现回避 关注结果,缺乏可控性,负面的结果价值	增加:焦虑、无助、羞愧

资料来源:Based on Pekrun, R. , Elliot, A. J. , & Maier, M. A. (2006). Achievement Goals and Discrete Achievement Emotions: A Theoretical Model and Prospective Test. Journal of Educational Psychology, 98, 583 - 597.

你怎么能增加所教科目中学生积极的成就情绪? 如果相信学生:(a)对学习活动几乎无法控制,(b)不重视活动,那么他们更容易感到无聊。将学生的技能水平和选择进行匹配,可以增加学生的控制感和心流体验。此外,努力建立学生兴趣和展示活动的价值也可以有效防止无聊。请记住,成就情绪是处在特定领域的。学生喜欢并为数学工作感到自豪并不意味着他们会喜欢英语或历史(Goetz, Frenzel, Hall, & Pekrun, 2008;Pekrun et al., 2010, 2014)。此外,喜欢所教科目的教师往往更热情并鼓励学生享受学习,所以尽可能确保教学时自己具有兴趣和热情(Brophy, 2008;Frenzel, Goetz, Lüdtke, Pekrun, & Sutton, 2009;Long & Woolfolk Hoy, 2006)。

情绪唤醒与焦虑。正如大家都知道受到激励是怎样的感觉,我们也都了解情绪唤起的情形。唤醒包括心理和生理两方面的反应——脑波模式、血压、心率、呼吸频率等方面的变化。我们感到警觉、十分清醒,甚至兴奋。

为了理解情绪唤起对动机的影响,我们要考虑两个极端的情况。第一种情况是,夜已经很深了,你打算第三遍去理解要求阅读的材料,但是你太困倦了。尽管你没有完成明天的作业,可是眼皮在下垂,注意力无法集中,你决定上床睡觉,明天早点起来学习(你知道这种计划很少能实现)。另一种极端情况是,设想你明天有一场关键的考试——它将决定你是否能够进入你理想中的学校读书。你感到所有人都准备充分,因此觉得压力很大。你知道自己需要好好地睡上一觉,但却丝毫没有睡意。在第一个事例中,唤起水平太低;在第二个事例中,唤起水平太高。

多年来,心理学家已经知道大多数活动存在一个最佳情绪唤起水平(Yerkes & Dodson,1908)。总的来说,较高水平的唤醒有利于简单任务的完成,比如分拣要洗的衣服,但较低水平的唤醒对于完成复杂任务更有利,如参加 SAT 或 GRE 考试。

课堂中的焦虑。每个人都不止一次体验过焦虑(anxiety)[①],或体验过泛泛的不安、不祥的预感、紧张感。焦虑对学校成绩的影响显而易见。最近关于"学业焦虑"(涉及教育场景中焦虑体验的广泛术语)的研究表明,许多形式的焦虑——考试焦虑、数学焦虑、科学焦虑、公共演讲焦虑——都会影响或阻碍人们的学习信念和行为模式,导致个体与学习行为脱离(Cassady, 2010;Hart et al., 2016)。焦虑既是学校失败的原因又是其结果,给学习者带来恶性循环——学生因为焦虑而做得糟糕,而不良的行为表现又加重了他们的焦虑。焦虑或许既是特质又是状态,因此,学生可能会在进入不同的学

---

①焦虑——泛泛的不安,一种紧张感。

习情境前就已有个人水平的焦虑,而情境本身可能会引发对威胁或自我怀疑的感知,从而增加其原有的焦虑水平(Convington,1992)。

焦虑看起来既有认知成分又有情感成分,认知方面包括忧虑和消极的想法——例如,总想如果失败了会多糟糕,并且担心自己会失败;情感方面包括心理的和情绪反应,例如掌心出汗、胃口不适、心率加快或者恐惧(Jain & Dowson,2009;Schunk,Meece,& Pintrich,2014)。压力、严重的失败后果和学生之间的竞争比较时,都可能引起焦虑。对学龄儿童的研究表明,睡眠质量(睡眠速度和睡眠深度)与焦虑之间存在联系。高质量的睡眠与积极唤起或"渴望"学习有关。另一方面,低质量的睡眠与微弱的焦虑和学习成绩下降有关。你可能已经在自己的学校生涯中发现了这些关系(Meijer & van den Wittenboer,2004)。

焦虑如何影响成就? 当代有关学业焦虑的主张指出,在"学习—测验"周期的三阶段——准备、操作和反思中,焦虑影响学习者的信念和行为。准备阶段(课堂教学、学习、考试准备),焦虑的学习者往往难以有效地关注相关材料、采用优质学习策略和对学习事件保持积极的自我价值取向。他们既要学习新材料,又受到紧张感的牵制,不是把精力集中于听教师讲课或所阅读的内容,而是把精力集中于内心紧张的感觉,心想:"我这么紧张,我永远不能理解这些材料!"从学习一开始,焦虑的学生就可能会错过应该学习的知识,因为他们的思绪固着于自己的忧虑上。无论学习者是否不擅长这一学习,因焦虑引起的不安而回避学习内容,或仅因为对失败后果的设想而分心,都会导致遗漏很多学习内容的重要信息(Cassady & Johnson,2002;Jain & Dowson,2009;Zeidner & Matthews,2005)。但问题并没有到此结束。在行为表现阶段,焦虑阻碍了对学习内容的提取(Schwarzer & Jerusalem,1992)。最后,反思阶段,焦虑的学习者相信自己根本无法胜任任务,确定自己无法控制局面,并为未来的情况设定无效的目标。这种归因会进一步阻碍他们未来的表现。

惠及每一位学生:应对焦虑

有些学生,特别是那些有学习障碍或情绪障碍的学生,在学校可能会特别焦虑。当学生面对考试等压力情景时,他们可以利用三种应对策略;问题解决、情绪管理以及逃避。指向问题的策略可能包括制定学习计划、借阅好的笔记或寻找保证学习的场所。指向情感的策略是试图减少焦虑感,例如,通过放松练习或者向朋友描述自己的焦虑感受。当然,后者或许演变成为逃避策略,如外出吃比萨饼或者突然开始整理桌子(把它们整理好我才能学习!)。不同策略在不同方面发挥着作用——例如,在考试之前采取解决问题策略,在考试期间采取控制情绪策略。不同的策略适用于不同的人和不同的情景(Zeidner, 1995, 1998)。

教师可以做什么? 首先,教师可以帮助焦虑的学习者更有效地识别他们焦虑情绪的来源并准确解释。与此相关,教师可以帮助学生采用归因方式,认识到他们可以控制自己的学习和表现。因此,与其形成一种接受失败的观点,学生们可以学习识别他们成功的情形,并认识到通过支持和努力,他们可以取得更好的结果。

其次,教师应该帮助高焦虑的学生确立现实的目标,因为这些个体通常难以做出明智的选择。他们倾向于选择极端困难的任务或者极端容易的任务。第一种情况下,他们可能会失败,这将增强他们无望的感受和在学校的焦虑。第二种情况,他们可能在容易的任务上取得成功,但是体验不到满足感,而这种满足感能够鼓励他们付出更大的努力和减轻他们对学校学习的畏惧。焦虑的学生在选择短期目标和长期目标方面需要大量指导,这里,采用目标卡、进展图表或目标规划日志都会有所帮助。(Jain & Dowson, 2009)。

第三,教师可以通过教授学生更有效的学习方法来提高成绩。对学习焦虑者的研究表明,他们倾向于花更多的时间学习,但他们采用的方法通常是重复和低质量的(Cassady, 2004; Wittmaier, 1972)。当教师帮助学生建立克服焦虑所必需的认知和情感技能时,学生应该开始观察自身行为的进步,并把帮助他们取得成功的策略内化。

最后,教师可以检查其潜在的偏见来限制课堂环境中焦虑的触发因素(减少刻板印象等威胁信息的存在),促进掌握定向的课堂目标结构,并提供针对内容具有适当兴趣和兴奋水平的积极榜样(而不是开始就说"这是非常难的东西"这样一些话)。此外,当教师对问责制和全州测试"感到压力"时,他们可能会将这种焦虑传递给学生。更多的教师苦口婆心地不断强调"这项考试的重要性",导致更多的学生将考试划为"威胁"

状态,从而引发负面情绪并激发考试焦虑。

给教师的建议：好奇心、兴趣和情绪

你需要维持学生对手头任务保持适当的唤起水平,如果学生正在昏昏欲睡,那么通过一些方法激发他们的情绪,如教学形式的变化、激发好奇心、使他们感到惊讶或者使他们短暂地运动一下。了解学生的兴趣并将它们融入课程和作业中。如果唤起水平太高,可参照下面"指南:应对焦虑"的方法。

指南:应对焦虑

谨慎地利用竞争。举例:
1.监控活动,确保没有学生处于过分的压力之下。
2.在竞争性游戏中,保证所有参与的学生都有成功的机会。
3.尝试合作性的学习活动。

避免出现高焦虑学生不得不面对许多人表现自己的情况。举例:
1.用简单的问题提问焦虑的学生,他们可以用是或否或其他简洁的方式回答。
2.为焦虑的学生提供面对较少人练习演讲的机会。

保证所有指导是清楚的,不确定性会导致焦虑产生。举例:
1.将考试指导语写在黑板上或写在试卷上,而不是只口头讲一下。
2.检查学生以保证他们理解了指导语。问几个学生他们如何做测验中的第一道题、第一个练习题或样题,矫正他们的错误理解。
3.如果你采用新的格式或开始一项新的任务类型,要为学生提供例子或示范以表明怎样做。

避免不必要的时间压力。举例:
1.布置一些家庭测试。
2.确保所有学生能够在给定的时间内完成课堂测验。

消除大型测验或考试的某些压力。举例:
1.传授应试技巧;安排模拟测试;提供学习指导。

2.避免使成绩卡的某个分数主要基于一次考试之上。

3.使特殊的名誉活动可为课程成绩提供加分。

4.使用不同类型的测验,因为一些学生对特定的模式感到困难。

建立笔试以外的其他测评方式。举例:

1.尝试使用口试、开卷考试或集体考试方式。

2.让学生完成一些项目、建立活动档案、口头报告或制作作品。

教学生学习自我调节策略(Schutz & Davis,2000)。举例:

1.测试前:鼓励学生将测试看作是他们有能力做好准备的、重要的且具有挑战性的任务。帮助学生专注于任务,并尽可能多地获取有关测试的信息。

2.测试期间:提醒学生测试很重要(但不是那么重要)。鼓励学生将注意力集中于任务——抓住问题的主要观点,放慢速度,保持放松。

3.测试结束后:回想一下哪些方面进展顺利,哪些方面可以改进。专注于可控制的归因——学习策略、努力程度、仔细阅读问题、放松策略。

更多关于学业焦虑的信息,搜索大学网站,例如 osu. edu, The Ohio State University 网站,搜索"test anxiety."

学校里的学习动机:关于 TARGET

教师致力于发展学生的一种特定的动机——学习动机。杰尔·布罗菲(Brophy, 1998, 2008)将学生的学习动机(motivation to learn)①描述为"学生倾向于发现学习活动的意义和价值并尽力从中获取预期的学业上的提高。"学习动机不仅包含要学习或想学习,它还包括学生心智努力的质量。例如,阅读课文11遍只可以反映坚持性,但学习动机意味着学生采取思维积极参与的、主动学习的策略,如总结、推敲基本观点,用自己的语言概括、绘制关键关系的图表等。

如果我们迎来的所有学生都具有充分的学习动机,那就太棒了,但事实并非如此。作为老师,我们有三个主要目标:

---

①学习动机——倾向于发现学习活动的意义和价值并尽力从中获取预期的学业上的提高。

1.短期目标是使学生尽量融入班级活动中。换句话说,吸引学生的兴趣,创造富有学习动机的氛围。实际的参与会增加动机,从而带来更多的学习行为,学习又带来更强的动机,周而复始,不断循环(Reeve & Lee,2014)。

2.长期目标,即培养学生具有渴望学习的特质,从而帮助他们将来可以实现"终身自我教育"。

3.最后,我们要使学生参与认知——深入思考他们学习的内容,而不仅仅是将它做完(Blumenfeld, Puro, & Mergendoller, 1992)。

教师如何实现这三个目标? 基于我们已经讨论过的:清晰的价值、具体的掌握目标、关于效能感和成就可控性的自我信念、对成功和成长型思维倾向的期望、学习任务的价值、自主和选择性、维持学习的情感,你已经具备基本知识。表12.4 显示了这些因素为何有助于学习动机。

表12.4　构建学习动机的概念

当以下几个因素结合在一起时,便能激发学习动机。

影响学习动机的因素	学习动机的积极特征	降低学习动机的特征
来源	内部:个人因素,如需求、兴趣、好奇心、享受	外部:奖励、社会压力、惩罚等环境因素
需要和自我决定	支持自我实现和自我决定:确保满足较低级别的需求(安全、归属等),支持自主性和适当的选择,培养对成功和归属感的期望	妨碍自我实现和自我决定:课堂不安全、学生感到恐惧害怕;很少选择、不能满足基本需求,充斥分组和输赢的竞争气氛
目标	明确、具体的掌握目标和表现趋近目标:选择中等难度和挑战性的目标;满足于迎接挑战和获得提高;关心任务的掌握,很少担心失败。	逃避行为表现目标:热于选择非常容易或非常困难的模糊目标;害怕失败或看起来很愚蠢;采取自我设障策略。
期望、价值和成本	积极:我能成功,任务值得做好,成本合理	消极:我不能成功,任务不值得做好,成本太高

归因	稳定、可控:成功和失败归于努力、坚持、应用正确的策略、学习正确(或错误)的材料、成长型思维倾向	不稳定、不可控:成功和失败归因于运气、固定能力、任务难度、教师的不公平
思维倾向	成长型:我可以通过学习和努力应对具有挑战性的任务来改变我的智力	固定型:我无法改变自己的智力
自我价值	掌握定向:明确具有挑战性的学习目标、成长型思维倾向、适应性策略	避免/接受失败:自我设障策略、习得性无助、目标太容易或太难、固定型思维倾向、沮丧、绝望
兴趣与情绪	积极:激发好奇心、与个人兴趣和情境相关的任务、低焦虑与低行为表现压力	消极:与高压竞争相关的任务,忽视兴趣和好奇心

本章其余部分的核心问题是:教师如何运用有关期望、归因、目标、兴趣、信念、情绪和自我知觉的知识来增强学习动机?(Lazowski & Hulleman, 2016)? 为了组织我们的讨论,我们将采用 TARGET 模型(Ames, 1992; Epstein, 1989),确定教师决策影响学生学习动机的六个方面。

T 要求学生完成的任务(task);

A 学习中允许学生具有的自主性(autonomy)

R 学生学业成就认可(recognition)

G 分组活动(group)

E 评价程序(evaluation)

T 课堂时间安排(time)

学习任务

为了理解一项学业任务①(academic task)如何影响学生的动机,我们需要对任务

———————————

①学业任务——学生必须完成的工作,包括所涵盖的内容和所需的智能操作。

进行分析。如前所述,任务对学生有不同的价值,那还有其他重要方面吗?

超越任务价值以获得真正的赞赏。杰尔·布罗菲(2008, p. 140)提醒教师,任务价值高于兴趣或实用性,知识拥有强大的力量:"强大的思想扩展和丰富了学生主观生活的质量。"这些想法为我们提供了观察世界的视角、决策的工具以及欣赏文字和图像中的美的框架。我曾经编辑的期刊《理论付诸实践》(Theory Into Practice)一期全部内容都是杰尔关于使学生感受学习的价值与美的思想(Turner, Patrick, & Meyer, 2011),建立美的一种方法是运用真实的任务。

真实的任务。如果你要求学生做繁重的工作,记忆他们永远不会用到的定义,仅仅为了应付考试而学习材料,或是重复他们已经掌握的工作,这样只会降低学习的动机。但如果任务是真实的,学生则更可能看到学习的真实价值,也更可能发现任务的意义和趣味(Pugh & Phillips, 2011)。真实性任务①(authentic task)是与真实的生活问题相关,要求学生运用当前正在学习的学科工具(如历史或生物)解决渗透学科文化的真实问题(Belland, Kim, & Hannafin, 2013)。基于问题的学习(problem-based learning)②(第十章)便是教学中使用真实性任务的一个例子。例如,一个物理老师可能使用滑板作为问题和示例的基础,她知道滑板对于她的许多学生来说是一个真实的任务。请比较安德曼(Anderman)所描述的这两位老师怎样给予年龄较小的学生学习任务(2014, p. 11)。

　　　　罗德里格斯太太(Mrs. Rodriguez)给她的学生上二分之一和四分之一分数课程时,将学生分成三组,每组分配两个夹心饼和一把塑料刀。她要求学生将一个夹心饼切成两个大小相同的片,将另一个夹心饼切成四个大小相同的片。接下来挑战:用夹心饼比较一半(1/2)或四分之三(3/4),哪个更大。罗德里格斯夫人随后询问了每个小组,小组成员必须说出自己的解释,当他们是正确时,他们可以吃夹心饼。

---

①真实性任务—— 与学生在课外将会面对的真实生活相关的任务。
②基于问题的学习—— 给学生提供真实的但不一定有正确答案的问题的学习方法。

杰克逊先生(Mr. Jackson)也教二分之一和四分之一的分数课。他为每个学生提供了一个工作表,其中包含一些简单的问题,旨在帮助学生了解分数。对于这些问题,学生应该想象他们有几张纸,并且用剪刀将纸张剪成不同的数量(例如,他们将一张纸剪成四个相同尺寸的纸,将另一张纸剪成两张相同大小的纸)。然后,教师要求学生证明一半(1/2)或四分之三(3/4)哪个是更大的分数。然后,学生们必须写下他们的答案,并附上一个简短的解释。

罗德里格斯夫人班上的学生参与了一项更真实(也更美味)的任务,包括在任务中切割和分割食物,与他人合作,以及享受他们的劳动成果(夹心饼)。他们还必须进行高级合作,弄清楚如何在三人之间平均分配两个二分之一和四个四分之一。

支持自主性和认可成就

青少年花费大量时间在学校中学习,但在学校却由别人决定发生什么。自我决定和内在控制感对于保持内部动机和学生参与至关重要(Jang, Reeve, & Deci, 2010; Reeve, Nix, & Hamm, 2003)。教师应该如何做才能支持学生进行选择同时又避免产生混乱?

支持选择。允许学生遵循他们的兴趣进行选择,给予他们一系列的选择范围,并提供一个重要和相关的选项(I. Katz & Assor, 2007),但要避免提供太多选择。就像完全没有指导的发现或是没有目标的讨论一样,没有组织或没有指导的选择会导致无效的学习(Garner,1998)。我知道,当我叫我班上的本科生按他们自己的程度决定最后的课题时,他们也会变得不知所措。正如当要我随意讲演时,我会感到非常恐慌。

另一种情况是有限制的选择——给学生提供一些设定有价值的任务并允许他们按个人的兴趣进行选择的选项,平衡要恰到好处:"太多自主性使学生感到迷惑,而自主太少又会使人厌烦"(Guthrie et al. ,1998, p. 185)。学生提出有关学习伙伴、座位安排、如何展示工作或课堂规则的建议。但是教师可以提供的最重要的自主支持可能是认知自主支持——让学生有机会讨论不同的学习认知策略、解决问题的方法或立场(Stefanou, Perencevich, DiCintio, & Turner, 2004)。学生还可以自行决定如何从老师或同学那里获得反馈。图12.2描述了一种名为"检查"的策略,其中学生指定自己想要在特定作业中评估的技能。在一个单元的过程中,必须"检查"所有技能,但学生可以选择何时评价每个技能。

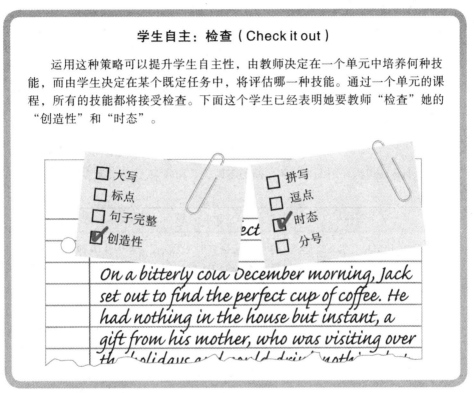

学生自主：检查（Check it out）

运用这种策略可以提升学生自主性,由教师决定在一个单元中培养何种技能,而由学生决定在某个既定任务中,将评估哪一种技能。通过一个单元的课程,所有的技能都将接受检查。下面这个学生已经表明她要教师"检查"她的"创造性"和"时态"。

☐大写　　　　　　☐拼写
☐标点　　　　　　☐逗点
☐句子完整　　　　☑时态
☑创造性　　　　　☐分号

On a bitterly cold December morning, Jack
set out to find the perfect cup of coffee. He
had nothing in the house but instant, a
gift from his mother, who was visiting over

资料来源: From Raffini, J. P. (1996). 150 Ways to Increase Intrinsic Motivation to the Classroom. Pearson Education, Inc. Adapted by permission of the publisher.

图 12.5　学生自主:检查(Check it out)

认可成就。TARGET中的第三个方面是认可,学生受到认可,是因为其尽全力取得进步、解决难题、持之以恒并具备创造力,而不仅仅是因为比别人表现得更好或完成迅速。哪一种表扬会使学生投入学习?当高中学生基于以前的表现预期个人行为时,他们更有可能采用掌握目标和表现趋近目标,并为他们的成就感到自豪。当学生期望将他们的表现与他人的表现进行比较时,他们为避免愤怒、绝望或羞愧,更有可能设置避免行为表现、自我设障的目标(Pekrun et al. , 2014)。

分组、评价及时间安排

你可能还记得某位老师讲课生动,使你愿意努力学习。或者你可能记得作为球队、乐团、合唱团或戏剧团的一名成员你花了多少时间去练习。如果是这样的话,你一定会了解与他人关系的激励作用。

分组与目标结构。我们在完成特定任务中与相关他人建立联系的方式极大地影响了我们的动机。D. W. 约翰逊和约翰逊(D. W. Johnson and Johnson,2009a)把这种人与人之间相互作用的因素命名为任务的目标结构(goal structure)①。有三种结构:合作、竞争及个人主义的,正如表12.5所示。

表 12.5 不同的目标结构

每一个目标结构都和个人与团队之间的不同关系相联系,这种关系会影响达成目标的动机。

	合作	竞争	个人主义
定义	学生相信只有别人也达到目标时,他们的目标才能实现	学生相信只有别人无法实现目标,他们才能达到自己的目标	学生认为他们尽力实现目标,与别人是否达到目标无关
实例	团队取胜——只有所有队员都胜利,才能赢得胜利:接力比赛、演奏交响乐等	高尔夫比赛、个人网球赛、一百米跑、告别讲演、美国小姐选美	跳远、学习一种新的语言、参观博物馆、减肥、戒烟

资料来源:Based on Learning Together and Alone: Cooperation, Competition, and Individualization (5th ed.), by D. W. Johnson & R. Johnson. Copyright © 1999a by Pearson Education, Inc.

当任务涉及复杂的学习和解决问题技能时,合作可以帮助学生学会建立可行的目标并进行协商。他们变得更友好和利他。学生与喜欢的同伴之间的相互作用成为学习过程的一个部分。这一切会带来什么结果? 马斯洛提出的归属需要更容易被满足,而动机也会不断增强(Stipek, 2002;Webb & Palincsar, 1996)。在数学学习视频游戏形式中,与个人游戏相比,游戏中的合作和竞争都带来了更大的兴趣和乐趣,但合作也与更积极的游戏态度和未来再次玩游戏的愿望有关(Plass et al., 2013)。正如你在第

———————

①目标结构——学生与从事同一特定目标的人建立联系的方式。

十章中所看到的许多合作学习方法。例如,以合作目标结构激发动机,基于学生兴趣而非能力形成阅读小组,并且每月更换小组成员(Anderman & Anderman, 2014)。

评价。越强调竞争性评价和分数,学生越去关注行为表现目标而不是掌握型目标。低成就学生无望"获得高分"或"掌握任务",他们可能只想要完成那项任务而已(Brophy, 2005)。教师该怎样防止学生只关注分数或只是"交差了事"?最显而易见的答案是在课堂上不要突出分数,而强调学习活动本身。学生需要明白学习的价值,告诉学生这些知识在解决要应对的问题时多么有用,而不是说,"为了考试你要知道这些。"暗示课堂将回答一些有趣的问题。告诉学生理解比完成更重要。

时间安排。许多有经验的教师都知道,在工作日,学校有太多的工作却没有足够的时间。即使学生对一项活动很感兴趣,他们也几乎没有机会持续进行这项活动。当下课铃一响或按计划要求,他们就要停下来,转向别的任务。而且,作为整体,学生们必须不断推进。即使某个人发展得较快或是需要更多的时间,他们仍然不得不跟从整个团队的进度。因此常常会因为要使学生的进度加快或放慢或中断学生的活动而使得课程计划和动机相互干扰。当学生没机会坚持完成一项艰巨的任务,那么很难使他们形成面对困难时的坚韧毅力和自我效能感。作为教师,你面临的挑战是如何安排时间使学生投入和坚持学习。一些初中和高中实行组块式课表,教师们以小组形式工作,对较长时间段进行统筹规划。

综述。我们可以看到这些激励因素如何在真实的课堂中融合在一起。莎拉·多尔泽尔(Sara Dolezal)和她的同事观察并采访了八所天主教学校的三年级教师,并确定他们的学生的动机水平(Dolezal, Welsh, Pressley, & Vincent, 2003)。表12.6总结了这些课堂在使用维持或削弱动机的策略之间的巨大差异。低参与度的班级的学生在面对简单课堂任务时,既不耐烦又不爱说话,课堂没有生机和吸引力,充满了管理问题。教师指令杂乱无章,班级气氛总体上是消极的。适度参与的课堂,以"学生友好"为宗旨,教室中布置得当,有阅读区、小组工作区,海报和学生作品。老师们热情有同情心,他们将课程与学生的背景知识联系起来。管理程序流畅有序,课堂氛围积极。老师们善于吸引学生的注意力,但很难维持,可能是因为任务太容易了。高度投入班级的教师具有友好型课堂的所有积极品质——他们给学生提供了成功所需的支持,增加了更具挑战性的任务。这些出色的激励因素并不依赖于一种或两种方法来激励学生,他们应用了表12.6中的大量策略。

表 12.6 维持或削弱课堂动机的策略

支持动机的若干策略	
策略	举例
问责信息	老师要求学生让家长检查并签署一些作业
对重要的任务进行沟通	老师说,"我们需要检查至少 1 分钟,这意味着仔细查看它。"
明确的目标/方向	老师确切地解释了学生如何分成小组并完成他们最喜欢的书的提名
跨课程连接	老师将数学比率的概念与比较与阅读技巧联系起来
学习和练习戏剧艺术的机会	在学习历史人物后,学生们会编写并制作自己的剧本
归因于努力	在一个文字游戏中,老师对学生说:"你昨晚学习了吗?"学生点点头,"看看它有何帮助?"
鼓励冒险	"我需要一张新面孔,我需要尚未叫到的冒险者。"
使用游戏和表演来强化概念或复习内容	在使用天平的数学课程中,学生花 5 分钟称量当天要求他们带来的最喜欢的玩具
家校合作	作为数学科学单元的一部分,家庭会在一周内保留他们回收的所有东西的图表
多元化任务形式	教师使用四种方式来教学乘法:魔术乘数、乘法歌谣、全班闪卡评论,环游世界游戏
积极的课堂管理、赞美	"准备好工作时竖起大拇指。我喜欢第七组耐心的等待方式。"
激发创造性思维	"今天利用我们的想象力,前往一个想象中的剧院。"

选择的机会	学生可以选择使用给定提示写日记或自行选择喜欢的主题
老师与学生沟通,告诉他们可以处理具有挑战性的任务	"这很难,但你做得很好,有些成年人也未必完成。"
重视学生间相互间的沟通与关怀	老师允许新学生和好友坐在一起
不支持学习动机的若干策略	
归因于智力而不是努力	当学生在课上提到"我很蠢"或"我是个笨蛋"时,老师没有回应,然后说:"让我们找个聪明的人。"
老师强调竞争而不是一起工作	老师举办诗歌比赛,学生们在课堂上阅读诗歌,班级成员拿着卡片,依据每个学生的表现进行评分。
没有搭建学习新技能的支架	当学生遇到困难时,老师大声批评道:"去回顾一下词汇表,不要因为犯懒就不去查。"
无效/负面反馈	"每个人都明白吗?"一些学生说"是",老师继续。
缺乏联系	在马丁·路德·金纪念日,老师带领对金的简短讨论,接下来就转入关于哥伦布的活动
简单的任务	老师提供简单的任务和"有趣"的活动,教的东西很少
负面的气氛	"对不起,我说的是页码。如果你跟着听,你就会知道。"
惩罚性课堂	如果学生不在词汇表中查找单词,老师会威胁给予较低的分数
任务太难	老师分配独立的数学任务,只有一两个学生会做
慢节奏	为最慢的学生设定步伐,而已经完成的学生无所事事
强调结果而非过程	老师交流的目的是完成,而不是学习或使用词汇

没有吸引力的教室	没有装饰公告牌、地图、图表或展示学生作品
缺乏计划性	缺少讲义迫使教师让学生分成大组而不是较小规模的学习小组
公开惩罚	所有学生都站了起来,老师读了一份完成任务的人员名单,他们坐下来,老师公开训斥站着的学生

资料来源:Based on "How Do Nine Third-Grade Teachers Motivate Their Students?" by S. E. Dolezal, L. M. Welsh, M. Pressley, & M. Vincent. Elementary School Journal, 2003, 103, pp. 247 - 248. Adapted with permission.

动机的多样性

由于学生在语言、文化、经济、人格、知识和经验方面存在差异,因此他们的需求、目标、兴趣、情感和信念也会有所不同。基于学生多样化特征,教师通过使用 TARGET 设计任务、支持自主性、承认成就、分组活动、评价和管理时间,从而激励学生的学习动机。例如,在学生文化背景下嵌入写作任务是激发和保持情境兴趣的一种方式 (Alderman, 2004;Bergin, 1999)。当拉丁裔/澳裔移民学生在中学课堂上从使用工作表和标准作业写作转向移民、双语和帮派生活等对他们和他们的家庭都很重要的话题写作时,他们的论文更长,写作质量也更高。(Rueda & Moll, 1994)。

语言是学生与学校联系的核心因素。鼓励双语学生使用英语和他们的传统语言,会增加他们的动机和参与度。罗伯特·希门尼斯(Robert Jimenez,2000)在对他的拉丁裔双语学生的研究中发现,成功的读者认为阅读是一个有意义的过程,他们用两种语言来理解这些材料。例如,他们可能会在英语单词寻找西班牙语单词片段来帮助他们翻译。不太成功的学生则有不同的阅读目标,他们认为阅读只是意味着用英语正确地说出这些词,对英语阅读的兴趣和自我效能感可能也会随之减少。

给教师的建议:激发动机的策略

首先要满足四个基本条件,激励策略才可能有效。第一,课堂必须有相对的组织性,避免中断和陷入混乱。你可以看到表12.6中的优秀激励者也是优秀的管理者。第十三章将为你提供满足此要求所需的信息。第二,教师必须是一个有耐心、提供支持的人,他不会让学生因错误感到困窘。班上每一个人都应把错误看作是学习的机会

（Clifford，1990，1991）。第三，活动必须是具有合理的挑战性,如果学习太容易或太难,学生都将缺乏学习的动机。他们关注的是完成的结果,而不是学习活动本身。最后,学习任务必须是真实的。正如我们所看到的,任务的真实性受学生文化的影响（Bergin，1999；Brophy & Kher,1986；Stipek，2002）。

一旦具备这四个条件,影响学生学习动机的因素可归纳为四个问题:"我能把这个任务做好吗?""我想成功吗?""我需要做什么才能成功?"以及"我是否属于这个课堂?"（Committee on Increasing High School Students' Engagement and Motivation toLearn，2004；Eccles & Wigfield，1985；Turner et al.，2014）。

我能行吗? 建立信心和积极的期望。我们希望学生对自己的能力有信心,这样他们就会充满活力和热情地学习。鼓励和喝彩不能代替真正的成功,为了实现真正的进步,要做到:

1. 以学生的水平为起点,小步推进。前进的步伐应是轻快的,但不是快到学生还没有理解前一步,就移到了下一步。这可能要求给不同的学生分配不同的任务。可以在每一次考试和作业中都有非常容易和非常难的问题,这样,所有学生都既获得成功又接受了挑战。需要评分时,确保只要努力,所有学生就都有机会得 C 以上的成绩。

2. 使学习目标清晰、具体和可以达到。当计划一个长期的项目时,需要将其分解成子目标,以帮助学生感觉到有所进步。如果可能的话,给学生提供不同难度水平的一个目标范围,供学生选择。

3. 强调自我比较,而不是竞争。给予他们具体的反馈和纠正,告诉学生怎样做是对的,什么是错误的和为什么是错误的。过一段时间,拿出学生以前遇到的一道难题,但现在它看起来已不再困难,从而指出他们已取得很大进步。

4. 使学生了解学业能力是可以提高的,而且对于具体的活动来说能力是特定的。换句话说,一个学生学习代数遇到困难,并不必然意味他学几何很难或学不好语言。不要把所有作业都展览在布告栏中,这会削弱你强调进步所做的努力。

5. 示范好的问题解决,特别是当你必须尝试几种方法时。学生需要看到学习不是一帆风顺的,错误是在所难免的,甚至对教师也是如此。

我要做这件事吗？了解学习的价值。

我们希望学生看到所参与和学习的任务的价值,而不仅仅是尝试获得评分或完成任务。

目标达成与内部价值。为了建立获得性价值,我们必须把学习任务与学生的需要结合起来。在课堂中必须满足学生的安全、归属和成就的需要。许多学生被使他们难堪、给他们贴便签、贬低他们的教师言语和学校行为所伤害(K. Olson, 2008)。我们必须说明女性和男性都可能在所有学科成为优秀者,没有哪个学科是某种性别的独占领地。在数学、科学、机械或体育方面出色并不是男性的专利,擅长文学、艺术、音乐或法语也不是女性的专利。

鼓励内部(兴趣)动机的策略很多,以下几点来自布罗菲(1988)。

1. 课堂活动与学生多方面的兴趣结合起来,如联系体育、音乐、当今事件、动物、与家庭朋友的冲突、时尚、电视电影人物或其他生活中的重要方面(Schiefele, 1991)。

2. 唤起好奇心。指出在学生的想法和事实之间存在令人困惑的矛盾之处。例如,斯蒂普克(Stipek, 1993)描述了这样一个例子:一位教师问五年级学生,在其他星球上是否有"人",学生回答"有",这位教师问人呼吸是否需要氧气。学生们刚刚学过这个知识,他们也给出肯定回答。然后,教师告诉他们在其他星球的大气中没有氧气。于是在学生关于氧气的知识和他们相信其他星球上有生命之间出现了令人惊奇的不一致,这引发了活跃的讨论。

3. 使学习任务有趣味。许多课程可以通过设计恰当又有趣的模拟或游戏进行教学(请参阅本章观点与争论)。

4. 利用新奇和熟悉的事物。不要总使用几种教学方法或激励策略。我们都需要一些变化。改变任务的目标结构(合作的、竞争的、个人主义的)会有所帮助。当课堂上使用的材料对学生来讲是抽象的或不熟悉的,就要努力把它与学生知道和理解的事物联系起来。例如,谈到某个大地区的大小,比如雅典卫城阿克让普利斯,可用足球场来表示。

工具性的价值。有的时候很难激发学生的内在兴趣,因此教师必须依靠任务的实用或"工具性"功能,就是说,学习许多技能之所以重要是由于升学或未来生活的需要。

1.当学习的实用价值不明显时,需要向学生解释其中的联系或者让他们解释材料在自己的生活中如何重要(Hulleman, Godes, Hendricks, & Harackiewicz, 2010)。

2.在一些情况下,教师可以提供学习的诱因和奖励(见第七章)。但是请记住,当学生已对学习活动感兴趣时,给予奖励可能会减弱内部动机。

3.教学中采用不良结构问题和真实任务,将学校的问题与外界的真实问题相联系,例如购买第一辆汽车,决定你的手机套餐,或者向潜在雇主写一封有说服力的信。

我需要做什么才能成功? 坚持不懈。我们希望学生相信,当他们运用好的学习策略而不是选择自我挫败、逃避失败或挽回面子时,成功就会到来。当事情变得困难时,我们希望学生专注于任务,而不是担心失败。如果他们的注意力转向担心自己的表现、害怕失败或考虑如何看起来聪明,那学习的动机就会丧失。

1.给学生频繁的反应机会,如通过提问和回答、简短的任务或技能的展示和及时纠正问题。不要让学生错误地练习太久。

2.可能的情况下,让学生完成一个完整的作品。当学生看到活动的结果时,他们将更具坚持性和专心于任务。例如,我经常计划只粉刷房屋1个小时,但几个小时后,我发现自己还在粉刷,因为我想看到最后的结果。

3.避免过分强调分数和竞争。对分数的强调迫使学生关注表现而不是学习本身,焦虑的学生尤其受到高竞争评价的严重影响。

4.在不过分简化任务的情况下降低任务风险。当任务带有风险时(很可能失败,而且失败的后果非常严重),学生的动机受到影响。对于困难的、复杂的和不明确的任务,要给学生大量时间、支持、资料、帮助、修改或改善活动的机会。

5.向学生示范对学习的渴望。与学生谈论你的学习兴趣和你如何解决困难的学习问题(Xu, Coats, & Davidson, 2012)。

6.教授学生掌握学习材料所需的特定的学习技巧。向学生展示如何学习和记忆,这样他们不会被迫陷入自我挫败策略或机械记忆。

我是否属于这个课堂? 我们希望学生在校园中有归属感——他们的老师和同学

关心他们,并且可以信任。这是一个重要的主题,因此第十三章中很大部分与此相关。家庭和社区的支持有助于你设计激励学生的策略,下面的"指南:与家庭和社区建立合作关系——学习动机"提供了一些有关建议。

指南:与家庭和社区建立合作关系——学习动机

了解儿童的家庭目标。举例:

1. 在一个非正式的环境中,在喝咖啡或吃点心的时候,单独或小组与家庭见面,听听他们对孩子的目标要求。

2. 邮寄调查问卷或将学生的反馈卡给学生家人,询问家人他们的孩子最需要发展什么技能。为每个孩子选择其中一个目标,并制定一个校内外实施计划,与家人分享计划,并征求反馈意见。

确定与目标相关的学生和家庭的兴趣。举例:

1. 让一位家庭成员分享技能或爱好。

2. 确定"家庭最爱"——品尝美食、音乐、度假、体育、活动、赞美诗、电影、游戏、小吃、食谱、回忆,将课程与兴趣联系起来。

向家庭提供跟踪目标进展的方法。举例:

1. 提供可以张贴在冰箱上的简单"进度图表"或目标卡。

2. 询问父母或看护人对帮助他们孩子的有效性的反馈。

与家人一起建立信心和积极的期望。举例:

1. 在与家庭成员的会议和讨论中,避免将一个孩子与另一个孩子进行比较。

2. 要求家庭成员重视学生家庭作业的优点。他们可以在作业中附上一份说明,描述作品的三个最佳方面,以及一个可以改进的元素。

请家长共同展示学习的价值。举例:

1. 邀请家长到班级上展示他们在工作中如何运用数学和写作。

2. 家长参与识别在家里可以应用的知识和技能,并马上证明它们对家庭的帮助,例如记录服务机构、给商店或房东写意见信、研究假期旅游路线。

为家庭提供增强学习技能和愿望的资源。举例：

1.向家长提供一些简单的帮助孩子促进学习技能的策略。

2.让高年级学生参与"家庭作业热线"电话网络,帮助年幼的学生完成家庭作业。

经常举行学习展览。举例：

1.恐龙单元结束时,邀请家长参观学生在大礼堂、图书馆或食堂举办的"博物馆",然后,家长到班级里检查孩子本单元的资料库。

2.在当地的商店、图书馆或社区中心举办学生活动的微型展览。

总结

什么是动机?

定义动机。动机是引起、指引和维持行为的内部状态。动机研究侧重探讨人们如何和为什么发动指向特定目标的活动、在活动中投入的程度、为达成目标的努力的坚韧程度,以及在活动过程中的想法和感受。

内部动机和外部动机的区别是什么? 内部动机是一种寻找挑战并征服挑战的自然倾向,正如我们追求个人的兴趣和锻炼能力——它是当我们并不必须做某事时,而激励我们做该事的动因。外部动机是基于与任务本身几乎无关的因素,即我们对活动本身没有真正的兴趣,我们关心的只是它能使我们获得什么。

原因的控制点如何应用于动机? 内部动机和外部动机的根本差异是人的行为原因,也就是说,行为的原因控制点是内在的还是外在的——是存在于个体内部的还是存在于个体外部的。如果控制点在内部,动机就是内在的,如果控制点在外部,动机就是外在的。多数动机是两者兼具,事实上,内在动机和外在动机可能是两种不同的倾向,两者可以在特定情况下同时运作。

关于动机你已知什么? 行为主义者倾向于强调由激励、奖励和惩罚引起的外在动机。认知观点强调个体对意义、理解和提高能力的积极探求,以及个体归因和解释的作用。在社会认知理论中,自我效能和自主性是动机的核心因素。自我效能是指你相信自己可以在特定的情况下在特定的水平上实施特定的行为。社会文化观强调共同体内的参与和认同。

目前六种动机解释是什么? 为了以对教学有用的方式组织关于动机的许多观点,我们研究了六个广泛的领域或方法。当代大多数对动机的解释包括讨论需求和自我决定、目标、期望和价值观、归因、自我信念,最后是动机的情感方面——兴趣、好奇心和焦虑。

需求和自我决定?

区分马斯洛理论中的缺失需求和成长需求。 马斯洛把生存需求、安全需求、归属与爱的需求、自尊需求这四种低层次需求称为缺失需求。当这些需求得以满足,实现它们的动机就会减弱。他把认知需求、审美需求、自我实现需求称为成长需求。当这些需求得以实现,人的动机不会终止。相反,为追求更高的完善,动机会继续增强。

影响动机的基本需求是什么,自我决定如何影响动机? 自我决定理论认为动机受到需求能力、自主性、控制力以及相关性的影响。当学生体验到自我决定时,他们就会有内在的动机,对自己的工作更感兴趣,有更强的自尊感,并且学到更多东西。教师与学生沟通影响学生的自我决定体验,所以教师要尽量为其提供信息而不是试图控制他们。此外,教师必须意识到学生的观点、提供选择与限制的理由,并将表现不佳作为一个需要解决的问题,而不是批评的目标。

目标和目标定向

哪一种目标最具有激励作用? 当目标是明确、具体、合理、有适度挑战性以及在相对短的时间内可以实现的,它们会提高动机。

描述掌握型目标、行为表现目标、逃避工作的目标和社会性目标。 掌握型目标是旨在获得知识和掌握技能,确立掌握型目标的学生倾向于寻找挑战,并且在遇到困难时不折不挠、持之以恒。行为表现目标是旨在得到好的分数、看起来聪明或比别人更有能力,有着行为表现目标的学生关注自我和自己看起来如何(自我参与学习者)。学生可能趋近或避免这两种目标——避免问题最大。逃避工作的学习者只是想找到应付地解决问题的最容易的方法。持有社会性目标的学生在学习中可能受到支持、也可能受到阻碍,那将视具体目标而定(例如,与朋友玩得开心或给家庭带来荣誉)。

如何有效地设立课堂目标？ 为了在课堂中设置有效的目标,学生需要获得有关自己实现目标过程的准确反馈,以及必须接受设定的目标。总的来说,如果目标看起来是现实的、难度合理、有意义的,而且如果目标价值有很好的理由支持,那么学生更愿意采用这些目标。

"期望—价值—成本"理论

什么是期望×价值理论？ 期望×价值理论提出,指向某个目标的动机是个体对成功的预期和目标对其价值的产物。如果缺少其中的任何一个方面,也就不会产生动机。同时,必须考虑价值与追求它们的成本。因此,我们在特定情况下的动力强度取决于我们对成功的期望、成功对我们的价值以及追求目标的成本。

任务的不同价值是什么？ 学习任务对于学生而言有三种价值:获得性、内在的和实用的。获得性价值是指成功对学生的重要性。内在的价值是指个人从活动本身获得的享受。实用价值取决于任务对于我们实现短期或长期目标的作用。

关于知识、能力和自我价值的归因和信念

韦纳理论中归因的三个维度是什么？ 根据韦纳的观点,大多数成功和失败归咎的原因能够划分为三个维度:控制点(原因的控制点在行为人的内部还是外部)、稳定性(原因是否保持不变还是能够改变)和可控性(人是否能够控制原因)。当学生把失败归结到稳定的、不可控制的原因时,动机问题最严重。这样的学生对失败听天由命、沮丧、无助——我们通常称之为"丧失动机"。

什么是认识论信念,它们如何影响动机？ 认识论信念是理解你如何思考和学习的方式。个体的认识论信念可以影响他们的学习方法,他们对自己和工作的期望,以及他们参与学业任务的程度。具体而言,认识论信念包括个体对知识结构、稳定性和确定性的理解。

关于能力的思维和信念如何影响动机？ 当个体持有固定型思维倾向,就是说他们相信能力是固定的,他们倾向于设立行为表现目标和保护自己免遭失败。然而,当个体持有成长型思维倾向时,他们认为能力是可以提高的,他们倾向于设立学习性目标和建设性地应对失败。

什么是习得性无助？它的弊端是什么？当人们开始相信他们生活中的事件和结果几乎无法控制时,他们就会产生习得性无助。这将带来三种类型的缺陷:动机、认知和情感缺陷。感到无助的学生将无动于衷,不愿意尝试学习。他们错过了练习和提高技能的机会,因此他们会出现认知缺陷,并且经常患有情绪问题,如抑郁、焦虑和无精打采。

自我价值如何影响动机？掌握定向型学生倾向重视成就并把能力看作是可以提高的,因此他们为了提高他们的技能和能力而关注于学习型目标,他们敢于冒险和建设性地应对失败。低自我价值感似乎与避免失败和接受失败的策略相联系,这两种策略是试图使个体免受失败结果,短期内它们可能似乎是有效的,但长此以往它们会损害动机和自尊。

你的学习感受如何？兴趣、好奇心、情绪和焦虑

兴趣与情感怎样影响学习？学习和信息处理过程受到情感的影响。学生更有可能注意、学习和记住能激发情感反应的事件、图片以及读物,或者与他们个人兴趣有关的内容。然而,在顾及学生的兴趣时,我们需要慎重。有诱惑力的细节,即那些有点趣味但不是学习核心的内容,会分散学习精力。

好奇心如何影响学习？教师怎样激发学科领域的好奇心？好奇心可以成为一种强大的激励工具,可以吸引并保持学生的注意力。教师可以利用学生的兴趣和解释课程材料与应用之间的有趣联系,以及让学生自己发现这些联系来培养他们的好奇心。举例中可能包括让学生识别滑板或过山车中的简单机器。

什么是心流体验？心流体验是一种心智状态,在这种状态下,你完全沉浸在深度专注于任务中。当个人处于心流体验时,他们面临着极具挑战性的任务,需要匹配高水平的技能——他们的大脑神经高度紧张但有序地工作,心流中的个体在任务中获得更大的乐趣,在没有提示的情况下持续工作,易于产生更高质量、更具创造性的作品。

情绪唤起在学习中的作用如何？对于大多数活动,似乎存在一个最佳情绪唤起水平。总的来说,较高水平的唤起有利于简单任务的完成,但较低水平的唤起对于完成复杂任务更有利。当唤起水平太低时,教师可以通过指出知识的缺失和提供多样化的

活动激发学生的好奇心。严重的焦虑是唤起水平远远高出最佳学习水平的例子。

焦虑与学习如何相互干扰？ 焦虑既是成绩不良的原因又是其结果，它干扰信息的注意、学习和提取。许多焦虑的学生需要帮助他们形成有效的应试和学习技巧。

学校里的学习动机：关于 TARGET

定义动机。 教师致力于发展学生一种特定的动机——学习动机。学习动机既可以解释为一般特质，又可以解释为特定状态。它涉及认真地对待学业活动、努力从中获得最大收益以及在学习过程中采取适当的学习策略。

TARGET 代表什么？ TARGET 是教师的决策影响学生的学习动机的六个方面关键词。要求学生完成的任务特征（task）；学习中允许学生具有的自主性（autonomy）；认可学生的学业成就（recognized）；小组实践（grouping）；评价程序（evaluation）；课堂时间安排（time）。

任务如何影响动机？ 教师提出的任务影响着学生的学习动机，当学生面对的学习任务与他们的兴趣相关、激发了他们的好奇心，或与真实情景相联系，他们更可能渴望学习。任务可以为学生提供获得性、内在或实用价值。获得性价值影响学生的持续性行为，内在价值是学生从活动本身获得的享受，实用价值帮助我们实现短期或长期的目标。

有限制的选择和无限制选择的区别。 就像完全没有指导的发现或是没有目标的讨论一样，没有组织或没有指导的选择会导致无效的学习。另一种情况是有限制的选择——给学生提供一些选项以及任务的价值，但允许他们按个人的兴趣进行选择，平衡要恰到好处，以避免太多自主性使学生感到迷惑，而太少又会使人厌烦。

赞赏如何削弱动机和自我效能感？ 如果称赞是针对个人的进步而不是竞争的胜利，那么课堂中的赞赏和奖励将支持学习动机。表扬和奖励应该关注学生不断提高的能力上。许多时候，当学生们把教师的表扬或批评当作评价能力的暗示，表扬会产生与本意相冲突的效果。

列出三种目标结构并加以区分。 学生在课堂上与同伴的相互关系受到学习活动的目标结构的影响。目标结构分为合作的、竞争的或是个人主义的。合作的目标结构能够促进动机和学习,尤其对于低成就的学生更是如此。

评价的氛围如何影响目标设置? 越强调竞争性评价和分数,学生越去关注表现目标,越关注"看起来有能力",也就是说他们更多地关注自我。当关注于成绩而不是学习活动本身时,学生经常视课堂学习任务的目标为单纯的交差,尤其对于困难的任务。

时间安排对动机的影响是什么? 为了培养学习动机,教师应该灵活利用课堂时间。在项目活动中学生被迫加快或放慢进度,或在活动中而被迫中断,那他们不可能形成学习的持久毅力。

关键术语

Academic tasks	学业任务
Amotivation	无动机
Anxiety	焦虑
Attribution theories	归因理论
Authentic task	真实性任务
Being needs	成长需求
Cognitive evaluation theory	认知评价理论
Deficiency needs	缺失需求
Emotions	情绪
Epistemological beliefs	认识论信念
Expectancy × value theories	期望×价值理论
Extrinsic motivation	外部动机
Failure-accepting students	接受失败型学生
Failure-avoiding students	避免失败型学生
Fixed mindset	固定型思维倾向
Flow	心流体验
Goal orientations	目标定向
Goal structure	目标结构
Growth mindset	成长型思维倾向

Hierarchy of needs	需求层次
Importance or attainment value	重要性或获得性价值
Interest or intrinsic value	兴趣或内在价值
Intrinsic motivation	内部动机
Learned helplessness	习得无能为力/习得性无助
Locus of causality	原因控制点
Mastery goal	掌握目标型
Mastery-oriented students	掌握定向型学生
Motivation	动机
Motivation to learn	学习动机
Need for autonomy	自主性需求
Need for competence	胜任力需求
Need for relatedness	亲密关系需求
Performance goal	行为表现目标
Problem-based learning	基于问题的学习
Self-actualization	自我实现
Self-efficacy	自我效能感
Self-handicapping	自我设障
Social goals	社会性目标
Sociocultural views of motivation	社会文化动机观
Utility value	实用价值
Value	价值
Work-avoidant learners	避免工作学习者

教师案例簿

资源匮乏时如何激励学生——他们会做什么?

以下是一些执业教师在资源匮乏时激励学生的方式。

DANIELLE HARTMAN 二年级教师

Claymont Elementary School, Ballwin, MO

首先,不要气馁。不需要教科书你也能成为一名成功的教师。查看学区的课程指南,了解你将要教授的每个单元的目标是什么。一旦了解了目标后,就需要发挥创意。保持学生的积极性和学习兴趣至关重要。给予他们选择和使用各种教学方法的机会,允许他们积极参与自己的学习。你会对学生提供建议时的想法感到惊讶。

MICHAEL YASIS 五年级教师

L. H. Tanglen Elementary School, Minnetonka, MN

大多数学习是通过积极的学习和参与习得的。因此,如果将专注于练习和操练的练习册作为学习的主要来源,很可能会让学生厌烦。我会首先让学生参与讨论来评估他们的先前知识,以处理这种情况。然后,以"无聊"练习册的示例为基础,我将通过指导性发现来挑战并扩展他们对这些概念的理解。然后他们在练习册中独立地处理这些概念,自信和自尊便会增加。

KELLY MCELROY BONIN 高中顾问

Klein Oak High School, Spring, TX

仅仅是对与三年级学生一起学习感到兴奋,表现出对学科的兴趣和热情就能激发学生的兴趣,鼓励他们学习。作为一名学生和一名教师,你曾多少次听过有人说:"活力女士是我曾经遇到过的最好的老师。她让最无聊、最困难的主题变得有趣。事实上,老师认为教学材料有趣,恰好向学生们传递了这是他们需要的重要信息的暗示。而且当学生们尊重并喜欢他们的老师时,他们会对这些材料感到好奇。如果我觉得教科书的难度太大,我就不得不把课程分成更小步的推进,并使用不同的技巧——讨论、重复教学、小组项目等等,以此来充实教学并适应学生的学习水平。当你的学生有动力时,他们可以完成任何事情。材料内容与教科书的难易程度对他们而言并不重要。当老师真正关心他们、对材料充满热情、让学校变得有趣时,孩子们就会受到激励。

PAM GASKILL 二年级教师

Riverside Elementary School, Dublin, OH

教学本质上具有创造性。今年夏天利用你的时间和创造力来熟悉所需的目标并思考如何让学生觉得它们有意义、与自身相关。探索社区中的其他可用资源,例如图书馆、发言人办公室和资源中心。计划整合各种活动，如视频、小组工作、实地考察、项目和演讲，以便你的学生保持兴趣并积极参与。使用学生可以从家庭书籍、视频、人工制品、互联网访问等途径获得的材料。当父母被要求以特定方式提供帮助时，他们的高度配合会让你感到惊讶。你甚至可以在协作工作中，采用新的方式去使用旧的练习册页面。你可以通过将阅读能力较弱与较强的学生结对来讨论和完成习题，从而促进学生的成功。强调每个人都需要共同努力学习材料、积极参与并分享材料将帮助学生更有效地构建自己的意义。

第三部分

教学与评价

第十三章　管理学习环境

概览

教师案例簿

欺凌者和受害者——你会做什么?

两个男孩正在恐吓你的一个学生,他们比你班上的这个男孩更高大、更强壮,年龄也大些,而你班里的这个孩子年龄小、比较害羞。不幸的是,欺凌者相当受欢迎,可能因为他们是成功的运动员。他们在上学前、放学后的公交车上,在体育馆、走廊和午餐时都会找麻烦——包括恐吓、敲诈午餐钱、绊倒、推搡和口头嘲讽——"男同性恋"总是挂在他们嘴边。这两个欺凌者不在你教的班级里。你的这个学生已经开始经常请假,他上课时,学习状况也正在每况愈下。

批判性思维

- 你将如何处理这种情况?

- 谁应该参与处理?

- 对于口头同性恋侮辱你会做些什么?

- 如果欺凌者在你的班级,你会怎么做?

- 如果欺凌者和受害者都是女孩,你会怎么做?

概述与目标

"保持积极有序的课堂环境,并且免受干扰,对于提供有利于教学和学习的教学环境至关重要。然而,这绝不是一件容易的事"(Skiba et al. ,2016,p. 120)。本章通过考察课堂管理,探讨教师营造社会和物理的学习环境的方式——这也是教师特别是新教师的主要关切之一,还是教师作为管理者感到无力时造成倦怠的一个重要原因(Aloe, Amo,& Shanahan,2014)。班级、教学和学生的本身特性使得良好管理成为成功的关键因素,我们将分析其中的原因。成功的管理者为学生创造更多的学习时间,让更多的学生投入学习,与学生们形成支持性的关系,并帮助他们自我管理。

必须建立和维持一个积极的学习环境。最好的方法是防患于未然。但是当问题出现时——通常很难避免——适当的应对措施就非常重要了。当学生在课堂上公开挑战你时,当一个学生就一个棘手的个人问题向你征求意见时,或者当一个学生从所参与的团体中退出时,你会怎么反应呢? 我们将会分析在这些情形中或其他更多情境下,教师与学生有效沟通交流的方式和途径。

学习完成本章后,你应该能够:

目标13.1 将学业学习时间和学生合作与营造并维持有利于学业成就和社会情感健康的课堂氛围联系起来。

目标13.2 总结关于课堂管理中的规则、程序、后果和物理空间设计的作用的研究,要特别注意在课程的最初几周就建立起自己的管理体系。

目标13.3 讨论如何通过鼓励学生参与、预防问题以及与学生建立关怀、尊重的关系来维持积极的学习环境。

目标13.4 确定预防和处理学生不良行为的策略,包括欺凌行为。

目标13.5 通过诸如移情聆听、解决冲突、同伴调解和恢复性司法等方法描述成功师生沟通和生生沟通的特征。

目标13.6 解释文化相关课堂管理的必要性和方法。

课堂管理的任务与目标

停下来想一想:你对课堂管理有何看法? 采用5分评分从非常不同意(1)到非常同意(5)对以下各项表述做出回应。

1. 可以信任学生们在没有监督的情况下一起学习。

2. 与学生保持友好往往使他们变得过于熟络。

3. 如果某些教学方法受到学生抱怨,教师应考虑修改这些方法。

4. 学生经常行为不端,目的是让老师难堪。

5. 通常有必要提醒学生,他们在学校的地位与教师的地位不同。

"停下来想一想"中的第2、4、5项是监管性的表述,如果你比较同意这几个表述,那么你的管理观念可能更倾向于教师中心,并且你对维护课堂中的命令、规则和结构更有兴趣。如果你比较同意第1项和第3项,那么你的管理观念可能更人性化,并且对学生有能力成为负责任的和自我调节的学习者持更加乐观的态度。刚刚测试的是"学生控制观念"(Pupil Control Ideology,PCI)中的5个项目。它是由我的丈夫韦恩·霍伊(Wayne Hoy)及其同事(Willower,Eidell,& Hoy,1967)在50多年前开发出来的,至今仍被广泛使用。如果你想进行完整的评估,可以访问 waynekhoy. com/pupil_control. html。

另一项评估纪律观念的调查是"关于纪律清单的信念"问卷(Wolfgang,2009),如图13.1所示。当你回答这些问题时,你将会了解你的课堂管理价值观是否倾向于关注关系—聆听、对抗—协约、规则和结果,或者以上的某种组合。有很多成功的教师根据情况适当地运用所有这些策略。你的立场是什么?

许多研究表明,课堂管理是对学生成绩影响最大的变量(Marzano & Marzano,2003)。课堂管理的知识和技能是教学专业水平的标志;管理困难带来的压力和疲劳是教师职业倦怠的原因(Emmer & Stough,2001;Hong,2012)。是什么使得课堂管理如此重要?

　　本调查上的12个问题将使你洞察自己和你的个性，了解你的性格和使用的纪律管理手段在三种纪律观中居于何处。每个问题中，你需要在两个相互对立的价值陈述之间进行选择。对于某些问题，你确定同意一种说法而不同意另一种，因此比较容易选择；但是，对于有些问题，你可能都同意或都不同意，你必须选择你更接近一些的。没有"正确"或"错误"答案之分——这只表达你个人的观点。

必选题。说明：用圆圈圈出a或b之中你最认同的陈述。你必须对每一项进行选择。

1.a.由于学生的思维有限，所以需要成熟的成年人为他们制定规则。
　 b.必须考虑每个学生的情感需求，而不是对所有人施加一些预先确定的规则。

2.a.在新学年的第一课，教师需要为每个学生分配桌子或桌子上的空间，并且在在随后时间里应该定期教导学生使用该空间。
　 b.学生群体可以通过班会决定他们需要怎样的规则来管理自己。

3.a.应给学生提供机会，让他们选择自己想选的项目或者主题。一旦选择，他们就必须在评级期间内遵守该决定。
　 b.学生需要学习的材料和完成的任务必须由教师决定，并且必须遵循完成这些目标的具体指导顺序。

4.书籍和相似的教室设施被滥用、弄脏、甚至被毁坏，我很有可能：
　 a.开班会，向全班出示受损的书籍，并询问他们如何解决这个问题，包括应该对滥用书籍的学生采取什么行动。
　 b.转移或限制可用书籍的数量，并密切观察谁在滥用书籍。然后我会告诉那个学生这样的行为如何影响其他学生，以及我对这些书籍丢失的感受。

5.两个能力相当的学生为了一份课堂材料在教室发生了激烈的言语冲突，我会：
　 a.尝试通过接近学生，告诉他们班级规则，并要求他们停止行动，如果不停止就要给予惩罚。
　 b.避免介入学生需要自己解决的问题。

6.a.今天一个学生强烈要求不想小组合作。我允许这样做，觉得这个学生有一些与小组经验有关的情感问题。
　 b.一名学生被拒绝参加小组活动。我会在班会上提出这个问题，并要求学生与小组讨论这种现象的原因和可能的解决方案。

7.教室里吵到让我头疼。我会：
　 a.轻弹教室灯以引起所有人的注意，让学生变得安静，然后表扬那些静静地说话的人。
　 b.选出真正造成主要噪音的两三个学生，让他们站在一边反思（思考）他们的行为以及可能对他人的影响，并让他们安静地学习。

8.在刚开始上课的前几天，我会：
　 a.允许学生测试他们作为一个新群体相处的能力，并且在学生认为需要规则之前不制定预定的规则。
　 b.立即建立班级规章制度，如有违反，将给予公平处分。

9.我对学生骂人行为的回应是：
　 a.学生对同学感到沮丧所以才谩骂，所以我不会谴责学生，而是鼓励他说出困扰他的事情。
　 b.我会让这两个学生促膝长谈，试图让他们解决冲突，同时我提出问题，把注意力集中在谈判上。

10.如果学生在我要讲课时扰乱课程，我会：
　 a.如果可能的话，忽略干扰，并/或将学生带到教室的后面，以此作为他的不当行为的后果。
　 b.向学生表达我因任务中断而感到的不快。

11.a.每个学生必须意识到有一些学校规则需要遵守，任何打破规则的学生将以同样公平的方式受到惩罚。
　　b.规则绝不是一成不变的，可以由班级重新协商，惩罚因每个学生而异。

12.一个学生在使用后拒绝收拾她的作品或材料，我很有可能：
　 a.告诉学生不收拾她的东西将会如何影响未来这个空间的活动，以及这对每个人来说都是非常令人沮丧的。然后，我会将材料留在原处作为提示。
　 b.让学生反思自己的行为，想想她的违规行为会如何影响他人，并告诉她如果不遵守规则，她以后都不能使用这些材料。

(continued)

评分关键与解释

将你的回答圈在提供的表格上：

表格1	表格2	表格3
4b 1b	2b 4a	2a 1a
6a 5b	3a 6b	3b 5b
9a 8a	7b 9b	7b 8b
12a10b	11b12b	11a 10a

表格1的答复总数＿＿＿＿
表格2的答复总数＿＿＿＿
表格3的答复总数＿＿＿＿

　　获得总数最高的表格呈现了你对学校的想法倾向于哪种价值观。表1是关系—倾听，表2是对抗—协约，表3是规则和后果。具有第二高得分的表格将是你的第二选择，具有最少数量的表格可能是与你关联最少的理念。

　　如果你的回答在所有三个表格中平均分配，你可能是一个兼收并蓄的老师，从所有哲学中挑选和选择，或者你的理念可能尚未在你的培训中形成。

资料来源：From Wolfgang, C. H. (2009). Solving Discipline and Classroom Management Problems (7th ed. pp. 6–7). Hoboken, NJ: Wiley & Sons. Reprinted with permission.

图13.1　关于纪律清单的信念

　　课堂是一种独特的环境。无论教师持有怎样的教育观,课堂的"独特性"都影响着参与者(Doyle,2006)。课堂是多元的。课堂中汇聚了人、任务和时间压力。学生们有着不同的目标、兴趣、能力水平,他们必须共享教学资源、完成各种任务、重复使用材料而不丢失它们、进出教室等等。课堂内也有多种事件同时发生——一切都在同一时间发生,而且节奏很快。教师在一天内与学生进行数百次交流。在快速变化的情景中,出现的事件难以预料。即使做了周密的计划,课程仍然会被技术故障或一阵气氛激烈的讨论所打断。由于课堂是公开的,教师如何处理这些意外情况,所有学生都有目共睹并可以进行评判。学生们通常关注教师是否公平、有无偏心、学生违反规则时教师会怎样做。最后,课堂是有历史的,某个特定的教师和学生的行为的意义部分依赖于以前发生的事情。教师对第15次迟到的反应不同于第一次,入学后头几个星期的经历会影响到整个一年的班级生活。

基本任务：获得学生的合作

　　教师基本的管理任务是,通过争取和保持学生在活动中的合作来实现课堂的秩序与和谐(Doyle,2006)。在多元的、多事件同时发生的、快节奏的、难以预料的、公开的和有历史的课堂中,做到这一点确实具有挑战性。促进学生间合作意味着不仅要有效处理不当行为,还要规划安排活动,准备活动材料,形成适当的学业与行为的要求,给学生明确的信号,平稳完成活动间的转换,预见可能发生的问题并提前采取措施,选择并安排活动顺序以保证持续的流畅与趣味性,在相互尊重的基础上与学生保持积极的关系,以及更多。不同的活动有不同的组织管理技巧。举例来说,比起一个熟悉的或简单的活动,一个新的或复杂的活动对于班级管理者而言是一个更大的挑战。

显而易见,获得幼儿园儿童的合作不同于获得高中高年级学生的合作。在幼儿园和小学低年级,直接讲授班级规则和活动程序非常重要。对于中小学的孩子来说,许多课堂习惯已经变得相对自动化,但是一些针对特定活动的特殊规定还是需要直接讲授,整个管理体系仍然需要监控和维护。在小学结束时,一些学生开始审视和挑战权威,这一时期管理的挑战是,富有成效地处理这种令人困扰的局面,并能激励那些逐渐不考虑教师建议而对社交活动更感兴趣的学生。到高中结束时,教师面临的挑战则是使课程材料适合学生的兴趣和能力水平,并且帮助学生更好地在学习中自我管理。（Emmer & Evertson,2017；Evertson & Emmer,2017）。

课堂管理的目标

停下来想一想:你正在一个著名的学校面试一份工作——它以创新闻名。助理校长看了你一会儿,然后问:"什么是课堂管理?"你会怎么回答?

课堂管理(classroom management)①的目标是保持一个积极、高效的学习环境。但秩序本身是一个空洞的目标。仅仅用课堂管理使学生保持"听话,安静"是不恰当的。那么为什么要花大力气去进行课堂管理呢? 课堂管理之所以重要,至少有以下四条理由:

获得学习机会。每一种课堂活动有其参与的规则。有时由教师清晰详述这些规定,但规则常常是隐含而不确切的。举例来说,在一个阅读小组中,学生们必须举手发表意见,但是当大家围坐成圈做"演和讲"游戏活动(show-and-tell)时,他们可能只需教师的目光许可。教师与学生甚至没有意识到他们在不同的活动中遵从不同的规则。

----

①课堂管理——维持一个良好和较少出现行为问题的课堂学习环境的方法。

规则规定了谁可以发言,大家可以谈论什么,甚至在什么时间、针对谁、发言多长时间,这些通常被称为"参与结构"(participation structures)①。然而某些学生似乎比其他人较难参与其中,因为他们在家庭中习得的参与结构与学校活动中的参与结构不相匹配(Cazden,2001)。

我们能得到怎样的结论呢?为了使所有学生参与,你必须确保每一个人都了解如何参与每一项具体活动。关键在于察觉。你的规则与期望是什么?从学生的文化背景和家庭经验来看,这些规则能够被理解吗?哪些未言明的规则或价值观可能正在发挥作用?你清楚学生如何参与吗?有些学生,尤其是那些有行为和情感问题的学生,可能需要重要行为的直接教学和练习(Emmer & Stough,2001)。

更多时间学习。 我曾经用秒表记录电视商业广告占去的时间,吃惊地发现节目大约一半的时间被用来播放广告。好像足球比赛更糟糕!如果你在课堂上使用类似的方法,你到一个班级中记录全天所有活动的时间,也许惊讶地发现实际用于学习的时间是多么有限。几乎每一项有关学习时间与效果的研究都发现,花在内容上的时间和学生的学习之间存在着显著的关系。然而,每天许多时间都因为干扰、中断、开始时的拖沓和活动转换的不顺畅而浪费掉(C. S. Weinstein & Novodvorsky,2015)。

一学年似乎是很长的一段时间,对吧?州政府要求一个普通高中班级每学年要学满126小时(180天,每天42分钟)。当我们考虑到学生缺勤和学校中断(例如集会计划)的情况,对于普通学生来说,126小时中好像只有119小时是有效的。但是在每个班级,无论是小学还是中学,总有中断、做些材料整理等工作、收集和分发材料、点名和处理行为问题的情况,因此有效教学时间通常会减少约20%。现在我们剩下96小时的实际教学时间。良好的课堂管理可以收回一些教学时间,所以会有更多有效的实际教学时间。

然而,更多的实际教学时间也还不能保证学习的效果。要想有效果,必须有效地利用时间。基本上,学生将学习到他们深入思考、练习和回忆起的内容,主动用于某项

---

①参与结构——确定如何参与各种活动的规则。

具体学习任务的时间通常被称为投入时间(engaged time)①,或者有时称为任务时间(time on task)②——我们可以估计这大约是实际教学时间的80% 。然而,投入时间并不能保证学习效果。也许是因为材料过难或使用了错误的学习策略,学生学得很艰难。当学生们学习效率很高——真正学习并且理解——我们称这部分时间为学业学习时间(academic learning time)③。再者,我们可以估计这大约是他们投入时间的80% 。现在我们只剩下62 小时了。

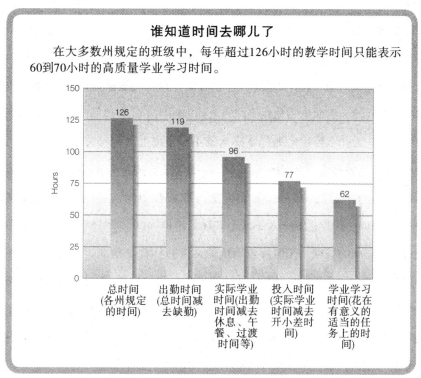

资料来源:From Middle and Secondary Classroom Management (5th ed.), by C. S. Weinstein and I. Novodvorsky, New York: McGraw-Hill. Copyright © 2015 by The McGraw-Hill Companies, p. 182. Adapted with permission of The McGraw-Hill Companies, Inc.

图13.2　谁知道时间去哪儿了

①投入时间——积极学习的时间,也称任务时间。

②任务时间——用于主动投入当前学习任务的时间,也称投入时间。

③学业学习时间(academic learning time)——学生确实学有所获的时间。

图 13.2 显示了对一个普通学生来说,美国大多数州的高中学年规定要求的 126 小时如何衰减为 62 小时的有效的学业学习时间。因此,课堂管理的第三个目标是通过使学生积极投入有价值和适当的活动中,从而提高学业学习时间。

让学生在学习生涯中较早进行学业投入学习可以产生很大的不同。一些研究显示,教师对学生在一年级的持续的任务投入的评估可以预测直到四年级时学生学业考试的成绩增长和等级,甚至预测高中学生是否会决定辍学(Fredricks,Blumenfeld, & Paris, 2004)。

管理意味着关系。所有学生都应该在课堂上感受到情绪和身体的安全。除此之外,他们还应该受到尊重和关怀。当学生感受到老师和同龄人的关心和支持时,他们更有可能配合课堂活动。合作引发学习,学习提升自我效能感,自我效能感引发更多的合作。反之亦然。当学生感觉到他们的老师和同伴不关心他们时,会觉得没有特别的合作愿望——为什么要相信那些不喜欢或不尊重你的人呢?关于师生关系的研究很清晰地表明,当教师专注于培养高质量、高度信任的关系时,学生不会那么容易挑衅,反而更愿意寻求适当的帮助,不太可能逃课或被拒绝入学,更有可能获得成功(Emmer & Everton, 2017;Jones & Jones, 2016;Sikba et al. , 2016)。

促进自我管理的管理。任何管理系统的最终目标都是帮助学生提高自我管理的能力。如果教师注重学生的依从性,他们将花费大量的教学/学习时间进行监督和纠正。学生们会认为来学校的目的只是遵循规则,而不是建立对学业知识的深刻理解。复杂的学习结构,如合作或基于问题的学习,需要学生的自我管理。遵守规则并不足以使这些学习结构有效(McCaslin & Good,1998)。

今天有关课堂管理的讨论从严格要求转向培养自主调节和自我控制(Evertson & Weinstein,2006)。汤姆·萨维奇(Tom Savage)说,"纪律最基本的目的是进行自我控制。如果缺少自我控制,学业知识和技术技能也是枉然"(1999,p. 11)。学生们通过做选择与承担责任、设定目标与重点、管理时间、协作学习、调解争执与讲和以及发展师生间的信任关系来学会自我监控(Bear,2005)。

鼓励自我管理(self-management)①需要额外的时间,但教会学生如何承担责任是非常值得的投入。南希·佩里和丽贝卡·可丽(Nancy Perry & Rebecca Collie,2011)比较了一项职前准备计划,该计划指导教师如何让他们的学生成为自我调节的学习者,而其他计划并不强调自我调节。与未学习如何帮助学生自我管理的其他未来教师相比,培养自律知识和技能的教师在教学期间更自信、更少压力、更有参与度。这是有道理的——如果你想教你的学生学会管理自己的行为和学习,你自己应该也没有什么管理相关的问题,更少的压力和更多的教学时间、将日益提高你的教师效能感。如果幼儿园和小学的教师只关注建立有效的班级管理体系而忽视了学生的自我管理,当从这种"成功管理"的班级中毕业后,他们的学生通常会在无外界依靠的任务中陷入困难。

营造积极的学习环境

在你为班级制定计划的时候,你会发现这本书中学到的许多东西是有用的。例如,如你所知:如果在教学计划中考虑到学生的个体差异,比如第二章至第六章中所讨论过的那些个人变量时,那么我们就会预防问题发生。有时因为任务太难而使学生们变得容易捣乱,那些对完全低于他们能力水平的课程感到厌烦的学生,会热衷于寻找更令其兴奋的活动去打发他们的时间。

从某种意义上说,每当教师做出努力去激励学生,他们就预防了纪律问题的出现。一个投入学习的学生通常不会再去与教师或和其他学生发生冲突。所有激励学生的方法都起到预防纪律问题的作用。我们对学习有怎样的了解?我们知道学生需要明确的目标和例子、练习和复习、积极参与以及形成联系的机会。学会在课堂上营造积极的学习环境。

一些研究结果

教师还要怎么做?近年来,奥斯汀德克萨斯大学的教育心理学家们深入研究了课堂管理(Emmer & Evertson,2017;Emmer & Gerwels,2006;Evertson & Emmer,2017)。他

---

①自我管理——管理自己的行为,并为自己的行为承担责任。

们采取的基本方法是对大量课堂进行分析。首先,在开学的最初几周在课堂里进行频繁观察,之后逐渐减少观察次数。几个月之后在课堂上出现了明显的差别,有些班级很少有管理方面的问题,有些班却遇到很多问题。根据学期后期教师的课堂管理质量和学生的学业成就,可以识别出管理最有效和最无效的教师。

接下来,研究者分析了最初几周的课堂观察记录,了解那些有效管理的教师是怎样做的。他们也在以下两类教师之间进行了比较,一类教师管理的班级在学期最后学生关系和谐,学生学业成就高,另一类教师的班级里接连不断地发生各种问题。在比较分析的基础上,研究者提出了课堂管理的原则。而后,研究者将这些原则教给另一组教师,得到了相当肯定的结论,应用了这些原则的教师很少有管理问题,他们的学生更多时间在学习,较少捣乱,并且取得较高的学业成就。两本有关课堂管理的著作正是基于这些研究成果完成的(Emmer & Evertson,2017;Evertson & Emmer,2017)。下面的许多观点,便来自这两本书。

必要的规程

停下来想一想:你认为在你班级中最重要的三条或四条规则是什么?

在小学阶段,教师每天必须带领20到30个能力不同的学生进行各种活动,如果没有有效的规则及程序,就会把许多时间浪费在一遍又一遍地回答相同的问题上,如"我的铅笔坏了,叫我怎么做数学呢?""我做完了我的事,现在做什么呢?""斯带芬打我了。""我把作业落在柜子里了。"

在中学阶段,教师每天必须要和100多位学生打交道,这些学生使用多种材料,并且上不同的课去不同的教室,中学生还更可能挑战教师的权威。埃默(Emmer)、埃弗森(Evertson)和他们的同事研究发现,那些可以有效管理的教师制定了规则及程序以应对这些情况。这些程序和规则是明确和具体的、尽可能以积极的方式陈述(做什么而不是不做什么)、可观察而不模糊的、教导和实践的并在需要时进行回顾(Sikba et al.,2016)。

常规与流程。如何分发和收集材料和作业?在什么样情况下学生可以离开教室?怎样确定评分?在科学、艺术和职业课程上,使用设备和材料有什么特殊的规程?流程与常规(procedures and routines)①是用来叙述在班级中怎样完成各种活动,但很少被写成书面材料,它们只是在教室中进行活动的一种方法。卡罗尔·温斯坦(Carol Weinstein)和她的同事(Weinstein & Novodvorsky,2015;Weinstein & Romano,2015)建议教师建立常规时涵盖以下领域:

1. 管理常规,如出勤记录。

2. 学生活动,如进出教室或去厕所。

3. 环境维护,如给植物浇水或贮存个人物品。

4. 教学的常规,例如,如何收集作业或交作业。

5. 教师与学生间的互动,如怎样在需要帮助时引起教师的注意。

6. 学生间的交谈,如给予帮助或社会化。

你应该用这六个方面作为制定课堂常规的框架,下面的"指南:建立班级例行程序"会在你做计划时给予帮助。

指南:建立班级例行程序

为学生维护教室的桌椅、器具及其他设备制定规矩。举例:

1. 教师在自己课堂上每天或每周一次留出专门的"清理时间"。

2. 你可以示范并让学生自己练习怎样把椅子放在桌子下、取放架子上的物品、削铅笔、用水槽或饮水柜、组装实验装置等。

3. 在某些班级由值日班长负责管理器具或材料。

明确学生如何进入和离开教室的要求。举例:

1. 怎样使学生了解一进教室就该做什么?一些教师给了一项标准性的任务("拿出作业并检查")。

2. 在什么情况下学生才可以离开房间?什么时候需要征得允许?

3. 如果学生迟到了,他们怎样请求进入教室?

4. 许多教师要求学生在课程结束离开前坐在座位上保持安静,是教师而不是铃声

①程序与例程——预先描述一项活动的步骤。

决定可以离开教室。

确定一些信号并教给学生。举例:

1. 在教室,有些教师用灯光、钢琴和录音机的乐声,如售货柜台"迎客铃"那样的铃声,或者走近讲台沉默地注视着全班学生、说"请都看着我"等类似的话、拿出他们的分数簿或走到教室前面。

2. 在大厅举起手、击掌或别的信号可能意味"请停下来"。

3. 在操场上,举起手和吹哨可能表示"请排队"。

确定学生参与班级活动的常规。举例:

1. 你允许学生举手示意发言,还是让他们只是静等前面讲话的人说完为止?

2. 你如何表示想让每一个学生都立即回应? 一些教师是用一只手半拢着罩在耳朵后面,做出倾听的样子。另一些教师在提问题前加一个"每个人"。

3. 确保你清楚不同活动的规矩间的区别:阅读小组、学习中心、讨论、教师讲解、座位上的活动、观看录像、同伴学习小组、图书馆或其他情景的活动。

4. 同时可以有多少学生使用削笔器、到教师办公桌前、在学习中心、使用水槽、在书架前、阅读角或卫生间?

决定你怎样布置、收集或下发作业。举例:

1. 一些教师在黑板的一角留出空间用来布置作业,另一些教师用彩色粉笔写下布置的作业。对于较小的学生最好准备作业纸或作业夹,用不同的颜色为不同科目做标记,如数学练习册、阅读材料和科学工具。

2. 有些教师用盒子或有盖的木箱收集作业,另一些教师在自己介绍下面的活动时,请一位学生把完成的作业收上来。

有关让学生参与制定规则和程序的想法,请参阅 educationworld. com/并搜索"规则和程序"(rules and procedures)。

规则。与常规不同,规则(rules)①详细说明了在班级里被期许和被禁止的行为,常被写下来并张贴出来。他们是课堂生活中应有的注意事项。在制定规则时,你应该考

---

①规则——详细说明被期望和被禁止行为的声明;规定什么可以做和什么不可以做。

虑,你到底想建立怎样一种氛围? 学生什么样的行为可以有助于提高教学效率? 学生的行为需要受到哪些约束? 你所制定的规则必须与学校的规章制度和学习的规律相一致。例如,通过对小组学习进行的研究,我们了解到,学生向同伴解释活动,可以使他们自己从中受益。讲解的过程也是在学习。因此禁止学生相互帮助不符合学习规律。又比如,"不许在写作过程中删改"这样的规则会使学生将精力集中在如何不犯错误,而不是如何通过他们的写作清楚地交流思想(Emmer & Stough,2001；Weinstein & Romano,2015)。

规则应该是积极的和可观察的(比如举手示意)。制定一些涵盖很多具体情景的普遍性规则比罗列出所有可做的、不可做的事要好,但是如果要禁止某些特定的行为,例如离开校园,那么应该设立一条规则使之明确。(Emmer & Gerwels,2006)。

小学的规则。埃弗森和埃默(2017)列举了四条小学课堂的一般规则:

1.尊重并礼貌地对待所有人。明确解释"礼貌"的含义,包括不骂人、打架或戏弄。礼貌行为的例子包括遵守秩序、说"请"和"谢谢你",而不是叫名字。这适用于成人(包括代课教师)和同龄人。

2.准时和做好准备。这条规则强调了课堂上学业工作的重要性。准时的要求适用于一天的开始以及活动之间的过渡。做好准备意味着拥有正确的材料和正确的成功心态。

3.在别人讲话时安静倾听。适用于教师和学生,包括大班授课或小组讨论。

4.遵守学校所有的制度。这一条提醒学生学校所有的制度都适用于在校时间。比如,学生不能声称他们课堂上可以嚼口香糖或听智能手机上的音乐,是"因为你没有规定禁止它",即使这些行为违反学校规定。

不管制定什么样的规则,都必须教给学生哪些行为是规则允许的、哪些是规则禁止的。例如:在学习结束之前,需要练习和讨论。

如你所见,不同活动常常要求不同的规则,对于小学生来说,在他们完全掌握这些规则之前,他们可能感到迷惑。为防止学生的混淆和迷惑,你可以考虑使用符号将每项活动的规则列出来。在活动之前,你可以贴出适当的标记作为提示。这样可以提供关于参与结构的明确而一致的线索,使所有学生,而不只是"表现优秀"的学生知道被期望的行为是什么。当然,在解释和讨论这些规则之后,那些标记才能起作用。

中学的规则。埃默和埃弗森(2017)列举了五个中学生的规则示例:

1. 准时和做好准备。准时意味着按时上课,也意味着需要快速进入或脱离小组及其他活动。准备就绪意味着有正确的学习工具(钢笔、铅笔、纸、笔记本、课本等)和正确的学习态度。

2. 尊重并礼貌地对待所有人。这针对打架、辱骂和一般的捣乱行为,以及强调尊重和善意的正面榜样。所有人包括老师和代课教师。

3. 在别人讲话时,倾听并且不要来回走动,这适用于教师或别的学生讲话时。

4. 爱护他人财物,包括属于学校、教师或其他学生的财物。保护他人的财产,使用他人物品前要征得同意,并将借来的物品归还。

5. 遵守学校所有的规则。相对于课堂规则,学校规章制度涉及很多行为和情况,你不必向学生重复所有学校规则。这提醒学生学校规则也适用于你的课堂,让你有机会谈论哪些学校规则在你的课堂上特别重要(不看手机、不收发短信……)。还有提醒学生你会在课内外监督他们。确保你了解所有的学校规则,有些中学生十分善于使教师相信他们的错误行为"真的没有违反规则"。

这些规则不仅仅是维护秩序的方法。琳赛松村(Lindsay Matsumura)和她的同事(2008)在对34所中学课堂的研究中发现,在课堂上尊重他人的明确规则可以预测参加课堂讨论的学生人数,因此很显然,尊重开启了学生通过参与学业材料和课堂对话来促进学习的大门。

后果。一旦教师明确了规则和秩序,就必须考虑,如果你的学生违反了规则或不遵守秩序时,你该怎么做。在规则被破坏之后再来决定就太晚了。对于许多违反规程的情况,理论上的后果是退回去,再正确地做一遍。那些在大厅里奔跑的学生必须退回来,走姿端正地重新走过去。没有做完作业的学生要重做,落下的材料要放回原处。你可以通过以下方式使用自然和逻辑后果(natural and logical consequences)①来支持社会性/情感发展(M. J. Elias & Schwab,2006):

• 在答复中对事不对人。问题是行为,而不是学生。

---

①自然和逻辑后果——不是惩罚,而是让学生重做、修复,或者以某种方式面对他们的行为自然而然地产生的后果。

- 强调学生他们有权选择自己的行为,从而避免失去控制。

- 鼓励学生反思、自我评估和解决问题,以避免老师直接说教。

- 帮助学生识别并解释下次在类似情况下他们可以做些什么。

这里重要的一点是,有关惩罚或奖励的决定必须事先告诉学生,那么,学生在破坏规则或执行错误程序之前,就知道这对他们意味着什么。我鼓励我教过的教师去复印一份学校规则和与其合作的教师的规则,然后再计划他们自己的课堂规则。有时,后果更为复杂。在四位小学专家教师的案例研究中,温斯坦和罗马诺(C. S. Weinstein & Romano,2015)发现,教师的惩罚分为七类,如表13.1所示。

表13.1 惩罚学生的七种手段

1. 失望的表情:如果学生喜欢并尊敬他们的教师,那么,教师的一个严肃的、难过的失望的表情便会引起学生停止错误行为并反思。
2. 失去特权:学生会失去自由活动的时间。例如,如果他们没有做完作业,就要求他们在自由活动时间或休息时间写完作业。
3. 被小组排斥:那些给同伴带来困扰或不合作的学生会受到小组同学的孤立,直到他们学会合作。有些教师给一个学生10~15分钟的时间,这个学生必须在这个时间内去另一个教室或大厅,在那儿将没有人注意他。
4. 就所犯的错进行书面反思:学生可以把他们自己做的事情和怎样影响了别人写成一篇日记、一个短文,或者写封道歉信——如果合适的话。另一种可能性是要求学生客观地描述他们做了什么,然后教师和这位学生在上面一起签名、记录日期。如果家长或管理者需要,这些记录可以作为学生行为的证据。
5. 去校长办公室:资深的教师尽量避免用这种惩罚方式。但当理由充分时,他们也用这种手段。有些学校要求把某些特定攻击性行为的学生被送到办公室,如打架。如果你让一个学生去办公室,但他拒绝,你可以打电话告诉校长办公室学生已经过去了。接下来,学生就必须面对是去办公室还是被校长开除的选择。
6. 扣留:在放学后的自由时间或午餐时间,可扣留学生开很短的会,主要目的是说说发生了什么事(在高中,扣留常被作为惩罚手段,停学并开除也可以作为更极端的措施)。
7. 联系家长:如果问题反复出现,许多教师会和家长联系。这样做是为了寻求帮助学生的支持,而不是责怪家长或惩罚学生。

资料来源:From Elementary Classroom Management (6th ed.), pp. 298 - 301, by C. S. Weinstein and M. E. Romano, New York: McGraw-Hill. Copyright © 2015 by The McGraw-Hill Companies. Adapted with permission of The McGraw-Hill Companies, Inc.

谁来决定规则和后果? 在第一章我描述过一位专家型教师——肯,他和学生没有建立规则,而是一起制定了一份学生和教师的"权利单",这些"权利"涉及了需要动用"规则"和帮助学生实现自我管理目标的大部分情景。在新进的一个班级中,"权利单"包括在教师没有说话时可以小声低语、活动间隙有 2 分钟休息时间、选择当天的日程安排、保护隐私以及不让别人拿你的东西、可以嚼口香糖但不可以吹泡泡等等。如果你要让学生参与制定规则,可能需要等到你已经在课堂上建立群体意识。在学生能够为课堂规则做出有意义的贡献之前,他们需要信任教师和环境(M. J. Elias & Schwab,2006)。

对学生来说,非常重要的是建立权利和责任,而不是建立规则。"教给孩子因为某件事违反了一项规则所以是错的,不同于教给他们因为这件事是错的所以要设立一项规则禁止它。要帮助孩子明白这是为什么"(CS Weinstein,1999,p.154)。学生们应该理解形成规则是为了使所有人可以一起工作和学习。我可以补充一点,当肯要管理一些难管理的班级时,他和他的学生必须制定一些保护学生权利的"法律",如表 13.2所示。

表 13.2　保护我们权利的法律

1. 第一时间遵循指示。 2. 好好说话,有礼貌,尊重他人、他们的感受和他们的东西。 3. 笑的时间点和时长要合适。 4. 尊重他人的学习权利。不要分散他人的注意力。不要多管闲事。不要大喊。在准备工作时保持安静。 5. 在正确的时间以正确的语音和音量进行交谈。 6. 确保活动的过渡和动作平静、安静、小心、优雅。 7. 遵循所有课堂和学校的流程,如关于厕所、铅笔、午餐和休息、开窗的流程。

资料来源:From Elementary Classroom Management (6th ed.), p. 103, by C. S. Weinstein and M. E. Romano, New York:McGraw-Hill. Copyright © 2015 by The McGraw-Hill Companies. Adapted with permission of The McGraw-Hill Companies, Inc.

影响学习环境的另一方面,是对教室设备、材料和学习工具等物理环境的管理。

设计学习空间

停下来想一想:回想一下你所有学校的所有教室。哪些是最吸引人和令人兴奋的？哪些是冷清且空荡荡的？老师是否对学生在房间的各个部分做不同的事情有所设计？

在教室中，学习空间应该能引起和支持教师设计的活动，而且应该不妨碍这个空间里的人。这要从为年幼的孩子设计教室门以帮助他们认清自己的教室开始。一所获得建筑奖的学校将每一间教室的门都涂上不同的颜色，这使得孩子们能找到他们自己的"家"（Herbert，1998）。进入到教室里面，设计空间唤起学生安静的阅读、小组协作、讲座、讨论和辩论或独立研究。如果学生要使用材料，他们应该能够拿到这些材料。

在布置教室方面，有两种基本的组织空间方式：个人区域和兴趣区域。

个人区域和座位安排。个人区域是你自己的（通常是指定的）座位。物质环境的组织是否会影响课堂教学和学习？前排座位似乎确实能提高倾向于发言的学生的参与度，反之，坐在后排会增大参与的困难，并且更容易使学生在课堂上走神。为了"扩展活动的区域"，温斯坦和罗马诺（2015）建议教师尽可能在教室里走动，与远处坐着的学生保持目光接触并提出问题，或者变换座位，以便同样的学生不会总是在后排。

横排的座位具有传统的横竖摆放座位的许多好处。对于学生独立在座位上完成任务和教师、学生或多媒体演示都十分有利，它们促进学生将注意力集中在演说人身上而简化了课堂关系。同时，水平座位更方便学生进行两两合作。但是，这种布置非常不适于大组讨论。

四人一组或围成圆圈最方便学生沟通。尤其是排列成圆圈对讨论十分有利，同时也不影响独立在座位上完成任务。组成一组使学生之间相互交谈、互相帮助、分享材料、小组合作，尽管如此，但是这两种安排不适于面对全班的教授和演示，并且会使班级的管理更加困难。

在鱼缸式或谷垛式的教室里，学生一起紧紧地坐在靠近注意中心的地方（后排的甚至可以站起来），这种形式只能维持在短时间内。因为这样坐十分不舒服，而且可能导致一些纪律问题。从另一方面来讲，当教师想让学生观看一个证明过程、为一个班级问题出谋划策,或是观看一个小的演示材料时,鱼缸式可以激发团体精神。

兴趣区域。兴趣区域的设计会影响到学生使用这些区域的方式。例如,在与一位教师共同努力下,卡罗尔·温斯坦(1977)在兴趣区域做了某些改动,帮助这位教师达到了让更多女孩加入"科学中心"和让所有学生更多利用各种操作材料做实验的目的。在第二项研究中,图书角的变化使得全班同学更多投入阅读文学书籍的活动(Morrow & Weinstein, 1986)。如果你要为自己的教室设计兴趣区域,请记住"指南:设计学习空间"中的建议。

指南:设计学习空间

注意教室的固定装置,并据此设计。举例:
1. 记住视听器材和计算机要靠近电源插座。
2. 使美术用品靠近水池,使小组活动靠近黑板。

材料的拿取要方便,存放它们的地方要有条理。举例:
1. 务必使学生容易看到和拿到资料。
2. 架子空间充足,使资料不至于被堆叠起来。

给学生提供干净、便利的学习平台。举例:
1. 将书架靠近阅读区,游戏用具置于游戏桌边。
2. 避免拥挤的活动空间,以防止发生打闹事件。

避免无效空间和"环形跑道"。举例:
1. 不要将所有兴趣区域环列在教室外围,使得教室中间形成一大片无效空间。
2. 避免将一堆家具摆在空间的中央,因为这样会使这些家具周围出现一条"环形跑道"。

妥善放置物品,以使你可以看到学生,并且他们可以看见所有的教师演示。举例:
1. 确保你的视线能越过分隔物。
2. 妥善设计座位,以使学生不用移动桌椅就可以看到教师的演示。

保证活动空间的私密性和安静。举例：

1.确保没有桌子或活动区堵住通道；确保不需要穿过一个区域才能到达另一个区域。

2.使嘈杂的活动尽量远离安静的活动。在区域间或大的区域内放置书架或隔板等来增加私密感。

提供选择和灵活性。举例：

1.为个体活动建立单独的小隔间，为小组活动提供开放式桌子，为全班的班会安排铺在地板上的坐垫。

2.给学生提供一个能放置私人物品的地方。这点对于没有个人书桌的学生来说尤为重要。

尝试新的安排，并给予评价和改善。举例：

1.尝试一种"两周布置"，然后对其进行评价。

2.吸纳学生参与设计。他们也是教室的主人，而且设计一间教室对他们来说是一次非常具有挑战性和教育意义的经历。

有关课堂设计的更多想法，请访问 www.edutopia.org 并搜索"课堂设计"（classroom design）。

兴趣区域和个人区域并不互相排斥。许多教师都在设计中将兴趣区域和个人区域结合起来。把每个学生的课桌——他们的个人区域——放在教室的中间，将兴趣区域安排在房间的后部或两侧。这种设计既能适应大组活动的需求，也能适应小组活动的需求。图 13.3 显示了一个具有单独课桌（个人区域），但仍适用于教师讲课和演示以及小组工作的中学教室。

起步：班级建立后的最初几周

形成一个管理良好的班级的第一步是，确定教室设计、规则和程序。然而，在最初关键的几天和几周时间里，有效管理的教师如何得到学生的配合呢？一项研究细致地分析了高效和低效的小学教师在开始几周内的活动，结果发现了许多显著的不同（Emmer & Evertson,2017；Evertson & Emmer,2017）。

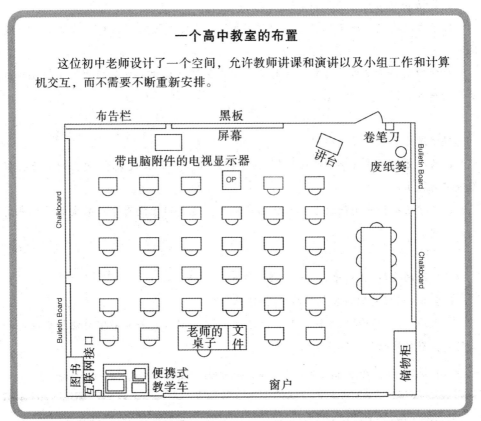

资料来源：Emmer, Edmund T.; Evertson, Carolyn M., Classroom Management For Middle And High School Teachers, Loose-Leaf Version, 10th Ed., p. 32. ©2017. Reprinted and Electronically Reproduced by Permission of Pearson Education, Inc., New York, NY

图 13.3 一个高中教室的布置

小学的有效管理。在有效教师的课堂里，第一天一切就进行得有条不紊。名字标签已准备好。每个学生都可以立刻得到有趣的事情去做。资料库已建起来。教师计划周详以避免出现任何紧急任务迫使他们离开学生。这些教师解决了孩子们当即需要解决的问题，"我该把东西放在哪儿?""我们教师的名字该怎么念?""我可以对我旁边的同学小声说话吗?""卫生间在哪儿?"有效的教师有一套操作性强又简单易懂的规则，而且在第一天就把最重要的规则教给学生。他们像教其他课程一样教规则，提供了许多解释、例子和练习。

前几周里，有效管理的教师始终不断地向学生讲授规则和程序。一些教师采用指导性练习来教程序,另一些教师利用奖励促进行为形成。大多数教师训练学生们对铃声或其他信号做出反应,以引导他们的注意力。这些教师与整个班级一起共同完成令人愉快的学科学习活动。他们不急于让学生开始小组合作,也不急于让学生们开始阅读,这种全班活动使教师能有一个更好的机会去不断监控学生学习规则和程序的情况,不良行为也能立即得到制止,教师的态度坚定但非粗暴。

在管理不良的班级里,开始几周的情况则大不相同。规则缺乏操作性,既模糊又过于复杂。例如,一位教师定了这样一条规则——学生应该"在正确的时间到达正确的位置",学生没有被告知规则的确切含义,因此规则无法对他们的行为起到指导作用。不论是正面的行为还是负面的行为都没有一个清晰和一致的后果说明。在学生违反了纪律后,无效管理的教师可能做出含糊的批评,比如:"一些学生太吵了",或是给出警告,但又不去落实威胁学生的处罚后果。

中学的有效管理。在中学的班级里应该如何着手呢?显然,在有效管理与无效管理的小学教师之间存在的许多不同,在中学阶段也同样存在。有效管理的教师在开学第一天就集中于建立规则、程序和预期目标。开学的最初几周里,他们就向学生清楚传达了学业学习和班级行为的标准,并经常给以强化。学生的行为受到严格的监控,违反纪律的行为将很快得到处理。在学生能力较低的班级里,活动周期较短,不要求学生长时间、不间断地做一项活动。在每个时段里,使他们顺利地转向一些不同的任务。总之,有效管理的教师认真地跟踪每个学生的进展情况,因此学生不可能逃避学习而又免除处罚(Emmer & Eertson,1982)。

在这样一种严格监督和对规则的一致强化下,你也许想知道,是否有效管理的中学教师既冷酷又缺乏幽默感。其实也不尽然。在一项研究中,有效管理的教师更多对学生微笑和与学生开玩笑(Moskowitz & Hayman,1976)。任何有经验的教师都会说,当班级学生配合的时候,令人舒心微笑的情况就更多。关于开始上课第一天的更多想法,请参阅哈里和黄(Harry & Rosemary Wong)的书籍《学校的第一天:如何成为一名有效的教师》(The First Days of School:How To Be an Effective Teacher)(H. Wong & Wong,2009)。

保持良好的学习环境

一个好的开端仅仅是第一步,有效管理的教师在此基础上进一步发展。他们通过预防问题发生和使学生不断参与有益的学习活动来维护管理体系。我们在前面已讨论了一些让学生不断参与的方法,例如,在"动机"那章,我们重视激发好奇心、将功课与学生的兴趣联系起来、鼓励合作学习、确立学习性目标而非行为表现目标,并使学生具有积极的期望。老师还能做些什么?

鼓励参与

停下来想一想:什么活动让你完全投入——感觉时间似乎消失了? 那些让你专注的活动是什么?

一般来说,教师指导增多,学生参与活动的时间也会增加。例如,一项研究发现跟教师一起活动的小学生,其投入任务的时间占其总时间的 97%,而那些独自学习的学生投入任务的时间仅占 57%(Frick,1990)。然而这并不意味着教师应剥夺学生独立活动的时间,它仅仅表明这类活动常需要教师悉心指导和监控。

当活动不断提示学生下一步该做什么时,学生的参与性也会增强。步骤清晰的活动更能吸引学生,因为其中的一步自然导向下一步。当学生得到活动所需的所有材料时,他们趋向于保持专注。一旦学生的好奇心被激发,他们就渴望不断去寻求问题的答案。此外,正如你所知道的,在真实的任务中学生会更积极地参与。而且,当挑战程度更高时,活动更具吸引力(Emmer & Gerwels,2006)。

当然,教师不可能每时每刻监控每一个学生,也不可能完全依靠学生的好奇心,还需要别的方法使学生自主学习。在一项关于小学和中学教师的研究中,埃默、埃弗森和其同事发现,有效管理的教师总有一套完备的指导方案鼓励学生管理自己的学习(Emmer & Evertson,2017;Evertson & Emmer,2017)。下面的指南便是基于他们的研究成果。

指南:保持学生的参与

使基本活动清晰明了。举例:

1.详细说明并列出常规的活动要求,如标题、纸张大小、用铅笔或钢笔、整洁要求等。

2.制定并说明迟到、未完成任务和缺勤的处置规则。如果出现不完成任务的苗头,尽快处理,若有必要应和家长沟通。

3.活动期限合理,并坚持这一期限要求,除非学生有恰当的理由延迟。

说明活动的特点。举例:

1.对于年龄较小的学生,要有固定的布置作业的方法,例如每天把它写在黑板的同一个位置上。对于较大的学生,则可用口述、张贴或提纲的方式。

2.提醒学生将要完成的作业。

3.在布置复杂的任务时,给学生一张说明单,详细描述该做什么、需要什么材料、工作期限等。对于较大的孩子,还需告诉他们你评分的标准。

4.示范如何做作业,和学生一起做前几道题目或给他们作业的样本。

监控活动的进展情况。举例:

1.你在班上布置一项活动时,要保证每个学生起步是正确的。如果只是检查那些举手要求帮助的学生,将可能忽略那些自以为明白或太害羞而不敢举手的学生,还有那些根本不打算参与活动的学生。

2.定期检查活动的进度,保证每个人在讨论中都有发言的机会。

在学业上给予学生频繁的反馈。举例:

1.小学生应该在交作业后第二天就能拿到批改后的作业。

2.好的作业可以在班上展出,每周将评分的卷子带给家长。

3.所有学生都可记录他们的成绩、完成任务情况和得到的额外学分。

4.对于较大的学生,把长期活动分成几个阶段,并在每一个阶段给他们反馈。

有关更多想法,请访问 www.edutopia.org 并搜索"让学生参与其中"(Keeping students engaged)。

防患于未然是最佳方法

要维持你的管理,最理想的方法当然是防患于未然。在一项经典研究中,雅各布·库尼恩(Jacob Kounin,1970)比较了课堂较少产生问题的有效管理的教师和教学不断被混乱和纷争所困扰的无效管理的教师,研究他们的课堂管理方式。在观察这两组教师教学时,库尼恩发现,在发生问题后他们的处理方式并没有什么不同,二者的区别在于成功的管理者更擅长预防问题发生。首先,这些教师吸引了学生的注意力,并保持对所有学生适当水平的工作的参与。其次,这些有效的课堂管理者在以下四个方面特别有经验:"明察秋毫、一心多用、维持团体注意和活动转换管理。"近期更多的研究证实了这些因素的重要性(Emmer & Stough,2001;Jones & Jones,2016)。

明察秋毫。明察秋毫(withitness)①意味着应使学生感到教师了解课堂上发生的一切,教师没有忽略任何事情。警觉的教师似乎长着后眼。这些教师避免只关注一小部分同学而纵容其他学生无所事事。他们总是环视教室的每一个角落,注视那些独自活动的学生,让学生感觉自己仍受到教师的监控(Charles,2011;Weinstein & Romano,2015)。

这些教师也防止小问题演变为大的事件,他们清楚引发事端的是谁并保证对症下药。换言之,他们并没有犯库尼恩所说的"时机错误"(没有及时干预)或"目标错误"(错怪其他人,而犯错的同学却没有为自己的行为负责)。

如果同时发生两个问题,有效管理的教师先处理其中较严重的一个。例如,如果一位教师制止两个学生小声说话,而略过在削笔器上发出的短暂的吱吱咯咯声音,那么学生们就会开始相信,如果他们足够聪明,就几乎可以从所做的任何错事中逃脱。

一心多用和维持团体注意。一心多用(overlapping)②意味着教师同时关注和指导几项活动。例如,一位教师可能不得不一边检查某个学生的活动,一边对一个小组说"好,接着做",鼓励他们继续下去,同时还在用一个眼神或一个暗示制止了另一个小组的违规行为(Charles,2011)。

维持团体注意(group focus)③意味着使尽可能多的学生投入班级活动,避免只局限于个别学生。当教师让学生逐一活动而其他同学等待和观看时,问题就出现了。所

---

①明察秋毫——根据库尼恩的观点,明察秋毫就是知觉教室中发生的一切。
②一心多用——同时管理几项活动。
③维持团体注意——让尽可能多的学生参与活动的技能。

有学生都应该在课程中有事可做。例如,教师可能会让所有学生写出问题的答案,但只叫个别学生起来回答,而其他学生在下面对答案。教师在教室里来回查看以确定每个学生都在参与,要求学生行为步调一致。例如,语法课上,老师说:"已明白答案的同学,请举起卡片的红色那面;尚未完全理解的同学,请举起绿色那面"(Hunter,1982)。这是教师确保学生都参与活动、并检查他们掌握程度的一种方式。

活动转换管理。活动转换管理(movement management)①意味着使课程和小组活动以合适(和灵活的)的步调顺利地从一项活动转向另一项活动。有效管理的教师会避免活动转换得生硬和突然,比如,在尚未引起学生注意时就宣布一项新任务,或者在一项活动中间开始另一新的活动。在这样的课堂上,班上只有一部分学生开始了新的活动,而大部分学生却继续做着原来的事情,还有几位学生问邻座的同学该做什么,一些学生趁机嬉闹,而更多的学生不明白该干什么。库尼恩指出,活动转换的另一个问题是过于拖沓,或用太多的时间来开始一项活动。有时教师给予指导过多。

作为预防的学生社交技能。但学生呢?他们能做什么?当学生缺乏社交和情感技能时,例如需要分享材料、理解他人意图或处理挫折感,课堂管理问题往往随之而来。因此,所有指导社会交往和情感自我调节的努力都是为了防止出现管理问题。短期来看,教育工作者可以教授和示范这些技能,然后在各种环境中为学生提供反馈和练习。从长远来看,教师可以帮助改变那些偏向攻击性而非合作和让步的态度(M. J. Elias & Schwab,2006)。

图13.4 是一个课程大纲,可用于锚定和提高个人或小组的特定社交技能。这是良好教学的一个例子。它涉及具体且可观察的清晰目标,示范,与老师一起或(非常重要)在自然场景中的练习,如健身房或食堂这些通常会出现问题的地方,以及某种识别或强化(Jones & Jones,2016)。

---

①活动转换管理——让课程和小组随着平缓的转换和变化,保持合适、平缓的运作步调。

社交技能课程设计

　　该设计可与个人或团队一起使用，以识别和练习有针对性的社交技能。

描述不当行为 _____

_____

新行为的基本原理 _____

_____

描述适当的行为 _____

新行为的技能元素 _____

1. _____

2. _____

3. _____

4. _____

5. _____

6.模范表述示例 _____

_____

_____

学生实践示例 _____

_____

_____

自然场景练习（如果与初始练习不同） _____

_____

_____

独立执行任务 _____

_____

个体或团体强化策略 _____

_____

_____

资料来源：Jones, Vern; Jones, Louise, Comprehensive Classroom Management: Creating Communities Of Support And Solving Problems, Update, Loose-Leaf Version, 11th Ed., p. 372. ©2017. Reprinted and Electronically Reproduced by Permission of Pearson Education, Inc., New York, NY.

图 13.4　社交技能课程设计

关怀关系：与学校的联系

所有旨在与学生建立积极关系和创建课堂共同体的努力都是防止管理问题出现的方法。

教师联系。学生尊重教师，这些教师虽然不严格、不严厉，但依然保持权威、对他们公平诚实、表现出情感支持和关怀、确保学生理解材料、在他们感到沮丧时询问是否有问题，并使用创造性的教学实践"让学习变得有趣"。学生们也很重视那些表现出学业和个人关怀的教师，他们真诚、分担责任、最大限度地减少外部控制的使用、包容每个人、寻找学生的优势、有效地进行交流，并对学生的生活和追求表现出兴趣（MJ Elias & Schwab，2006；Turner et al. ，2014；Wentzel，2002；Woolfolk Hoy & Weinstein，2006）。

以下几个来自大规模课堂调查和个别教师经验的例子说明了关系的作用。在一项关于数学课上参与状况的研究中（Rimm-Kaufman 等，2015），学生们表示，当教师热情、关心并响应学生需求时，他们会更加努力、更多地享受数学，并更多地分享想法和材料。学生表示，当教师明确学习目标，使用主动/预防性管理策略和精心策划的平稳过渡时（库尼恩管理策略的更多证据），他们在数学学习中会有更多的认知、社交和情感参与。根据1948年至2004年以英语或德语发表的119项研究，杰弗里·科尼利厄斯－怀特（Jeffrey Cornelius-White 2007）得出结论，学生和教师之间积极、温暖、鼓励的关系与许多有价值的学生成就有关，包括在课堂上会有更高的参与度、更高的批判性思维能力、更低的辍学率、更高的自尊、更高的动力、更少的破坏性行为和更好的出勤率。

具体到老师个人情况如何呢？当芭芭拉·巴塞洛缪（Barbara Bartholomew，2008）向一位资深特殊教育教师询问是什么让学生保持参与和动力时，这位老师毫不犹豫地回答说："学生需要知道，无论如何，你都不会放弃他们"（p.58）。一些教师会有早上的仪式，包括在门口问候每个学生以维持联系。一年级老师埃斯米科德尔（Esme Codell）就是一个例子。"埃斯米夫人"（她喜欢的名字）：

> 早上，有三件事必定发生。我兴致勃勃地对每一个孩子说早上好，并确保他们回应说早上好。然后我在一个"烦恼篮子"中收集"烦恼"。它是一个绿色的大

篮子，孩子们可以把他们的家庭烦恼放在里面，这样他们就可以集中精力学习。有时孩子没有烦恼，有时一个孩子会丢很多进去，然后就到我扮演承担烦恼的角色了。这样，我可以看到孩子们进入教室时处于什么心情状态。（Codell，2001，p.30）

学校联系。与学校存在联系的学生更快乐、更多地参与学校工作、更加自律，也更不可能做嗑药、暴力和早期性行为等危险行为（J. Freiberg，2006；Ponitz，Rimm - Kaufman，Grimm，& Curby，2009；Waters & Cross，2010）。如果学生认为他们的学校是充满竞争的地方，会根据民族、性别或种族对他们区别对待，那么他们更有可能完全放弃或退出。但是，当学生们觉得他们有选择的余地，强调的是个人进步而不是比较，他们受到老师的尊重和支持时，他们就更有可能与学校建立联系（Osterman，2000）。提高学校归属感的一种方法是与学生的家庭和家庭生活联系起来（Gage et al.，2016）。例如，中国的学生认为他们的老师非常关心学生。这可能是因为中国教师在学生家中度过了相当多的时间、了解他们的家庭生活，并在校外提供帮助。这些教师通过愿意家访和提供帮助来表达对学生家庭和文化的尊重（Jia et al.，2009；Suldo et al.，2009）。

为青少年创造关爱社区。向高中的过渡是维持充满关怀的师生关系的一个特别重要的时期。在情绪、社交和学业压力不断增加的情况下，学生有很多老师但却很少和老师亲近。归属感对所有学生都很重要，特别是对于那些因语言或贫困而感到与大多数学校的基本中产阶级文化脱节的学生（R. I. Chapman et al.，2013）。在对 572 名学生从 9 年级到高中的一项跟踪研究中，卡里·吉伦奥尼尔和安得烈·富里尼（Cari Gillen-O'Neel & Andrew Fuligni，2013）发现九年级的女孩在学校的归属感高于男孩，但在高中阶段这种联系对女孩来说有所减少，男孩却没有。一个可能的原因是男孩比女孩更多地参加体育等课外活动，这些活动将他们与学校联系起来。因此，鼓励女孩参加包括体育在内的学校活动，可能会帮助她们产生归属感。此外，与学生建立积极的关系似乎可以提升教师的幸福感。当我们记得人类对亲密关系的基本需求——第十二章描述的其他人关心你的感受——我们可以理解为什么学校中的关怀关系会提升学生的归属感和教师的幸福感（Spilled，Koomen，& Thijs，2011）。

明尼苏达大学开发的"检查与联系项目"(Check & Connect)成功与闲散青少年建立了关怀关系,并且适用于所有年龄段的学生。开发人员将该项目描述为"一项全面的干预措施,旨在通过建立关系、问题解决和能力建设以及毅力,来提高 K – 12 年级学生的学校参与度以及为边缘化和闲散学生提供参与学习机会。这一项目的目标是促进学生在校的学业和社交能力的增强。"(http://checkandconnect.umn.edu)。该计划通过建立受过训练的导师与学生之间的关系来发挥作用。导师通过与其他学校工作人员、家人和社区资源的合作以及提供针对性干预来检查学生,监控他们的出勤、行为和成绩,建立与学生的联系。检查与联系项目的研究结果表明,该计划提高了学生的参与度和成绩(Anderson et al.,2004;Skiba et al.,2016)。

当我曾经的研究生学生兰达尔·桑普森(Randall Sampson),成为俄亥俄州哥伦布市一所大型多元化高中的助理校长时,他发起了类似于检查与联系项目的项目。他亲自监督那些完成基础数学课程的学生,他们的成绩足以去学更高级的课程,但却没有报名参加课程。他联系了这些学生的家长,并与学生们交谈,让他们注册了高级班。然后他每周检查,确保他们在上课。他的干预非常成功,导致非洲裔美国学生入读 AP 课程的人数增加了600%,AP 考试成绩提高了35%。当学生和他们家人都认为没有上大学的可能性时,他的举措让一些潜在的闲散学生可以进入大学。兰达尔创立了自由领导力发展项目(Liberty Leadership Development)(www.LibertyLD.com),为更多的学校提供这样的积极的干预措施,如北卡罗来纳州威尔逊预备学院(http://www.wilsonpreparatoryacademy.org)。

请参阅下面的"指南:创建关怀关系"以获取更多想法,其中许多来自韦恩·琼斯和路易丝·琼斯(Jones & Jones 2016)和马歇尔(M. Marshall 2013)。

指南:创建关怀关系

以个人身份了解学生。举例:

1. 每天与不同的学生共进午餐。

2. 与俱乐部、课外活动或体育团体合作,参加学生活动。

3. 以个人身份表达你对学生的兴趣。

4. 与学生进行单独会议。

传达你对学生能力的尊重。举例:

1. "示范尊重多样性——通过热情评论课堂中不同语言的数量,以及包括来自各种文化的例子和内容的运用,来表达对学生双语能力的钦佩。"(C. S. Weinstein, Curran, & Tomlinson - Clarke, 2003, p. 272)。

2. 在私下积极地评论你对学生在课外活动中的表现的观察。

3. 鼓励学生将个人兴趣作为写作的主题。

4. 每天在课堂门口迎接学生。

保证交流的真实和专业。举例:

1. 向学生发送简短的信息,内容可以是肯定他们在任务中优秀的表现、他们的勤奋和坚持、祝他们生日快乐或对缺课的关心。还可以在作业中附上一张早日康复卡送给生病的学生。

2. 分享自己生活中的一些故事,例如对学习的热忱、犯的错误(并从中学习)、坚持、克服的困难等。

3. 不要在社交媒体上与学生交朋友,并且要非常注意你在所有电子通信上的语言和图片发布——很多事情都可能被误解。创建与你的个人账户不同的、和学校相关的电子邮件账户。

4. 查看学校关于宗教、性取向或政治观点等分享个人信息的政策。

5. 如果你单独与学生见面,要在其他人可见的区域进行——遗憾的是,今天的老师必须防止他们与学生的积极关系不被他人或其他学生误解。

寻求学生的意见并尊重它,但不要太个人化。举例:

1. 为年龄较小的学生考虑设立一个建议箱或开一个社区会议。

2. 倾听学生的疑虑和抱怨,而不要有所防备。询问建议,但也分享你关于作业和分数的逻辑依据。

3. 直接让学生对他们是否在课堂上受到尊重和照顾的情况进行匿名反馈。使用简单的问卷,问卷上不通过手写显示学生的身份。

处理纪律问题

在我们讨论处理纪律问题之前,请记住每所学校都有处理行为问题的政策和程序,尤其是非常严重的问题。在制定管理计划之前,请确保你了解所有这些程序和要求。另外请记住,成为一名有效的管理者并不意味着公开纠正每一次轻微违规行为。正如我们在第七章中所看到的那样,这种公开关注实际上可能会强化不当行为。关键在于意识到即将发生什么和重要的是什么,这样就可以防止问题的发生。

快速阻止问题

至关重要的是,你要有许多有效的方法来降低学生的行为问题,而不是升级学生的行为问题。随着问题的升级,学生可能需要通过挑战或反抗老师,从而在同龄人面前保留面子。这可能会导致将学生赶出课堂,将他们扣留或停课——所有结果都会使学生(特别是有色人种学生)面临更大的负面或危险的后果,例如退学或触犯法律(Skiba et al. ,2016)。

如果你更像对待学业问题那样对待学生的社会/行为问题,那么这会帮助你更有效地缓解问题——这是学习更好方法的机会。例如,通常当学生犯了错误时,我们认为他们正在试图纠正错误并且不是故意犯错误。他们只需要更小的步骤、更清晰的解释、更好的例子、示范或练习。但是当问题是行为问题时,我们通常认为学生并非是在试图纠正错误或者是故意犯错的,我们是带着批评、惩罚和拒绝的态度跟进。成功的教师趋向于把他们在改善学生行为中所起到的作用视为人际的和指导性的——帮助他们的学生学会并实践更好的决策和行动。你如何对这个问题进行归因很重要(Jones & Jones ,2016)。

当教师给出"停止"要求("停止那样做")或更改行为时,大多数学生会很快遵守。但是有些学生适合接受停止指令之外的或轻或重的处理。埃默和埃弗森(2017)以及莱文和诺兰(Levin & Nolan ,2000)提议用八种简单的方法尽快地制止不良行为,这些方法按干预性由小到大的顺序排列如下:

- 使用眼神交流或走近违规的学生,或者利用其他非言语的信号。例如指出学生现在该做的活动。要确保这个学生确实停止了不适当的行为并回到学习中。否则,以后学生将无视你的暗示。
- 言语暗示。例如,提到这个学生的名字(只是在授课中提到这学生的名字)、请这个学生回答问题,或者幽默(并非讽刺)地说:"我一定是产生幻觉了。我发誓我听到有人大声回答问题了,但这不可能啊,我还没叫人起来回答问题呢!"

- 你也可以问学生是否意识到他们的行为带来的消极影响,或者像本章后面所描述的那样给他们发送一个"我"的感受。

- 让全班同学参与一个简短的互动活动,比如"思考与分享"。特别是如果超过一个学生在神游,这个活动可以使神游者重新活跃起来。

- 如果学生不能正确遵守班级规则,则提醒他们活动的程序,并使他们正确地遵照程序。你可能需要把影响学生学习的玩具、梳子、杂志或笔记本收起来,但私下告诉他们课后会归还。

- 用平静的、非敌意的方式,请学生陈述正确的规则和程序,然后让他们按规则的要求去做。格拉瑟(Glasser,1969)建议可以给学生提三个问题:"你正在做什么? 它是否违法规则? 你应该做什么?"

- 以清楚、坚定和非敌意的口吻叫学生停止不良行为。(在这章后面我们将更详细地讨论如何给学生坚定的信息。)如果学生争辩,你只要重复之前你说过的话。

- 请学生自己选择。例如,学生不顾教师的制止,不断说出问题的答案时,教师可以对他说:"给你一个选择:马上停止大声讲答案,并举手要求回答问题,否则到教室后面去,过会儿我找你谈话。你选择吧。"(Levin & Nalan,2000,p177)

如果你施加惩罚

许多教师更喜欢使用前面描述的逻辑后果而不是惩罚。例如,如果一名学生伤害了另一名学生,你可以要求违规学生做出"道歉行为",其中包括口头道歉以及以某种方式弥补所造成的伤害。这有助于违规学生在考虑什么是适当的"弥补"时发展同理心和社会观点采择能力(M. J. Elias & Schwab,2006)。

正如卡罗琳·奥兰治(Carolyn Orange,2000)所指出的那样,"有效率的、有爱心的教师不会将低成就、低评分等作为维持纪律的一种手段。这种策略是不公平和无效的,它只会疏远学生"。如果你必须实施惩罚,请阅读"指南:施加惩罚"所给出的建议。其中一些例子是基于温斯坦和诺沃德沃斯基(Weinstein & Novodvorsky,2015)以及温斯坦和罗马诺(2015)所描述的一些专家教师的想法。

指南:施加惩罚

停止争论,直到你和当事的学生都比较平静和较为客观的时候。举例:

1.平静地对学生说:"坐下来,想想刚才发生的事。待会我会和你谈。"或者"我不喜欢看到刚才那一幕。今天空闲的时候来找我。"

2.对学生说:"对刚才发生的一切,我感到很生气。请大家拿出日记本来写写这件事。"经过几分钟的写作以后,全班可以讨论这件事。

私下处罚。举例:

1.与学生私下达成协议,并坚持履行协议。

2.抗拒公开提醒学生的冲动,否则就违背了自己在协议中应承担的义务。

3.走到必须给予约束的学生身边,以只有他听得见的声音警告他。

处罚后,即刻与学生重建积极关系。举例:

1.交给这位学生一项任务或请他帮忙。

2.称赞这位学生的学习,或在他举止得当时,拍拍他的后背或给他一个象征性的鼓励。

3.每天2分钟,连续10天,与学生就他或她感兴趣的事情——体育、游戏、电影——进行个人对话,努力了解这些兴趣是什么。通过及时恢复学生和整个班级的学习时间,这项投资可以获得回报。

建立可适用于多种情况的惩罚等级表。举例:

1.没完成作业的学生:(1)接受提醒;(2)接受警告;(3)在放学前交作业;(4)放学后留下来完成作业;(5)"教师—学生—家长"三方会面,一起制定一个行动计划。

惩罚的同时教给学生问题解决的策略,以帮助学生学会下一次怎么做(M. J. Elias & Schwab, 2006)。举例:

1.使用问题日记。学生在日记中记录他们的感受,识别问题和他们的目标,然后想出其他可能的方法来解决问题并达成目标。

2.试着保持镇静"5—2—5":在愤怒出现最初征兆时,学生们对自己说:"停下来。保持镇静。"然后进行几次深呼吸,5秒吸气,2秒屏气,5秒呼气。

教师施加的处罚与学生责任

马文·马歇尔(Marvin Marshall, 2013)认为,课堂管理是教师的责任,纪律也确实是学生的责任。课堂管理是课堂上的工作方式,涉及程序、惯例和结构——教师的责任。纪律是人们的行为方式,涉及自我控制和情绪自我调节——学生的责任。学生必须自律,成为自我调节的学习者,最终成为具有创造性的、成功的、快乐的成年人。专注于服从和教师施加的惩罚通常会导致抵抗、怨恨、欺骗、甚至蔑视,但专注于责任会创造出一个课堂共同体和一种学习文化。

当然,任何与儿童或青少年一起工作的人都知道自律不是自动产生的——必须像任何其他技能一样需要教和练习。马歇尔描述了实现这些目标的策略,这些目标主要集中在(1)以积极的方式进行沟通,并使用"当……那么……"("当你完成工作,那么你可以在智能手机上听音乐")。(2)提供选择并从学生那引出后果("我们该怎么办……?")。(3)鼓励反思和自我评价。结合这三个原则的一种方法是使用解释和示例教授行为的层次结构。层次结构是:

- A 级:无政府状态——无目的、混乱。

- B 级:发号施令/欺凌——打破规则并制定自己的标准;只有在执法者拥有更多权力或权力时才服从。

- C 级:合作/一致——符合预期,适应同伴影响。

- D 级:民主——自律、主动、对自己的行为负责。

C 级和 D 级的行为从表面上看起来可能相同,但不同之处在于动机。例如,如果学生在地板上拿起一块垃圾是因为老师要求的(外部动机),那么这个水平是 C(合作),但如果学生拿起垃圾而没有被要求(内部动机),水平是 D(民主和自律)。当学生不在 C 或 D 级时,老师会问:"这种行为处在什么层次上?"例如:

老师:这种行为处在什么层次上?

学生:我不知道!

老师:课堂正在干什么?

学生:思考黑板上的问题。

老师:所以你正在制定自己的标准。那是什么水平?

学生:B。

老师:谢谢。

如果学生没有进入 C 级且不合作,教师可能会要求他或她自我反思并撰写一篇文章来解决三个问题:我做了什么? 我该怎么做才能防止它再次发生? 我现在该怎么办?

图 13.5 总结了马歇尔的模型。他的著作《没有压力的纪律? 惩罚或奖励:教师和父母如何促进责任和学习》(Discipline Without Stress Punishments or Rewards: How Teacher and Parents Promote Responsibility & Learning)(M. Marshall,2013)里还有许多其他策略来鼓励学生自律。

没有压力的纪律®教学模式

以下是马歇尔（2013）模型中的关键概念

Ⅰ　课堂管理VS.纪律

有效课堂管理的关键是教学和实践程序。这是老师的责任。另一方面,纪律与行为有关,这是学生的责任。

Ⅱ　三个实践原则

正向性	选择	反思
教师练习将负向行为变为正向行为。"不准跑步"变成"在走廊里我们走路","不准说话"变成"现在应该安静。"	教给学生选择反映思维——冲动控制——所以学生不是他们自己冲动的受害者。	既然一个人只能暂时控制另一个人,并且因为没有人能够真正改变另一个人,所以提出反思问题是推动他人改变的最有效方法。

Ⅲ　提升责任体系（RRSystem）

教授层次结构（教学）	检查是否理解（询问）	引导选择（引发）
这种层次结构引起一种负责任行为和努力学习的渴望。学生区分内部和外部动机,并学会克服不适当的同伴影响。	学生对所选行为的水平进行反思。这种方法将人与行为分开,从而否定通常为自己的行为辩护的倾向。正是这种自然而然的自我防御倾向导致了对抗。	如果混乱继续,则引入结果或程序来矫正不适当的行为。这种方法与通常强行施加后果的方法结果相反。

Ⅳ　运用此体系提高学习动机

在课程或活动之前和之后使用层次结构,能够增加动力,改善学习并提高学业成绩。

资料来源: Reprinted with permission from Marshall, M. (2013). Discipline Without Stress® Punishments or Rewards: How Teachers and Parents Promote Responsibility & Learning (2nd ed.). Los Alamos, CA: Piper Press.

图 13.5　没有压力的纪律®教学模式

零容忍

如今有很多关于学校规则破坏的零容忍处罚的讨论。这是一个好主意吗？观点与争论:零容忍是个好主意吗？让我们看看双方的观点。

观点与争论:零容忍是个好主意吗？

由于当今学校的暴力事件非常频繁,一些地区已经针对违规行为制定了"零容忍"政策。零容忍政策是否有意义?

观点: 零容忍造成零常识。

使用关键字["零容忍"和"学校"]在互联网进行搜索找到关于该政策的大量信息——其中大部分是反对的观点。例如,这个故事有什么意义呢?《圣彼得堡时报》(St. Petersbury Times)的报纸描述了一个10岁的女孩,她的母亲在女孩的午餐盒里装了一把塑料刀,这样她就可以切苹果了。女孩老实地把塑料刀交给了她的老师,却因持有武器被学校开除了。在另一起案件中,一名十几岁的男孩也被赶出学校,因为他打破了"不准使用手机"的规则。他正在与他的母亲———一名驻扎在伊拉克的士兵交谈,而且他已经一个月没有跟她说过话了(Hyder & Hussain,2015)。

尽管零容忍的支持者认为惩罚必须一视同仁,但运动员和优秀学生通常都会得到宽恕(Curwin,2015)。此外,研究表明,惩罚和零容忍政策在预防欺凌方面并不十分成功,尽管在轻度欺凌的情况下,大约70%的教师和辅导员也会受到惩罚(Rigby,2012)。零容忍政策"赶"学生离开学校但并没有改善学校的安全(Fronius et al.,2016;Losen,2014)。研究还说了什么?美国心理学会成立了一个"零容忍"工作组来回答这个问题(American Psychological Association Zero Tolerance Task Force, 2008)。通过对十年间研究的分析,他们得出以下结论:

- 学校现在对学生的纪律处分并没有比在他们实行零容忍之前更安全或更有效。
- 由零容忍引发的较高的停学率并未减少学生受到的种族偏见。
- 零容忍政策实际上可能导致不良行为的增加,从而引发更高的辍学率。

此外,零容忍政策会阻止学生在得知同学"计划做一些危险的事情"时报告教师。

零容忍规则阻碍了教师与学生之间形成信任关系(Syvertsen，Flanagan，& Stout，2009)。青少年既需要组织化也需要支持,零容忍政策可以创造一个高度组织化的、严格的环境,但却忽视了学生对获得支持的需求。

对立的观点:对现在来说,零容忍是必要的。

零容忍的观点关注学校安全以及学校和教师保护学生及自己的责任。当然,新闻中报道的许多事件似乎都是对儿童恶作剧的过度反应,或者更糟糕的是对无辜错误或记忆失误的过度反应。但是,学校如何将无辜与危险分开? 例如,据报道,安迪·威廉姆斯(在加利福尼亚州桑蒂杀害两名同学的男孩)在枪击事件发生之前向他的朋友保证,他只是开玩笑说些危险的话。

2003 年 1 月 13 日,我在格雷格·托普(Gregg Toppo)的《今日美国》(USA Today)中读到了一篇名为《学校暴力对低年级的影响》,专家认为年幼孩子的暴力行为归咎于父母、产前医疗问题和愤怒的社会,教育工作者寻找应对的方法。故事以以下例子开场:印第安纳州的二年级学生脱掉鞋子,用它攻击他的老师;一位费城幼儿园的孩子打怀孕老师的肚子;马里兰州的一名 8 岁男孩威胁说要用汽油(他确切地知道他会把汽油倒到哪里)泼他在郊区的小学。托普指出,"小学校长和安全专家表示,他们现在在最年幼的学生中看到的暴力和侵犯比以往任何时候都多,他们认为对同学和老师的攻击和威胁正在惊人地上升"。托普引用统计数据表明,虽然学校暴力事件总体上有所下降,但对小学教师的攻击实际上有所增加。

当心"非此即彼"。我们可以要求成年人在危险情况下运用规则时要有良好的判断力,但是当学生的行为不是为了伤害并且没有危险时,不能被规则束缚。学校的整体政策不应那么具有惩罚性,而应更具预防性和前瞻性,这样可以改善学校的气氛,这是零容忍的良好替代方案。

欺凌和网络欺凌

欺凌是一种旨在伤害受害者的人际侵犯行为,其特点是蓄意地并且反复滥用身体或社会力量。网络欺凌增加了匿名攻击的可能性,所以身体上或社会上更加强壮可能并不是一个必要因素。此外,网络欺凌会涉及大量的公众观众,而其他形式的欺凌往往没有那么多的目击者。

善意的交流和恶意的嘲笑之间的界限可能看起来很窄,但是经验法则告诉我们,嘲笑那些势力较弱或人气较差的人,或者使用任何民族、种族、残疾或宗教诽谤,都是不应容忍的。欺凌行为早在学龄前就开始了,通常在中学时达到高峰,然后在高中毕业时略有下降——这意味着欺凌在你教的任何年级都是个问题。欺凌者和受害者都面临长期的学业、心理和行为问题,包括吸毒(Guerra,Williams,& Sadek,2011;Hymel & Swearer,2015;Patton 等,2013;Thomas,Con. ,& Scott,2015;Ttofi 等,2016)。

正如表13.3所示,欺凌的方法有很多种。对于四到十二年级的学生来说,大约31%的学生报告有受到身体上的欺凌,51%的学生受到话语欺凌,37%的学生受到社交上的欺凌,12%的学生受到网络上的欺凌。而且一些研究发现,多达80%的学生报告有受到某种形式的欺凌。身体欺凌的比率似乎正在下降,但网络欺凌的比例正在上升(Graham, 2016;Hymel & Swearer, 2015)。

表13.3 欺凌的表现形式是怎样的?

欺凌的类型	描述	欺凌的行为
身体欺凌	一个参与者对另一位施加权力或武力等的任何令人厌恶的身体接触	打、扭、拳击、踢、推,扣留/偷窃/破坏财产
言语欺凌	任何被认为是冒犯或威胁受害者的评论	喋喋不休地戏弄、辱骂、批评、羞辱、嘲弄、威胁、对个人在任何方面提出的贬低的评论(另见下文中的种族、宗教、性和残疾欺凌)
社交/关系欺凌	故意操纵人们的社交生活、友谊或声誉	故意排斥某人、散布谣言、说服别人不要与某人成为朋友、破坏其友谊或声誉、让某人看起来很愚蠢
网络欺凌	使用电子平台进行欺凌(例如,FaceBook, SnapChat, Twitter, Instagram, Tumblr, WhatsApp, Kik, YouNow, Broadcast, Chat, Live. ly, Burn Note, Whisper, Yik Yak,MeetMe,GroupMe,email)	传播谣言;造成上面列出的所有言语欺凌的可能性;并且每周7天每天24小时发送给许多人;发令人尴尬/有失体面的图片或视频。见 www. commonsensemedia. org/并搜索"cyberbullying"以获取更多信息

身份欺凌	由于种族或民族背景、宗教或残疾等原因,排斥某人或对他不好	喊带有种族歧视的名字;讲嘲弄种族、宗教或残疾的笑话;对种族、宗教、宗教信仰或残疾做出负面评论;嘲弄;故意让某人感到不舒服
性欺凌	排斥某人、对他们不好,或让他们因性别而感到不舒服	发表带有性别歧视意味的言论或笑话,猥亵地触摸、掐、抓;对某人的性行为或性取向发表粗鲁的评论;散布性谣言

资料来源:Based on http://www.prevnet.ca/bullying/types

受害者。来自欧洲和美国的研究表明,大约12%的男孩和6%的女孩是欺凌的长期受害者——从8岁到16岁持续的身体或语言攻击,这是迄今为止测量的最长时间(Hymel & Swearer,2015)。第一种受害者往往自尊心较低,会感到焦虑、孤独、不安全和不快乐。这些学生往往容易哭泣和退缩;一般来说,受到攻击时,他们不会为自己辩护。这些受害者可能会认为他们被排斥是因为他们有缺点并且无法改变或控制——难怪他们感到沮丧和无助!第二种受害者——高度情绪化和脾气暴躁的学生,他们似乎引起了同龄人的激烈反应。这个群体的成员几乎没有朋友(Pellegrini, Bartini, & Brooks,1999)。与群体中大部分同伴不同的学生更容易被欺负,包括过于肥胖或瘦小、不受欢迎的学生,或是少数民族或语言的学生,以及有天赋、残疾或女同性恋、男同性恋、双性恋、变性或对自己性别认同感到怀疑的学生(LGBTQ)(Graham,2106;JS Hong & Garbarino,2012)。

因为总是害怕,每天大约有160,000名儿童逃学,而且还有数千名儿童完全辍学。在小学和初中长期受欺凌的儿童更容易抑郁,更有可能像年轻成年人一样选择自杀(Bradshaw 等,2013;Garbarino & deLara,2002)。在学校中杀害或伤害他人的学生往往是欺凌的受害者(Reinke & Herman,2002a,2002b)。在美国和欧洲过去的几年里,我们看到了许多悲剧,受欺凌的学生枪杀在学校里折磨他们的人。交朋友可以帮助学生应对欺凌行为。此外,在一个种族多元化的学校中可以减少学生的脆弱感,这也许是因为权力在群体中被分散和分享(Graham,2016)。

为什么学生会故意伤害他人?他们欺负别人的原因是什么?

为什么学生会欺凌他人? 肯·里格比(Ken Rigby, 2012)对这项研究进行了检验并得出结论,认为学生欺凌他人主要有四个原因。里格比认为,为了有效地对抗欺凌行为,学校和教师需要解决潜在的动机,而不仅仅是欺凌行为。有关的原因和可应对的措施,请参阅表 13.4。

表 13.4 欺凌的原因与学校可应对的措施

欺凌的原因	学校和教师可应对的措施
欺凌者对受害者感到恼火,感觉受到侮辱或有一些不满,所以他们觉得有必要打击他们。不满可能有也可能没有合理的依据	帮助学生更准确地理解他人的意图。使用角色扮演、阅读和戏剧来培养"走进别人的角色"的能力。尝试解决冲突或进行同伴调解
他们只是喜欢让受害者受到压力,特别是如果旁观者发现整个情况似乎"很有趣"时。欺凌者觉得它是无罪的——"这没什么大不了的"	除非侵略的目标真的是为了有趣,否则向学生强调这并不好玩。通过文学活动和课堂社区建设(例如圈子时间和共同关注点)来培养同理心,旁观者可以也应该做些什么来阻止欺凌
欺凌者认为对受害者的攻击将在一个看重的群体中获得或保持他人对自己的认可	在课程以及学生关系中,强调做出道德判断、为自己思考,并拒绝屈服于群体压力。此外,对偏见和同性恋恐惧症的敏感讨论可以帮助学生抵制群体基于种族、民族、性别或语言去伤害他人的压力
欺凌者想从受害者身上得到一些东西,并且愿意为了得到它而伤害别人,并且/或者欺凌者基本上是虐待狂——伤害其他人使他感觉良好	恢复性司法实践和社区会议可以帮助欺凌者感到真正的悔恨。对于年龄较大的学生,如果这些行为是犯罪行为,则会有法律制裁

教师对于欺凌和嘲笑能做什么? 一项为期两年的、针对一年级到六年级学生的代表性样本的纵向研究发现,那些受过冲突管理策略训练的好斗儿童已经远离侵略和暴力的生活轨道(Aber, Brown, & Jones, 2003)。但是,当教师们对攻击性和戏弄性保持沉默时,学生可能会"听到"老师同意侮辱行为(CS Weinstein & Novodvorsky, 2015)。

那你该怎么办?当你发现事件时立即应对——不要忽视它。学生经常认为老师不会帮助他们,所以不会花时间去报告他们受到了欺负。但是,如果教师发挥积极作用,让学生相信他们的老师会处理那些涉及欺凌或联系父母和校长的人,他们就更有可能报告欺凌行为。反思你的偏见并积极参与。各种各样的欺凌行为并非"无害"或"仅仅是成长的一部分。"将这一事件看作是一个教育时机来讨论困难的话题,并讨论为什么旁观者经常袖手旁观。最后,示范对差异和多样性的欣赏(Cortes & Kochenderfer-Ladd,2014；Graham,2016)。此外,对于欺凌者的处理后果应该是清晰的,并且需要事先说明,如果欺凌行为继续则要加重处罚,让学生反思(与老师交谈或在日志上写反思),并且这不是为了羞辱欺凌者,而是教他们更好的方法来处理表13.4列出的欺凌行为的原因(Ansary et al.,2015)。表13.5还提供了关于在学校受到捉弄如何对学生进行教育的一些建议。

不幸的是,许多全校范围的欺凌预防计划的最终都并不总是有效的。另一个令人沮丧的发现是,管理者希望采用他们从同事那里听到的反欺凌计划,而不确定是否有任何科学证据证明这些计划有效——而且很多计划真的都是无效的(Ansary et al.,2015；Graham,2016；Swearer et al.,2010)。

表13.5　捉弄的注意事项

捉弄引发了一些悲剧。谈谈在你班上该做些什么。

应该做	不能做
1. 小心别人的感受	1. 取笑你不熟悉的人
2. 谨慎且温和地使用幽默	2. [如果你是男孩]在性方面捉弄女孩
3. 询问对某个话题开玩笑是否会伤害某人的感受	3. 捉弄某人的身体
4. 如果你要捉弄别人,就要接受别人的捉弄	4. 捉弄某人的家庭成员
5. 如果对某个话题开玩笑会伤害你的感受,请告诉别人	5. 戏弄某事,尽管别人已经让你不要做
6. 了解友好温柔的捉弄与伤害性嘲笑或骚扰之间的区别	6. 捉弄一个看起来很激动的人,或者你知道这一天过得很不好的人
7. 尝试理解别人的"肢体语言",看看他们的感情是否受到伤害——即使他们没有告诉你	7. 对友好的捉弄感到脸皮薄
8. 当弱势的学生被嘲笑时,帮助他/她	8. 隐藏你对捉弄的感受——以直接而清晰的方式告诉某人这很困扰你

资料来源:Based on information in：Middle and Secondary Classroom Management：Lessons from Research and Practice (5th ed.), by C. S. Weinstein & I. Novodvorsky. Published by McGraw-Hill. Copyright © 2015.

网络欺凌。技术发展的巨大可能性也随之带来了一些问题。例如,当 16 岁的丹妮斯与男友分手时,他在网站和专门讨论性爱的博客上发布她的电子邮件地址和手机号码来报复她。几个月来,她收到了很多令人尴尬和恐惧的电话和消息(Strom & Strom,2005)。现在欺凌者有新的方法来折磨受害者,他们使用电子邮件、手机、短信、SnapChat、Twitter、Instagram、Tumblr、WhatsApp、Kik、YouNow、Broadcast、Chat、Live. ly、Burn Note、Whisper、Yik Yak、MeetMe、GroupMe YouTube、网络博客和在线投票亭(我写这一段的时候出现了更多的可能性)。这种欺凌行为很难被打击,因为肇事者可以隐藏自己,但伤害可能是长期的。表 13.6 提供了一些处理网络欺凌的想法。

表 13.6　处理网络欺凌的办法

- 就学校可允许的网络使用制定明确的政策,并将其纳入学校手册(或你的班级规则)。该政策应阐明什么会构成网络欺凌并列出后果。
- 确保儿童和年轻人意识到欺凌将被严肃对待。
- 确保认真对待关注和担忧网络欺凌的家长/监护人。
- 向学生解释,他们要做到:
- 不得共享或提供个人信息、PIN 密码、密码、电话号码等。
- 不应删除信息;不必阅读它们,但应该拿给他们信任的成年人看一看。这些信息可以作为对网络欺凌采取惩戒的证据。
- 不应该打开他们不认识的人的消息。
- 永远不要回复这类信息。
- 如果他们在手机、电子邮件、Facebook、Twiter、Snapchat、WhatsApp、即时消息等受到欺负,拦截发件人的消息。
- 可以将消息转发给他们的网络服务提供商。
- 应告诉成年人。
- 如果包含身体威胁,应向警方提供消息。
- 应该敢于公开反对网络欺凌。
- 生气的时候不要发信息。
- 永远不要发送他们不希望别人看到的消息。
- 将一些课堂项目聚焦网络欺凌。例如,一所学校的学生在"耻辱墙"上发表了学校其他人在 Facebook 上发表的残酷评论(没有提供身份信息)。对于 Twitter 或其他社交网站也可以这样做。
- 让父母意识到所有主要互联网服务提供商都提供某种形式的家长控制。例如,美国在线开发了"美国在线监管",报告年轻人与他们访问的网站交流的情况,以及对 13 岁及以下儿童的聊天室进行监控。

· 鼓励父母将电脑放在家里的公共场所。

· 邀请当地警察局的成员来学校与家长和学生谈论正确的互联网使用规则。

· 确保学校提供的任何计算机教学内容中都合乎道德规范。

资料来源：From Middle and Secondary Classroom Management (5th ed.), by C. S. Weinstein and I. Novodvorsky, New York：McGraw-Hill. Copyright © 2015 by The McGraw-Hill Companies, p. 182. Adapted with permission of the McGraw-Hill Companies, Inc.

高中生的特殊问题

许多中学生从来不完成作业。这一年龄的学生有很多作业，教师也有很多学生，所以他们双方都可能会弄不清已完成了哪些作业、还未完成哪些作业。若是这样，教师应教学生制定每日计划——纸质或电子的。此外，教师还应该坚持做确切的纪录。最重要的是执行对不完成作业规定的处罚后果。不要因为你知道某个学生很聪明、通过考试没问题，就对其不完成作业不加理会。让学生明白他们可以选择：完成作业并通过考试，或不完成作业而接受处罚。也许你会在私下场合询问是否有什么事会干扰学生完成作业的能力。

另外一个问题是，有的学生总是犯同样错误。例如，经常忘带材料或打架。这时你该怎么做呢？首先该让他们坐得离可能被他们影响的同学远一点；其次，要尝试在他们违反规则之前及时发现问题，但如果他们已违反了规则，你就得坚持让其承担后果；不要接受"下次不会了"的保证（Levin & Nalan, 2000）；教会学生监控自己的行为，第十一章介绍的一些自我控制的技巧应该会有所帮助；最后，要保持与学生的友好关系，尝试抓住机会与学生交谈其他有意思的事情，不要总是围绕着他们的违纪问题。

行为无礼、不友好的学生可能会带来严重的问题。如果发生冲突，教师应尽快摆脱，在公开的对抗中大家会两败俱伤；一种可能的方法是，给学生保留面子和冷静下来的时间，对他们说："是否合作，由你来选择，给你一分钟的时间考虑。"如果学生同意合作，你们可以谈谈如何控制这尴尬的局面。如果学生拒绝合作，就让他在大厅等着，你安排好全班学生的活动后，再到外面和他单独谈话。如果学生拒绝离开，你就得派另一位学生去请校长助理，然后处理到底。如果在校长助理来到之前，学生改变了主意，答应合作，也不要就此了事。如果冲突经常发生，你可能要和咨询专家、家长或其他教师一起讨论。如果问题在于不可调和的性格冲突,这学生就应转到其他班级。

有的时候,对事件做记录是很有帮助的,记录学生的姓名、所说的话、日期时间地点和教师的反应,这些记录可以帮助你分辨情况,在与学校管理者、家长和特殊服务人员会见时也会派上用场(Burden,1995)。一些教师还让学生在每次记录上签字以确认发生的事件。。

暴力和破坏财物是很难处理的有潜在危险的问题。遇到这种情况,第一步是派人去求救,并记下当事人和目击者的名字。然后驱散围观者——观众只会让事情变得更糟。不要试图不寻求帮助而自己劝架。确保学校办公室了解这个事件,学校通常有处理这类问题的原则和规定。还可以做什么? 参阅来自温斯坦和诺沃德沃斯基(2015)的"指南:处理潜在的冲突情况"。

指南:处理潜在的冲突情况

慢慢地和仔细思考着走向事发现场。举例:
1.慢慢走;然后尽可能平静。
2.视线保持水平。

尊重。举例:
1.保持合理的距离。
2.不要让学生聚集围拢,不要让学生丢面子。
3.以尊重的方式说话,使用学生的姓名。
4.避免指点或指手画脚。

简洁。举例:
1.避免冗长的陈述或唠叨。
2.保证日常工作正常继续。专注于手头的问题。不要离题。
3.事后再处理不太严重的问题。

避免角力。举例:
1.如果可能,尽量私下说话;不要威胁。

2.不要陷入"我将不,你将要"的争论。

3.不要制造威胁或提高你的声音。

告知学生应该做的和不如此做的负面后果,让学生选择,然后离开学生并留出一些时间让学生做出决定。举例:

1."迈克尔,你需要回到你的书桌前,否则我将不得不派人去找校长。你有几秒钟的时间来决定。"然后老师离开,也可以是去关注其他学生。

2.如果迈克尔没有选择采取适当的行为,则会产生负面后果。("你选择让我给校长打电话。")所说的负面后果要落实。

资料来源:Based on material in: Middle and Secondary Classroom Management: Lessons from Research and Practice (5th ed.), by C. S. Weinstein & I. Novodvorsky. Published by McGraw-Hill. Copyright © 2015 by McGraw-Hill. Adapted with permission from the McGraw-Hill Companies, Inc.

沟通的必要性

设身处地想一想:一个学生对你说:"你布置的那本书真的乏味,我才不要读呢!"你会怎么办呢?

当问题出现的时候,师生之间的交流是必不可少的。师生之间的交流不仅仅是"教师讲,学生听",也不只是个体之间交互的言语。交流的方式有多种,我们的行为、动作、声调、面部表情以及其他非语言行为都将信息传达给学生。但在许多情况下,我们打算传达的信息并不等同于学生接收到的信息(Jones & Jones, 2016)。

信息发送——信息接收

教师:卡尔,你的作业呢?

卡尔:早上我把它落在我爸的车上了。

教师:又来了?明天把你爸写的便条交给我,请他证明你真的做了作业。没有便条就没有成绩。

卡尔获得的信息是:我不能信任你,我需要证明你做了作业。

* * *

教师:大家间隔地坐,把你们的东西放在桌子里。简和罗瑞尔,你们坐得太近了,你们中的一个必须挪开一点。

简和罗瑞尔获得的信息是:我料想你们考试的时候会作弊。

* * *

林肯女士的幼儿园新来了一位孩子,这孩子很邋遢。林肯女士把她的手轻轻地放在孩子的肩上说:"我很高兴你能来这儿。"但她动作生硬,不愿接近那女孩。

女孩获得的信息是:我不喜欢你。我觉得你是个差孩子。

如果学生觉得他(她)被教师侮辱了,就会表现出敌意,但是他(她)可能不会说出这种感觉的来源。或许是因为老师的语气或缺乏目光接触。在这种情况下,教师感到被人无端地攻击。交流的第一个原则是,人们只按他所理解的意思做出反应,而不一定是根据说话者的意图发出的信息和实际的语言。

我班上的学生曾告诉我,一个教师用释义方法(paraphrase rule)①来促进准确的交流。首先,讨论中,在允许任何一位学生(包括教师)对班上其他人的发言进行评价之前,他(或她)应先概述发言人的话。如果不正确,说明他(她)误解了发言人的意思。这时,发言人必须重新做出解释,听者再释义一次,如此往复,直到发言人确定听众理解了他真正想说的意思。

释义不仅是一种课堂练习,它也可以成为与学生交流的第一步。在教师适当地处理任何学生问题之前,他们必须知道真正的问题出在哪。当一个学生说:"这本书真乏味! 为什么我们一定得读它?"他真实的意思可能是:"这本书对我来说太难了,我读不下去,我觉得好乏味。"

移情聆听

让我们继续关注学生发现阅读作业"乏味"的情况。教师如何积极地处理这个问题?

学生:这些书真乏味! 为什么我们非读不可呢?

––––––––––––––

①释义方法——在允许听者做出反应之前,先让其概述发言人的话。

教师:你觉得心烦,这些书对你一点价值都没有。

[教师解释学生的状况,试着去引导学生的情绪和话语。]

学生:是的。我认为它一点价值都没有。我的意思是,我不知道它是否有价值,我一点都看不懂。

教师:它太难读懂了,这使你烦恼。

学生:是的,我觉得我很笨。我知道我可以写一篇很好的文章,但不是关于这本难懂的书。

教师:我想,我可以给你提些建议,使你能更容易理解书的内容。今天放学后你可以留下来吗?

学生:好的。

这里,教师运用了移情倾听(empathetic Listening)①的方法,允许学生自己寻找解决问题的方法(正如你所看到的,这种方法主要依赖于释义)。教师通过倾听学生和避免过早提供建议、解决问题的方法或给予批评、劝诫和质问,从而使交流之路保持畅通。下面是教师可能做出的无帮助的反馈:

● 我选这本书,是因为它是我们图书馆中最能体现这位作者写作风格的书。在明年英语二级之前,你必须得读它(教师想证明他的选择是有道理的,但却妨碍了学生承认这个"重要"的作业对他来说太难了)。

● 你真的读了吗? 我敢打赌你没有,而是想逃避布置的作业(教师指责,学生感到;"老师不信任我!"他要么会为自己辩护,要么就不接受教师的观点。)。

● 你的任务就是去读书,而不是问为什么。我知道什么是最好的(教师摆出老资格,学生似乎听到的是:"你还不能判断什么对你有好处。"学生将对教师的判断反感或消极地接受。)。

当学生向你提出问题时,移情、积极的倾听是一种很有效的反应。你必须对学生

---

①移情倾听——听取他人说话隐含的意图和情感,并通过解释对它们做出反应。

所说的给出反馈。反馈不仅仅是重复学生的话,它应反映出学生在话语中隐含的情绪、意图和含义。索科洛夫、加勒特、萨克和萨克(Sokolovo, Garrett, Sadker & Sadker, 1986)总结了积极倾听的要素:(1)排除外在刺激;(2)留心语言的或非语言的信息;(3)区分情感和理智的信息;(4)推断说话者的感受。

当学生意识到他们正在被认真倾听,而且没有因为其所说所想受到消极评价,他们会更信任教师并更大胆地讲话。有时,问题的真相将在谈话的后面浮现出来。

当聆听不足以应对时:我的感受、坚定的管理和问题解决

假设有一位学生上课十分好动,干扰了教师的教学。教师决定让这个学生必须停下来。这就是教师要解决的问题,教师要正视问题,而不是提供咨询。

"我"的感受。韦恩·琼斯和路易丝·琼斯(2016)描述了一种由托马斯·戈登(Thomas Gordon)开发的方法:为了干预和改变学生的行为,教师发送一个"我"的感受("I" message)①。一般来说,这就意味着以直截了当的、确定的、非判断的方式告诉学生他们正在做什么、他们的行为对教师的影响及你的感受。那时,学生往往会自愿地纠正过来。下面是两个例子:

- 如果你把书包放在走廊里,我可能会被绊倒并受伤。

- 当你们一起大声说出答案时,我无法听清每个人的答案,我感到沮丧。

坚定的管理。李、马伦·坎特(Lee & Marlene Canter,1992)及坎特(Canter, 1989)建议用另一种方法处理教师要解决的问题,他们称之为坚定的管理(assertive discipline)②。当教师期望明确,并执行预定的处罚结果时,他们便是坚定的。这时学生有明确的选择:遵守纪律,否则接受处罚。许多教师对学生束手无策,因为他们要么冷淡、消极,要么不友好或盛气凌人。

教师不是直接告诉学生该做什么,而是采用消极的反应方式——他们要求学生尝试或考虑采取适当的行动。一位消极的教师可能会对学生的问题行为进行评论,但实

---

①"我"的感受——教师以清晰的、非指责的口吻向学生陈述某些事情如何对自己造成影响。

②坚定的管理——明确、坚定而非敌意的管教方式。

际上并没有告诉他们应如何改变:"为什么你要这么做呢? 难道你不知道规则吗?",或是"山姆,你这是在干扰课堂吗?"。或者教师可能清楚说明了应该如何做,但从未落实规定的处罚后果,总是给学生"再一次"机会。最后,教师还可能会忽视那些该给予反馈的行为或者很久之后才给反馈。

敌意方式包含了不同类型的错误。教师针对"你"陈辞一番,"你该为你的行为感到羞耻!"或是"你从来不听讲!"或是"你像个三岁小孩似的!"指责学生但并没有清楚地指出学生该做什么。教师可能会愤怒地威胁学生,但几乎没什么效果。也许是因为威胁太不清楚,"如果被我发现,你将会为你所作所为感到后悔。"或者是太严厉了。例如,一位体育课教师告诉一个学生他必须在冷板凳上坐三个星期。过了几天,队里缺少队员,教师就让这个学生回来,而不再让他继续接受坐冷板凳的处罚。通常当采取消极方式的教师发现学生仍继续他们的不适当行为时,他们常常会变得充满敌意和非常容易发火。

与消极、敌对的方式相反,坚定的管理使学生感到,你非常关心他们,学习的过程允许不适当行为存在。自信的教师能清楚地指出什么是他们所希望的。最有效的是,当教师说话或提到学生名字的时候,教师通常注视着学生的眼睛。自信的教师的声音是平静的、坚定的、有信心的。他们从不因责备而转移目标,如"你就是不明白"或"你不喜欢我"。坚定的教师从不陷入关于规则公平性的争论。他们希望的是学生改变行为,而不是学生的承诺和道歉。最新版本的坚定的管理专注于教导学生如何负责任地行事并努力建立相互尊重和信任(Charles,2011)。

正视与协商。如果"我"的感受或坚定的管理方式都无法奏效,学生仍继续不当行为,学生和教师将陷入冲突,一些隐含的危险正在迫近。双方不能很正确地理解对方的行为。研究表明,你越生气,越会觉得对方像恶棍,而你是一个无辜的受害者。因为你觉得是别人做错了,对方却强烈认为冲突完全是你的错,没有一点相互信任可言。共同合作解决问题几乎是不可能的。事实上,当讨论进行了几分钟的时候,就已经偏离了最初的问题,而陷入了无休止的批评、反击和自卫中(Johnson & Johnso,1994)。

这时有三种解决师生间冲突的方法。第一种方法是教师强制实行一种解决方案,在紧急事件出现时,这是很必要的。例如,当一个傲慢的学生拒绝出去而爆发公开争执时。但这种方法对于大多数冲突来说并不是一个好办法。第二种方法是教师对学生的要求让步,你将可能在激烈的辩论中被说服,但是同样要谨慎地运用它。劝说对方改变立场不是个好办法,除非最初的观点是错误的。当教师或学生彻底放弃时,都会出现一些问题。

第三种可能的解决问题的方法,在解决问题过程中考虑了教师和学生两方面的需要。许多版本的问题解决策略都可以奏效。韦恩·琼斯和路易丝·琼斯(2016)提出了一个以教师和学生之间的积极关系为基础,鼓励学生承担责任和义务的方法。图表13.6 显示了基本步骤。

许多课堂上的冲突是发生在学生之间,了解各种相关的经验是十分重要的。

惠及每一位学生:同伴调解和恢复性司法

解决冲突对大部分人来说很难,对年轻人来说就更加困难。回避、强迫和威胁似乎是解决冲突的主要策略(D. W. Johnson et al.,1995),但其实有更好的方法,比如同伴调解和恢复性司法,这些办法会给学生终生的教训。

同伴调解。戴维·约翰逊(David Johnson)和他的同事(1995)向二至五年级的227名学生提供了冲突解决训练。学生学到了五步协商策略;

1. 共同明确冲突。将某个人与他的行为和问题区分开来,避免争输赢的想法,并且明确双方的目的。

2. 交流观点和兴趣。提出一个暂时性的建议,并举出一个例证;然后听取别人的建议和想法;保持灵活性和合作精神。

3. 转换角度。从别人的观点考虑问题,交换角色,为那个观点提供论据。

4. 至少提出三种双赢的方案。集中研讨,以目标为焦点。创造性地思考,确保每个人都有权利提出解决方案。

5. 形成整合的一致意见。确保两方的目标都可实现。如果实在没有办法,掷硬币,轮流依次,或者找第三方作为调解员。

一个问题解决模型

下面是一系列指导解决学生行为问题的一般步骤。

步骤一：与学生建立良好的人际关系。
（与学生建立一个"积极关系银行账户"）。

步骤二：处理当前的行为。
"发生了什么事？"
（制定时间线/功能评估）。
"你做了什么？"
（帮助学生对他们在这个问题上承担的角色负起责任。帮助他们建立一个内部控制点。）

步骤三：做出价值判断。
"这对你有帮助吗？"
（帮助学生考虑他们自己的行为和潜在的观念。）
"这是帮助别人吗？"
（增强学生的社会认知能力。）
"是否违反规则/是否违反了不可抗拒的国家利益？"
（帮助学生了解他们自己和他人在社区中的权利和义务。）

步骤四：制订一个计划。
"你能做什么呢？"
（社会技能训练）
"你需要我做什么？"
（授权/功能评估）
"你需要其他学生做什么？"
（授权/功能评估）

步骤五：做出承诺。
"你打算这样做吗？"
（加强学生的义务/责任。）

步骤六：跟进。
"我稍后再查看这个计划是如何运作的。"
（支持/关怀性的环境）

步骤七：不贬低，但不接受借口。
"如果这个计划不起作用，让我们分析原因，制订一个新计划。"
（与学生一起工作的高度期望和坚持）

资料来源：Jones, Vern; Jones, Louise, Comprehensive Classroom Management: Creating Communities of Support and Solving Problems, Update, Loose-Leaf Version, 11th Ed., p. 324. ©2017. Reprinted and Electronically Reproduced by Permission of Pearson Education, Inc., New York, NY.

图13.6　一个问题解决模型

除了学习解决冲突,在约翰逊等研究中的所有学生,都接受了调解策略的训练。调解员的角色由学生轮换承担,每天教师挑选两名学生作为调解员,他们穿上调解员的 T 恤。约翰逊和他的同事们发现,学生们学会了解决和调解冲突的策略,并能在家里和学校有效运用这些策略更富有成效地解决冲突。

即使你们学校没有正式的同伴调解培训,你们也可以帮助学生更有效地处理冲突。例如,埃斯米·科德尔(Esme Codell),本章早些时候提到的一位刚入职一年的优秀老师,教给她的五年级学生一个简单的四步过程,并将这些步骤贴在布告栏上:

1. 告诉别人你不喜欢的事;

2. 告诉别人这让你感觉如何;

3. 告诉别人你将来想要什么;

4. 人们对他们能做的事情做出反应。祝贺你!你是一个充满自信的冲突征服者!(Codell, 2001)。

恢复性司法。恢复性司法(restorative justice)的重点是建立、培育和修复关系,同时向受害者、罪犯和社区发声。其目标是减少对传统惩罚和警察介入的依赖,但仍然要求行为不端的学生承担责任。在恢复性司法中,问题行为是有害的,不是因为它"违反规则",而是因为消极行为对课堂和学校社区的成员产生不利影响(Fronius 等,2016)。

冲突中的参与者与一名调解人(经常是老师),有时候是一些家庭成员见面。受害人和施害者表达他们的观点并描述他们的经历,由调解人监督以保持讨论的成效。当过程顺利时,参与者对伤害彼此表示悔恨,原谅被认为是违法的行为,并调解他们的冲突。戴维和罗杰·约翰逊(David & Roger Johnson,2013)指出:

> 和解通常包括道歉,表明正义已占上风,承认所做行为的消极性,恢复对那些先前有失体面的人的社会身份的尊重,确认并承认受害者和相关社区成员所遭受的痛苦,建立受害人与施害者之间的信任,消除任何一方"纠正"过去错误的原因。

恢复性司法的结果通常是一个协议,包括如何重新建立合作和参与课堂社区——也许是一个道歉,或物归原主,或一个积极应对未来可能的冲突的计划。

我们已经研究了不少关于课堂管理的观点。显然,没有一个适合所有人的策略来创造学习的社交空间和物理空间。研究告诉我们什么? 有什么策略比其他策略好吗?

管理方法的研究

研究提供了一些指导。在澳大利亚进行的一项研究中,拉蒙·刘易斯(Ramon Lewis,2001)发现,认识并奖励适当的学生行为、与学生讨论他们的行为如何影响他人、让学生参与课堂纪律决策、提供关于不可接受行为的非指导性提示和描述与学生对自己的学习承担更大的责任相关联。在对新加坡3000多名九年级学生的研究中,聂友媛和劳顺(Youyan Nie & Shun Lau,2009)发现,关怀和控制与学生的参与度呈正相关;因此,可能需要混合控制、影响、关怀和团队管理策略来创建积极的学习环境。但这并不容易。刘易斯还得出结论,教师有时会发现,当学生具有攻击性时,使用关怀、影响和小组管理是困难的——虽然此时最需要这样积极的方法。当教师感到受到威胁时,他们可能很难满足学生的需要,但这可能是积极行动并将关怀与控制结合起来的最重要时刻。

美国心理学会为教师提供了大量基于研究的课堂管理资源。请访问 www. apa. org/并搜索"课堂管理"(classroom management)以查找视频、示例和其他可能资源。

多元化:文化回应型管理

对纪律的研究表明,非洲裔美国人和拉美裔美国人,尤其是男性,受到的惩罚比其他学生更频繁、更严厉。例如,与白人学生相比,非裔美国学生在第一次违规时获得校外停学的可能性高26%(Fronius 等,2016)。这些学生因为长时间停学而没办法学习(Gay,2006;Monroe & Obidah,2002;Skiba,Michael,Nardo,& Peterson,2000)。这是为什么呢?

收集到的数据并不支持非裔美国学生和拉美裔美国学生因为较严重的违规而受到较多惩罚的观点。相反,这些学生却因轻微的违规而受到较严厉的惩罚,例如粗鲁或蔑视——被教师认为是需要进行严厉惩罚的言行。一种解释是教师和学生之间文化不同步以及教师和管理者可能存在隐性(无意识)的偏见(Rudd,2014)。例如,在一项研究中,136名中学教师观看了一名非裔美国学生和一名欧洲裔美国八年级学生的视频,他们展示了不同的走路姿态,标准的走路或"散步"——通常与非裔美国人的运动风格联系在一起。教师认为"散步"的学生明显学业成就低,攻击性更高,更有可能需要特殊教育服务(Neal,McCray,Webb-Johnson,& Bridgest,2003)。非洲裔美国学生可能会因为并没有想要破坏或不尊重的行为而受到纪律处分。如果教师能够努力变得具有双文化——帮助他们的学生学习如何在主流文化和本国文化中发挥作用,同时也学习学生的言语和行动的意义——他们就不会误解并惩罚学生的无意侮辱(Gay,2006)。

文化回应型课堂管理(cultrually responsive classroom management)①有五个方面:(1)理解和处理你自己的信仰、偏见、价值观以及基于你自己民族文化的刻板印象;(2)发展学生的文化背景知识;(3)认识课堂教学的更广泛的社会、经济和政治背景——学校经常反映和加强了更广泛社会的歧视性做法;(4)使用文化上适当的管理策略的能力和意愿;(5)致力于建设关怀课堂(Sikba et al.,2016)。文化回应型管理只是文化相关教学这一更大概念的一部分。日内瓦·盖伊(Geneva Gay,2006)总结道:

> 如果课堂是一个舒适、关怀、包容、肯定、参与和发展学生的地方,那么纪律不是一个问题。因此,通过确保课程和教学具有文化相关性和个人意义,可以帮助不同民族、种族、社会和语言背景的学生改善课堂管理和学业成绩。

我曾经在新泽西州的一所高中问过一位非常有天赋的教育工作者,那位教师对那些非常强硬的学生的管理最有效。他说有两种类型:不能被恐吓或愚弄并且期望他们的学生学习的教师和真正关心学生的教师。当我问:"你是哪种类型?"他回答说"两种

---

①文化回应型课堂管理(cultrually responsive classroom management)——在制定管理计划和应对学生时,要考虑到文化内涵和风格。

都是!"他是一个"温暖要求者"的榜样,这位老师似乎对处于危险中的学生最有效(Irvine & Armento,2001;Irvine & Fraser,1998)。温暖要求者(warm demanders)①"坚强但富有同情心,权威而又充满爱心,坚定又尊重"(Weinstein,Tomlinson-Clarke,& Curran,2004,p.34)。有时,这些温暖的要求者在外部观察者看来似乎很苛刻(Burke-Spero & Woolfolk Hoy,2002)。卡拉·梦露和珍妮佛·奥比达(Carla Monroe & Jennifer Obidah,2002)对辛普森女士进行了研究,她是一名非洲裔美国老师,她教授八年级的科学课程。她形容自己对课堂上的学业和行为抱有很高的期望——以至于她相信她的学生认为她是"刻薄的"。所以她经常用幽默或方言的形式来表达她的期望,如下面的交流:

辛普森女士[在课堂上讲话]:如果你知道你将会犯傻事,就来跟我说:"我会在赛前动员大会中扮演傻瓜",那我就可以继续并且安排你到你需要去的地方。[学生们笑了。]

辛普森女士:我真的很认真。如果你知道自己过着糟糕的一天,你不希望任何人接触你,你不希望任何人对你说什么,有人碰到你你会赶快逃开——你需要跟我说,"我马上要崩溃了,我不能参加赛前动员大会了。"[学生们开始发表各种评论。]

辛普森女士:现在,我只是想说,我希望你能表现得最好,因为你是楼里最成熟的学生……不要让我停止赛前动员大会并要求八年级学生离开。

爱德华:我们会安静地吃午饭,对吗?[学生们笑了。]

辛普森女士:你不想梦想你即将拥有的东西。[学生们笑了。]好的,15分钟热身。[学生们开始他们的热身工作。]

许多非裔美国学生可能更习惯于校外的指导性管理和纪律。他们的家人可能会

---

①温暖要求者——对非裔美国学生管理特别有效的教师,他们对学生表现出很高的期望和极大的关心。

说,"放下糖果"或"上床睡觉"。而白人的父母可能会问:"我们可以在吃饭之前吃糖果吗?"或"不是该睡觉了吗?"正如理查德·米尔纳(Milner,2006,p.498)所说:"问题不应该是哪种方法是对还是错,而是哪种方法与学生的已有知识和学习方式相关联并派上用处。"

正如我们在这本书中看到的那样,家庭是教育的重要伙伴。该说法也适用于课堂管理。当父母和老师有着相同的期望并相互支持时,他们可以创造更积极的课堂环境和更多的学习时间。"指南:与家庭和社区建立伙伴关系——课堂管理",提供与家庭和社区合作的建议。你可以通过哈佛家庭研究项目(http://hfrp.org)找到更多想法。

指南:与家庭和社区建立伙伴关系——课堂管理

确保学生家长了解班级和学校的期望及规章。举例:

1.在晚上家里的娱乐时间,让学生用幽默短剧的形式把规则表达出来——怎样遵守规则以及违反规则的后果"看起来怎样"、"听起来怎样"。

2.在家里电冰箱上张贴一张海报,以轻松的方式描述最重要的规定及期望。

3.对于年龄比较大的学生,为其家长提供一张主要功课期限的清单,并附上说明如何激发学生通过循序渐进的努力完成高质量的工作,而避免临时抱佛脚。一些学校要求家长书面签名以表明他们获悉这些期限。

4.以适应方式与家长交流,可能的话,使用家长的第一语言来沟通,使用符合学生家长阅读水平的便条。

使家庭与学校共同认可良好的公民行为。举例:

1.学生在班里有好的表现时,学校应积极地反馈给家里,尤其是对于那些以前给班级管理带来麻烦的学生,更应及时给予肯定。

2.为学生家长提供一些表扬和庆祝学生取得学业成就的方法,甚至是经济情况不佳的家庭也可以做到——一份喜爱的食物、选择一款游戏去来玩,对一位特别的人物如婶婶、祖父母或部长进行评论,以及得到为弟弟妹妹读书的机会。

在社区中发现可利用的资源以帮助在班级里建立一个学习环境。举例:

1.让学生写信给地毯和家具店,请求其赠送地毯零头来铺设阅读角。

2.在学生的家庭成员寻找会装设书架、造房间隔断、绘画、缝制、写故事、种盆景或者熟悉计算机网络的人。

3.与商业部门接触,争取获得捐赠的计算机、打印机及其他设备。

当学生出现行为问题时,寻求家庭的合作。举例:

1.与家长通过电话交谈或进行家访,保持对问题行为详细的记录。

2.听取家庭成员的意见,与他们共同解决问题。

总结

课堂管理的任务与目标

课堂管理面临的挑战是什么? 当你学习如何教学时,你应该意识到你的课堂管理理念。你是以教师为中心,还是以结构为中心,还是以学生为中心? 你是否倾向于关注关系—倾听、对抗—协约、规则和后果,或是以上的某种组合? 课堂的特征是多元的、多事件同时发生的、快节奏的、难以预测的、公开的以及受到学生和教师以往经历影响的。一名教师每天都必须处理这些组成因素。因此,有效的课堂活动需要学生的合作。保持合作对于不同年龄阶段的学生来说是有不同要求的。年幼的学生学习怎样"上学"和基本的学校秩序,而高年级学生则需要学习不同学科中活动的特定要求。与青少年一起工作要求教师了解青少年同伴群体的作用。有效的课堂管理的目标是使更多的时间用于学生学习,通过使学生积极参与学习来提高时间的利用率,确保参与结构是明确的、直接明了的和给予一致指示的,以及鼓励学生自我管理、自我调节和培养责任感。

营造积极的学习环境

区分规则和流程。 规则指出了在课堂生活中应该做和不应该做的事,而且通常被写下来或张贴出来。而流程涉及管理活动、学生活动、清扫卫生、上课常规、师生之间以及学生之间的相互作用等等。规则还可以写成权利的形式,而且学生可能在参与制定规则中受益。另外,应确定遵守或破坏规则和流程的后果,使学生和教师明确后果。

区分个人区域和兴趣区域的空间布置。 有两种基本的空间布置,区域性的(传统的课堂安排)和功能性的(将空间划分为兴趣或工作区域)。灵活性往往是关键。资料的获取、方便性、需要时可以保护隐私、易于监督以及重新评估计划的意愿也是教师在选择物理条件的安排上考虑的重要因素。

对比第一周学校的有效和无效的课堂管理者。有效的课堂管理者在课堂的第一天通过大量的解释、例子和练习来教授一套可行的、容易理解的规则和流程。学生们忙于有组织的、愉快的活动,他们学会了在团队中合作。快速、坚定、明确、一视同仁的处罚是有效的教师的特点。教师们精心周详地做计划,避免出现任何紧急任务迫使他们离开学生。这些老师首先处理孩子们的紧迫问题。相比之下,对于效率低下的管理者来说,完成日常任务的流程每天都在变化,而且从来没有真正教过或练习过。学生们互相交谈是因为他们没有什么可做的事。无效的教师经常离开房间。许多都专注于文书工作,或只帮助一个学生。他们还没有制定出如何处理诸如迟到的学生或被干扰等典型问题的计划。

保持良好的学习环境

教师如何鼓励学生参与活动?一般来说,教师指导增多,学生参与活动的时间也会增加。当活动不断提示学生下一步该做什么时,学生的参与性也会增强。步骤清晰的活动更能吸引学生,因为其中的一步自然导向下一步。活动要求清楚而具体、提供必需的材料和监控活动都会提高学生的参与。

解释库尼恩识别的预防课堂管理问题的几个因素。为了建立一个积极的学习环境和预防问题发生,教师必须考虑到个体差异、保持学生的动机和加强积极行为。库尼恩总结说,成功防范问题发生的教师在以下四方面富有经验:明察秋毫、一心多用、维持团体注意和活动转换管理。当不得不施加惩罚时,教师应该保持冷静且在私下实施。除了运用库尼恩的观点之外,教师还可以通过建立充满关怀的课堂共同体和教导学生使用社交技能和情绪自我调节技能来预防问题。

教师如何帮助学生与学校建立联系?想要建立联系,教师应该对学业和学生行为都有明确的期望。尊重学生的需要和权利应该是班级活动的中心。当老师努力使课堂有趣、对学生公平和诚实、确保他们理解教材、有办法处理学生的关注和烦恼时,学生就会知道他们的老师在关心他们。"检查与联系"项目是一个成功的例子。

处理纪律问题

描述干预不良行为的八个层次。教师首先可以用目光注视学生或采用其他非言语信息,再使用言语提示,如在讲课中提及学生的名字。接下来是询问学生是否意识到他(她)的行为的消极影响。第四,提醒学生规则和要求她(他)正确地遵守。尤其是如果少数学生正在神游,你可以让全班同学都参与一个简单的互动活动,比如两人一组的思考与分享活动。如果还不起作用,教师可以要求学生陈述正确的规则和程序并遵守它们。下面的方法是用明确的、坚定的和非敌意的方式制止不良行为。如果还行不通的话,教师可以请学生选择,要么马上停止这种行为,要么私下给出处罚。

教师如何应对欺凌、捉弄和网络欺凌?教师经常低估在学校发生的同伴冲突和欺凌的频率。欺凌既包括学生之间的权力不平衡,也包括屡次试图伤害他人,而且可能发生在各种场合,包括学生在学校里并没有面对面的场合。教师可以把欺凌看作暴力的一种形式,并且像对待其他暴力行为一样采取策略来应对欺凌。例如,防止欺凌可以采取发展尊重课堂共同体并且讨论冲突的方式。

中学教师有哪些挑战?在中学工作的教师应该做好面对那些没有完成作业、屡次违反规定或公然违抗老师的学生的准备。这些学生也可能经历了新的和巨大的压力。因此,如果教师提供机会或提供资源帮助这些学生获得帮助和支持,情况可能会有所改善。教师也可以寻求咨询顾问和家长或照顾者的帮助。

沟通的必要性

"移情倾听"是指什么?当问题出现的时候,师生之间的交流是必不可少的。人与人之间的所有相互作用,甚至沉默或漠视都传递着某种含义。当学生向你提出问题时,移情、积极的倾听是一种很有效的反馈。你必须对你学生所说的做出反馈。反馈不仅仅是重复学生的话,它应反映出学生在话语中隐含的情绪、意图和含义。

区分消极、敌意的和坚定的反应方式。被动方式有好几种表现形式。不直接告诉学生该怎么做,而是让他们自己想出合适的解决办法,或者告诉学生违反规则的后果,但从未落实规定的后果;敌意的方式包含了不同类型的错误,教师针对"你"陈辞一番,指责学生但并没有清楚地指出学生该做什么。坚定的方式使学生感到你非常关心他们,学习的过程允许不适当行为存在。自信的教师能清楚地指出什么是他们所希望的。

什么是同伴调解和恢复性司法? 同伴调解是预防学校暴力的一种很好的方式。同伴调解的步骤有:(1)共同明确冲突。(2)交换观点和兴趣。(3)转换角度。(4)制定至少三个可以双赢的协议。(5)达成一致协议。恢复性司法的重点是建立、培育和修复关系,同时向受害者、罪犯和社区发声。其目的是减少对传统惩罚和警察介入的依赖,但仍然会让行为不端的学生承担责任。

多元化:文化回应型管理

什么是文化回应型管理,为什么需要它? 非裔美国人和拉美裔/亚裔美国人,尤其是男性,受到的惩罚比其他学生更频繁、更严厉,但其实他们没有犯下很严重的罪行。相反,这些学生会因为诸如粗鲁无礼、蔑视他人的言行等一些很小的过失而受到非常严厉的惩罚,而这些行为被老师认为是应该受到严厉的惩罚的。一种解释是教师和学生之间文化不同步。文化回应型管理把对学生适当行为的高期望和热情以及对学生个体的关怀结合在一起。

关键术语

Academic learning time	学业学习时间
Assertive discipline	坚定的管理
Classroom management	课堂管理
Culturally responsive management	文化回应型管理
Empathetic listening	移情倾听
Engaged time	投入时间
Group focus	维持团体注意
"I" message	我的感受
Movement management	活动转换管理
Natural and logical consequences	自然与逻辑后果

Overlapping	一心多用
Paraphrase rule	释义方法
Participation structures	参与结构
Procedures and routines	流程与常规
Rules	规则
Self-management	自我管理
Time on task	任务时间
Warm demanders	温暖要求者
Withitness	明察秋毫

教师案例簿

欺凌者和受害者——他们会做什么?

下面是一些实习教师如何应对学校欺凌者问题的例子。

JOLITA HARPER　三年级教师

Preparing Academic Leaders Academy, Maple Heights, OH

我相信整个学习团体在预防学生之间的恐吓行为方面都有明确的作用,而且最好在各方之间进行明确的沟通。在同事之间交流时应小心谈论情况的本质。对这些欺凌事件警惕敏锐的教师能够出现在可能发生这种情况的场所,例如走廊和食堂。此外,个别教师之间以及与受害者之间的沟通是必不可少的。在我们共同努力制定改善情况的替代方案时,我一定要敏感地倾听这个学生的困境。最后,如果两个欺凌者在我的班上,我会与他们沟通,以便明确他们的行为对他人的影响,努力使他们能够同情被他们伤害的受害者,并希望他们可以开始改变自己的行为。

KEITH J. BOYLE　九至十二年级英语教师

Dunellen High School, Dunellen, NJ

贯穿整个中学的错误行为可能预示着未来的行为问题,正如生活中的许多事情一样,越是允许这种不当行为存在,它越有机会愈演愈烈。在这种情况下,如果一个孩子不断地被其他两个孩子欺负(在这种情况下性别没有影响),对这种不良行为的认识不能被忽视或孤立。我会分别采访受害者和欺凌者,尽可能多地搜集信息。如果这是个别的事件,我会尽量自己处理,通过联系相关人员的父母。然而,如果这是一个反复出现的问题,管理层必须意识到。任何管理者都会承认,在他或她的责任范围内,对于严重的情况不予理睬是危险的。必须向犯错者强调对同学的虐待行为的严重性。重要的惩罚行动是向整个社区传递一个信息,即他们的学校确实是一个天堂,在那里人们可以感受到不受限制的学习自由。

KELLEY CROCKETT　教授,前小学教师

San Diego State University, San Diego, CA, and Fort Worth, TX

欺凌是不能容忍的。没有学校、没有老师、没有管理员能负担得起允许欺凌行为的后果。任何被害事件必须立即记录并提交给校长。同样,我会在同一天安排与学校辅导员的会议,为我的学生提供另一种文件记录,并加强对问题积极解决的支持。

我如何进行下一步处理取决于管理层是否到位,但要记住的重要问题是还有下一步。老师必须跟进学生情况。在48小时内,我会私下问我的学生是否有任何新的情况,如果他犹豫不决或承认他还在被骚扰,我会指导他写下来,我将记录下我问的问题和他的回答。我会把他的陈述和我自己的陈述写在另一份报告中,交给校长和顾问。

作为教师,我们坚守前线。对我们关心的孩子来说,我们代表着与权威和文明社会的最初关系的一部分,我们可以用我们的声音和行动来改善我们的世界。

第十四章 教每一位学生

概览

教师案例簿

有教无类——你会做什么?

你在家乡的一所高中开始一份新的工作。在你以前的学校里,学生们背景是非常类似的——白人、中产阶级、讲英语。但是现在发生了根本性的变化——学生来自不同的种族和阶级、讲不同的语言。在你所教的课程中,你会发现各种各样的阅读水平、家庭收入情况和学习问题。只有两个学生为上大学基本上做好了准备,但是其他几个学生几乎看不懂课文,而且他们的字迹几乎不可能辨认。阅读英语课文对一些英语学习者来说是一个挑战,尽管他们似乎在说英语时并没有出现很多问题。

批判性思维

- 你如何对这些不同的学生进行差异教学?

- 不同的教学观能不能为这个问题提供不同的答案?

- 如果你成功地进行了差异教学,你将如何评价它?

概述与目标

本书大部分内容是关于学习和学习者的。在这一章中,我们主要关注教学和教师。区分有效教师与无效教师的具体特征是什么？对整个课堂教学的研究指出了我们将要探讨的几个重要因素。

我们对教师还有哪些了解？教师是设计者——他们创造学习环境（Wiggins & McTighe，2006）。在这个过程中，他们为学生制定目标，制定教学策略和活动，并评估是否达到了目标。我们要观察教师怎样制定计划，包括怎样运用国家标准、学习目标分类或主题作为计划的基础。伴随着对教师如何设置目标和制定计划的认识，我们将思考以教师为中心的教学策略：讲授、课堂作业、家庭作业、问答和小组讨论。然后，我们通过探索"追求理解的教学设计"模型而整合目标和策略。

在本章的最后一个部分，我们将重点讨论如何通过差异教学、灵活分组和适应性教学使教学与学生的需要和能力相匹配。最后，我们探讨了教师期望（教师对学生能力的信任）对学生学习和师生关系的影响。

完成这章的学习时，你应该能够：

目标 14.1　识别用于研究教学的方法，并描述有效教师和有效课堂气氛的特点。

目标 14.2　解读赞成与反对"共同核心标准"的各方论点，并使用布鲁姆（Bloom）的分类学或"查普斯和斯蒂金斯学习目标"（Chappuis & Stiggins）制定与所在州标准相一致的学习目标。

目标 14.3　描述以下教学形式最适合的情境：直接指导、家庭作业、问答（特别是深层问题）和小组讨论，并解释如何运用"追求理解的教学设计"模型来整合目标、达到目标的证据和教学策略。

目标 14.4　定义差异教学和适应性教学，并将这些方法应用于不同类型学生的教学。

目标 14.5　解释教师期望的可能影响，以及如何避免负面影响。

关于教学的研究

你如何确定成功教学的关键？你可以请学生、校长、大学教育系教授或有经验的教师列出优秀教师的特点。或者，你可以做深入的长期课堂个案研究。你还可以观察课堂，按某些特征给教师评分，然后分析与所教学生取得最好学业成就或学习动机最强烈的教师相联系的特征有哪些(当然,为了做这样的分析,你需要确定如何评判学业成就和学习动机)。你可以先确定哪些教师能让学生学到更多知识;然后观察这些更加成功的教师,并记录下他们的教学行为。你还可以训练教师用不同的方法教同一堂课,比较哪种方法教学效果最好。你也可以把教师的教学过程用录像机录下来,然后放给他们看,请他们说说教学时自己的想法,以及是什么因素影响了他们在教学过程中进行决策,这个过程被称为刺激性回忆。你可以研究课堂对话的文本来了解是什么帮助学生理解材料。你可以利用确定的教与学之间的关系作为开发教学方法的基础,然后在设计实验中检验这些方法。

自20世纪70年代以来,以上方法越来越多地应用于教学研究中(近50年研究的总结见 Floden,2001;Good,2014;Gröschner,Seidel & Shavelson,2013)。让我们来看看这些教学研究的具体结果,记住,大部分研究是在 K-8 年级的课堂上进行的,通常是在数学课上,学生在标准化考试中的表现通常被当作教学质量的指标。

有效教师的特征

停下来想一想:想想你所见过的最有成效的教师,他的特征是什么? 是什么使那位教师如此有效率?

早期一些关于有效教学的研究主要关注教师自身的个性素质。结果呈现了三个(重要的)教师特征:表达清晰,热情和专业知识深厚。最近的研究关注的是专业知识,所以我们会花更多的时间在此特征上。

表达清晰和有条理。巴拉克·罗森夏因和诺尔玛·弗斯特(Barak Rosenshine & Norma Furst,1973)回顾了50项教学研究后总结出,表达清晰是研究有效教学的最具预见性的教师行为。研究结果证实了表达清晰的重要性。表达和解释清晰的教师更能使学生学到更多的知识,学生也会对他们有较积极的评价(Comadena, Hunt, & Simonds,2007;C. V. Hines,Cruickshank & Kennedy,1985)。具备更多专业知识的教师在向学生讲解时很少含糊不清,教师表达得越清晰,学生学到得就越多。含糊的解释主要有"某些"(某种程度、某种方式、某些人、某个时间、某人、某物)和"你知道"(Evertson & Emmer,2013)。

热情和热心。研究发现,教师的热情程度与学生成就感相关(M. Keller,Neumann,& Fischer, 2013),也与学生对该学科的兴趣有关(M. Keller et al. , 2014)。与热情相关的两种可能联系是:当老师充满热情时,他们抓住并保持学生的注意力,而且热情的老师会起到对学习专注、充满兴趣的示范作用。学生的注意力、兴趣和参与有助于学习。当然,当你的学生在学习的时候,做一个热情的老师更容易(M. Keller et al. , 2013)。

热心、亲切和理解似乎是教师最能影响学生态度的特质(Hamann,Baker, McAllister,& Bauer,2000;K. Madsen, 2003)。此外,在课堂情感氛围的研究中,研究者们一致发现,在有着热心、关心、支持、和善师生关系的课堂上学生可以学习更多,教师考虑学生的需要和观点而且不苛刻、不讽刺。学生的参与很可能是积极情感氛围和学生学习之间的联结(Reyes, Brackett, Rivers, White, & Salovey, 2012;Tennant et al. , 2014)。

另一个重要的教师特征——知识呢?

教学专业知识

正如你在第八章和第九章所看到的,知识是专业性的决定性特征。专家型教师(Expert teachers)①有丰富精细的知识体系来理解教学中的问题。例如,当一个新手教师面对学生在数学或历史考试中的错误答案时,所有这些答案似乎都是错误的。但是对于一位专家教师来说,错误回答只是丰富的知识体系的一部分,这个体系可以包括:

1. 如何识别几种错误答案;

2. 各种错误背后的信息误区;

3. 重塑和纠正误解的最好方法;

4. 过去有效的材料和活动;

5. 测试重塑是否成功的几种方法。

这种结合了对学术内容的掌握、知道如何教授内容以及如何根据学生差异匹配教学的独特的教师知识被称为教学内容知识(pedagogical content knowledge,PCK)②。这

---

①专家型教师——有经验、有效的教师,已经开发出解决课堂问题的方法。他们对教学过程和内容了解广泛而且有条理。

②教学内容知识(PCK)——这种教师知识与掌握学术内容相关,知道如何教以及如何将教学与学生差异相匹配。

种知识是非常复杂而且针对特定的情境、主题、学生、甚至是特定教师(例如,以第一阶段物理学为主题,以"力"的概念主题,针对优秀的或有困难的或以英语作为第二语言的学生),在特定的情况和主题中,专家教师有明确的目标,并在规划学生时考虑到个体差异(Gess-Newsome, 2013; van Driel & Berry, 2012)。这些教师是反思型(reflective)[①]的实践者,不断尝试理解和改进学生工作(Hogan, Rabinowitz, & Craven, 2003)。

有较多专业知识的教师对学生有更积极的影响吗? 这取决于学科。当希尔、罗恩和鲍尔(H. C. Hill, Rowan & Ball, 2005)测试了美国一年级和三年级教师对他们实际教过的数学概念的具体知识以及他们对如何教授这些概念的理解时,发现有更多的专业和教学内容知识的教师,其学生会掌握更多数学知识。高中生似乎可以从拥有学位或重要数学课程的教师那里学习更多的数学知识(Wayne & Youngs, 2003)。在德国高中的研究发现,那些具有更多教学内容知识的数学教师,其学生会更有意识地投入或专注学习,这种更高质量的教学预示着更高的数学成绩(Baumert et al. , 2010)。

当我们以考试分数和学校成绩来评判教师除数学外具有的关于事实和概念的专业知识时,这与学生学习的关系是不清晰的,甚至可能是间接的。掌握较多专业知识的教师不一定能让学生学到更多的知识,但他们能较清楚地把知识呈现给学生,并较敏锐地发现学生的困难。他们准备好回答学生的任何问题,回答时不必逃避或含糊其辞。因此,知识有助于教师教学更清晰、更有条理,并对学生问题更敏感(Aloe & Becker, 2009)。

关于教学策略的研究

早期的教学研究确定了一些与学生学习相关的一般策略(Emmer, Evertson, & Anderson, 1980; Good, Biddle, & Brophy, 1975; Good & Grouws, 1975; Rosenshine & Stevens, 1986)。它们包括:

- 沟通以使学习目标清晰;

- 有效利用时间,使学生有足够的机会在适当的难度下学习材料;

---

①反思型—具有思考和创造性的。反思性教师反思情境,分析他们所做的以及为什么这样做,并思考如何提高学生的学习水平。

- 积极和充满关爱的课堂管理;
- 用正例/反例清楚解释;
- 注重意义的教学,也提供有指导的和独立的练习;
- 经常检查学生的理解情况,并给予及时有效的反馈;
- 一个与学习目标以及用于衡量这些目标的评估相一致的课程。

这些教学研究的成果今天仍然很重要。我们还学到了什么?在第一章中,你阅读了丹尼尔森的教学框架(2013)、教学工作以及由比尔－梅琳达盖茨基金会赞助的有效教学项目(MET)。这些模式的开发者参考了最近的研究,以奠定他们对优质教学的概念——尤其是罗伯特·皮亚塔和他的同事的大规模纵向研究(Robert Pianta, Allen, Gregory, Mikami, Lun, Hamre, & Pianta, 2013；Crosnoe et al., 2010；Hafen, Allen, Mikami, Gregory, Hamre, & Pianta, 2012；Jerome, Hamre, & Pianta, 2009；Luckner & Pianta, 2011；Pianta, Belsky et al., 2008；Pianta, LaParo et al., 2008)。皮亚塔的工作已经确定了课堂气氛的三个方面,无论学生在哪里居住或他们的家庭收入如何,课堂气氛都与学生从学前到高中的学习和发展有关。这三个维度与早期教学研究中发现的教师特征一致,它们涵盖了情感、行为和认知维度,如表14.1所示。

表14.1　课堂气氛的维度

教学领域	课堂气氛维度	组成部分	定义和实例
情感	情感支持	积极气氛	师生之间的温暖的、相互尊重的、积极的情感联系
		消极气氛 (预测消极学习)	不尊重、愤怒、敌意
		教师敏感度	应对学生学业和情感需求的一致性和有效性
		尊重学生的观点	鼓励学生自主活动,强调学生的兴趣、动机和观点
认知	教学支持	概念发展	活动和讨论促进更高层次的思维技能和认知

		反馈质量	提供具体的、以过程为导向的反馈和多次的交流,以扩展学生的学习
行为	课堂组织	行为管理	教师在监控、预防和引导不良行为方面的有效性
		生产力	如何通过清晰的活动和常规、教师的准备、有效的过渡和最小的干扰来最大限度地持续学习
		教学形式	如何使用材料、方式和活动来吸引学生学习

资料来源:Based on Brown, J. L., Jones, S. M., LaRusso, M. D., & Aber, J. L. (2010). Improving Classroom Quality: Teacher Influences and Experimental Impacts of the 4Rs Program. Journal of Educational Psychology, 102, 153–167.

皮亚塔模型中的情感维度是教师情感支持,类似于早期研究中发现的教师的热心和热情。认知维度是教学支持,它包括概念发展(促进学生高阶思维的活动和讨论)和反馈质量,这些反馈是具体的,而且专注于学习过程。对于有着丰富专业知识的教师来说,概念发展和反馈质量可能更容易。皮亚塔的第三个维度是课堂组织,包括课堂和课程管理之类的行为关注,具有明确的活动和常规,这使得学生有更多的学习时间并且真正参与——与教师的表达清晰和有条理性的特征以及我们在第十三章中讨论的管理策略相似。

现在让我们来了解教学的细节,第一步是计划。

第一步:计划

停下来想一想:葛丽泰·莫林·德什海默(Greta Morine Dershimer,2006)问下列哪一个关于教师计划的表述是正确的:

时间是关键。　　　　　　小计划可长期起作用。

计划是会被打破的。　　　　独立做计划。

不要回顾反思。　　　　　　有万能的计划。

关于计划的研究

当你思考本章开头的问题"你会做什么?"时,你就是在制定计划。在过去的几年中,教育研究者对教师的计划很感兴趣。他们就如何计划与教师进行访谈,要求教师在计划的同时"出声思考",而且记录他们计划的过程,甚至在一个月内选一次集中研究教师。他们有何发现?

第一,计划影响学生学习的内容,因为计划将可利用的时间和课程资源转变为学生的活动、作业和任务。比如,教师决定一周中 7 个小时用于语言文学,而只花 15 分钟在科学教学上,那么这个班的学生学到的语言知识将多于科学知识。年初的规划是特别重要的,因为许多常规和模式,例如时间分配等,要尽早确立。因此,一个小小的规划在教学内容和学习内容上将会长期起作用。

第二,教师进行几种不同层次的计划:学年计划、学期计划、单元计划、周计划和日计划。所有计划应该协调一致。对有经验的教师来说,单元计划似乎是最重要的,其次是周计划和日计划。随着你在教学上经验的获得,协调这些层次的计划并将其纳入州和地区的课程标准也会更容易(Morine-Dershimer,2006)。

第三,计划只是减少而并非消除教学中的不确定性。即使是最好的计划也无法控制课堂中发生的所有事,计划必须有一定的弹性。

为了有创造性地和富有弹性地制订计划,教师需要具有广博的知识,包括对学生及其兴趣和能力的了解、对所教学科的认识。新教师制定的计划有时不能落实,因为他们对学生及学科的认识不足,例如不能正确估计学生完成一项活动的时间,或者当需要做解释或给学生举其他例子时,他们常会迟疑不决(Calderhead,1996)。

在计划中,你可以自己做,但合作更好。与其他老师一起工作并分享想法是教学中最好的体验之一。一些教育家认为,在日本使用的一种叫作"kenshu"或"通过学习来掌握"的协作方法是日本学生在国际测试中表现出色的原因之一。这种方法过程的一个基本部分是由一小部分教师开发一个课程,然后录下小组成员上这节课的过程。接下来,所有成员重新观看录像带,分析学生的反应,并进一步改进课程。其他教师尝试修改课程,再提出下一步的改进。在学年结束时,所有的学习小组都可以公布他们的工作成果。在美国,这个过程被称为课例研究(lesson study)①(Morine-Dershimer, 2006)。有关"课例研究"的信息和更多教学计划的例子可以参考互联网。

但是,即使是从一个权威网站上找到的优秀科学课程计划也必须经过调整以适应你的实际情况。有些调整是在你教学之前,有些是在教学之后。事实上,许多有经验的老师对规划的认识来自反思,反思哪些是可行的,哪些是缺少的,所以反思你的计划,并在这个过程中实现专业成长。合作性反思与改进课程是"kenshu"或课例研究中计划的主要内容。

最后,并没有一个有效且适用所有情况的统一模式。对于有经验的教师来说,制定计划是创造性解决问题的过程,他们知道如何完成大量课程及课程的每个细节,所以对于熟悉的课程,他们不必再继续亦步亦趋地遵循在教师预备培训中学到的详细的课堂计划模式,即使这些详细的计划在一开始是有帮助的。

不管你如何计划,都必须在头脑中有一个学习目标。接下来我们将转向下一步。

学习目标

如果不知道要去哪里你就很难到达目的地。同样,如果你没有明确的目标,就很难设计一个单元或一个课程的计划。"学习目标决定了学业上的成功——它们说明了我们希望学生知道和能够做什么"(Chappuis & Stiggins, 2017, p.42)。多年来,学生学习的目标被称为目的、目标、教学目标、学习结果、内容标准、行为目标、教育目标、年级指标、成绩期望、课程目标、能力、教材目标和其他许多说法。一定要了解你的学校和地区使用的语言和标准,以及标准的实际含义(Chappuis & Stiggins, 2017; Popham, 2017)。

一个国家层面的目标的例子:共同核心标准。今天我们听到了很多关于教育的宏伟愿景和目标,例如"通过推动卓越教育和确保平等的机会,促进学生取得成就以及为全球竞争做准备"(美国教育部"使命")。但非常笼统的目标对于指导你的教学是毫无意义的,国家可以将这些宏伟目标转化为标准或指标。《不让一个孩子掉队》(No

---

①课例研究——一个教师发展小组,测试、改进和重新测试课程,直到他们对最终版本感到满意。

Child Left Behind)要求各州在数学和阅读方面采用自己的内容标准,所以 50 个州都这样做了。但也存在一些问题,许多标准从上一级到下一级结构不良。例如,层级之间存在繁杂或缺少衔接的情况。此外,各州的标准在严格性和难度方面也有很大差异。为了解决这些问题,从 2009 年开始,州立学校校长理事会(CCSSO)和全国州长协会最佳实践中心(NGA Center)领导了一项尝试,在两个广泛的领域为 K-12 的每个年级确立一致的国家标准:(1)包括在历史/社会研究学科中的英语语言艺术和文学科目、科学和技术科目,以及(2)数学科目。表 14.2 给出了这些领域中几个共同核心标准的例子。

各州采用的共同核心标准是一个变动的目标。最初,45 个州、哥伦比亚特区和四个地区采用了这些标准,明尼苏达州仅仅采用了英语/语言艺术标准。在我写这段文字的那天,35 个州和哥伦比亚特区仍然使用这个标准,但是 10 个州正在改写或更新这些标准。要了解你所在的州正在做什么,请访问你所在州的教育网页并搜索"标准"(standards)。

关于共同核心标准的争论还在继续。但未来的标准是未知的。请参阅下一页的"观点与争论"。

表 14.2　六年级和十一至十二年级的文学、写作和数学的共同核心标准的几个例子

学科和技能	六年级	十一至十二年级
阅读文学:关键理念与细节	引用文本证据来支持对文本明确表述的分析以及从文本中得出的推论	引用有力和关键的文本证据来支持对文本明确表达的内容的分析以及从文本中得出的推论,包括确定文本在何处留下不确定性
写作:建构和呈现知识的研究	进行简短的研究项目以回答一个问题,利用一些资源并在适当的时候再聚焦调查	进行简短且持续的研究课题以回答问题(包括自创问题)或解决问题;在适当的时候缩小或扩大询问范围;综合关于该主题的多个来源,表明对被调查主题的理解
数学:表达式和方程	写出用数字记录操作、用字母代表数字的表达式。例如,将计算"用 5 减去 y"写为 5 - y	根据上一步所说的数的相等开始,从原来的方程有解的假设开始,解释一个简单方程的每一个步骤。构建一个可行的论证来证明解决方法的合理性

观点与争论：共同核心标准是有价值的教学指南吗？

观点： 共同核心标准是有用的和必要的。

美国有着悠久的地方管理教育的历史,一方面会带来好的影响,但也导致全国每个年级和学区之间学生学习的巨大差异。共同核心标准对等级标准的极端差异的担忧进行了回应,同时也对国家在国际评估中的糟糕表现发出了警报（例如,美国在 2015 年共 70 个国家参与的 PISA 测试中数学排名 40）。更具体地说,这些标准被设计为：

- 基于调查和证据；

- 清晰、易懂、一致；

- 与大学和职业期望一致；

- 基于高层次思维能力的严谨的知识内容和应用；

- 建立在当前国家标准的优势和课程之上；

- 由其他表现最好的国家提供参考信息,以便为所有学生在全球经济和社会中取得成功做好准备（/www. corestandards. org/）。

为了达到在文学、数学和科学方面跻身世界顶尖国家的最终目标,美国的学生必须每年都取得稳步发展。共同核心从最终目标回溯到学生在每个学科领域的每个年级需要知道和能够做什么。这些标准应该使课程开发具有一致性和严谨性。在美国地方教学中,这些标准并没有告诉学校为了达到目标应该教什么内容；它们只是提供了最终的目标,但是如果认真对待,这些标准将会改变教学并有望向好的方向发展。例如,罗伯特·卡尔菲（Robert Calfee）和他的同事们总结了英语语言艺术和文学课程标准,指出：

- 该标准是一项正在进行中的工作；

- 该标准提供了 2020 年及以后毕业的高中生的令人信服的蓝图；

- 该标准建议进行基于项目的学习,通过综合素养项目的基本学科相配合；

- 该标准要求课程、教学和评估相互联系；

- 该标准制定了基本原则和广泛的目标,但并不打算限制文学课程；

- 该标准建议所有的学生都可以通过教师的支持和帮助来达到标准。（Calfee 等,

2014，p. 3）

对立的观点： 共同核心标准存在一些问题。

纽约州 2015 年的一项调查发现，选民们以 2:1 的比例认为共同核心标准使教育更糟糕（Siena Research Institute，2015）。对"共同核心"的批评包括，该标准限制了教师的创造性，不允许州和地方地区在课程中增加自己的内容，由此产生过多的测试。此外，要求学生参加的标准化考试经常不符合共同核心标准，因此学生被教的是某一内容，但却被测试另一内容（Polikoff，2015）。作为一个政治问题，共同核心当然是有异议的。在对"共同核心"态度的调查中，摩根·波利科夫（Morgan Polikoff）和他的同事（2016）发现，反对这些标准的共和党人比民主党人可能高出 90%。当你阅读表 14.2 时，你可能已经注意到，学校对学生的期望是很高的，并且标准是严格的。提高期望值的一个例子是，三年级和四年级学生需要阅读和理解的课文比目前的课文复杂得多。这可能导致单词识别的流畅性和自动化程度降低、阅读投入减少，以及更高的失败率（Hiebert & Mesmer，2013）。

当心"非此即彼"。 作为教师，你应该密切关注这个讨论，因为共同核心标准可能会影响所教授的内容（课程材料、教科书、课程计划）以及每个年级所评估的内容。但是记住，标准是目标——它们不会告诉你如何教学，只告诉你应该追求什么样的结果。

课堂里的学习目标。 不管是什么标准，有一个明确的学习目标可以帮助教师避免格兰特·威金斯和杰伊·麦蒂（Grant Wiggins & Jay McTighe，2006）所说的教学设计的"孪生过失"——以活动为中心的教学（有许多实际操作、有趣的活动，但没有目标）和以覆盖面为中心的教学（强制性覆盖教科书，但没有目标）。无论哪种情况，如果教师不清楚学生为什么要进行这些活动或阅读——不知道教学的目标，那么学习将无从谈起。

学习目标可以在"粒度"上变化，从非常具体的课时级别的"卵石"，例如能够在数轴线上表示加法，到更复杂的单元级别的"岩石"，如使用来自随机样本的数据对两个群体进行非正式的比较推断，到较高层级的"巨石"，如抽象和定量的推理（Chappuis &

Stiggins,2017)。你选择哪种粒度指导你的日常教学？吉姆·波帕姆(Jim Popham,2017)建议你把学习目标设定得足够宽泛,这样它们才能帮助你组织教学,但需要足够具体,才可以作为你评估的指南。

灵活而富有创造性的计划——运用分类法

停下来想一想:想象你的一个课堂作业,完成它需要什么样的思考过程?

- 记住事实和术语?

- 理解关键观点吗?

- 应用信息来解决问题?

- 分析形势、任务或问题?

- 是评价还是发表意见?

- 创造或设计新事物?

20世纪50年代,本杰明·布鲁姆(Benjamin Bloom)领导下的一批教育评价领域的专家开始着手改进学院和大学的考试,他们的工作给世界各地所有水平的教育都带来了影响(Anderson & Sosniak,1994),布鲁姆和他的同事建立了一套教育目标的分类法(taxonomy)①或称为分类系统,目标被分为三类:认知领域的、情感领域的和动作技能领域的目标,描述各个领域目标的手册已被印刷出版。当然,在现实生活中这三个领域中的行为是同时发生的,在学生写作或使用键盘时(动作的),他们也在进行记忆和推理(认知的),同时他们可能对测验产生了某种情绪反应(情绪的)。

认知领域。布鲁姆对思维领域或认知领域(cognitive domain)②的分类被认为是20世纪最重要的教育著作之一(L. W. Anderson & Sosniak,1994)。有六个基本目标:知识、理解、应用、分析、综合和评价(B. S. Bloom, Engelhart, Frost, Hill, & Krathwohl,1956)。在教育中通常将这些目标看成一个有层级关系的体系,其中每项技能都建之于低一级的目标之上,但这并不是绝对的,尤其是在数学等学科中,这种结构体系并不十分适用。你还会听到许多地方提及低水平目标和高水平目标,了解、理解和应用被

①分类系统——分类体系。
②认知领域——在布鲁姆的分类法中的记忆和推理的目标。

认为是低水平的,而其他目标则被认为是高水平的。作为一种对目标的大致划分,这是有所帮助的(GronLund and Bookhart,2009)。目标分类法对规划评估也有帮助,因为不同程序适用于各种水平的结果,正如你将在第十五章中看到的内容。

2001年,一组教育研究人员发表了认知分类法的第一个重要修订,这就是我们今天使用的分类法(L. W. Anderson & Krathwohl, 2001)。

1. 认识:记住或再认,不一定能理解、应用或变化。

2. 理解:理解所交流的材料,不一定能将它与其他内容相联系。

3. 应用:用普遍的概念解决特定的问题。

4. 分析:将事物分解为小的部分。

5. 评价:当材料或方法被应用于特定的情景时,判断它们的价值。

6. 创造:通过融合不同的观点而建立新的认识。

2001年布鲁姆分类法的修订增加了新的维度,以便识别认知过程必须加工的对象——你必须记住或理解或运用某些形式的知识,通过表14.3你会看到结果。我们现在有记忆、理解、运用、分析、评价和创造这六种过程,作用于四种知识——事实性的、概念性的、程序性的和元认知的知识。

表14.3 经修订的认知领域的目标分类

认知过程维度						
知识维度	记忆	理解	应用	分析	评价	创造
事实性知识	列举	总结	分类	排序	评级	联系
概念性知识	描述	说明	实验	解释	评估	计划
程序性知识	制表	预测	计算	区分	推断	写作
元认知知识	适当使用	执行	选择策略	改变策略	反思	创造策略

资料来源:Anderson Krathwohl Airasian Cruikshank Mayer Pintrich Raths Wittrock. A Taxonomy for Learning, Teaching, and Assessing: A Revision of Bloom's Taxonomy of Educational Objectives, Abridged Edition, 1st Edition, ? 2001. Reprinted by permission of Pearson Education, Inc. , Upper Saddle River. NJ.

请考虑根据修订的分类法怎样制定社会研究/语言艺术课程的学习目标,下面是一个指向概念性知识分析目标的例子:

阅读一篇阿拉摩战斗的历史说明后,学生们将能够解释作者的观点或倾向。

以下是评价元认知知识的结果:

学生会反思和描述他们识别作者倾向的策略。

情感领域。情感领域(affective domain)①,或情绪反应领域的学习成果尚未在原始版本的基础上进行修订。这些学习结果按照从最低到最高的顺序排列(Krathwohl,Bloom,& Masia,1964)。情感领域的五个基本目标是:

1. 接纳:知道并注意到环境中的某些事物,

2. 反应:在有所体验后,表现出某种新的行为。

3. 评价:表现出某些确定无疑的行为和情感倾向。

4. 组织:将新的价值融入你总的价值观念中,使它在你的一般优先顺序中有一个排名。

5. 价值个性化:行动与新的价值保持一致。

例如,营养课中评价价值水平的目标(参与或持有观念)可能表述为:在学完食物成分及标签的单元后,班上至少50%的学生会通过一个月不吃快餐来参与抵制垃圾食品的联合活动。

动作领域。詹姆斯·坎吉劳斯(James Cangelosi, 1990)提供了一个考虑动作领域(psychomotor domain)②目标的有效途径,它既包含了需要肌肉的随意运动,如耐力、体力、灵活性、敏捷性或速度,也包含了操作特殊技巧的能力。以下是两种动作领域的目标:

在用8分钟以内的时间跑完1英里之后的4分钟时,你的心率低于120。

使用计算机鼠标有效地拖放文件。

————————————

①情感领域——围绕态度和情感的目标。
②动作领域——身体的运动能力和协调的目标。

另一套学习目标。查普斯和斯蒂金斯(2017)提供了一种分类学习目标的方法,包括认知、情感和动作领域,但是比布鲁姆的方法更简洁。他们的五类学习目标(见表14.4)是基于对美国课堂教学和评估中实际反映的学习期望的研究。请注意,这五个目标中有四个都很好地映射到布鲁姆的分类法上,产品目标增加了通过学习来创造优质产品这一目标。

如果你把目标用于每堂课或者仅仅用于一些作业,那么下面"指南:运用学习目标"应该对你有所帮助。

表14.4　指导教学和评估设计的学习目标

目标领域	类型	举例
知识(认知)	每个学科或学科的事实信息、程序知识和概念理解	科学:定义多种细胞结构 社会研究:解释政府是什么,并描述它们的一些职能
推理(认知)	思维过程需要在一系列学科中取得好成绩	健康:分析食品日志中缺少的营养成分 数学:证明三角形的定理
技能表现(动作)	演示或以身体技能为基础的表现对某一领域的学习至关重要	艺术:用恰当的表达方式演唱歌曲以表现音乐 英语:以恰当的速度流畅阅读诗歌
产品	产品或作品的创建	科学:建立一个复杂系统的简化模型 健康:制定家庭火灾逃生计划
倾向(情感)	影响学生学习方式的态度、动机和兴趣	中文:喜欢写作 数学:认为学习数学很重要

资料来源:Chappuis, J., & Stiggins, R. J. (2017). An Introduction to Student-Involved Assessment for Learning. Boston:Pearson. pp. 47－59. Reprinted and Electronically eproduced by Permission of Pearson Education, Inc., New York, NY.

指南:运用学习目标

避免"文字游戏"——像"学生将成为深刻的思想者"这样的语句听上去高雅而重要,但却没有任何意义。举例:

1.关注学生知识技能方面发生的具体变化。

2.请学生解释目标的含义,如果他们不能针对目标举出具体的例子,那么就说明这些目标没有将你的意思传达给学生。

使活动符合目标。举例:

1.如果目标是记忆单词,就给予学生记忆方面的帮助并通过实践进行练习。

2.如果目标是培养提出深思熟虑的见解的能力,那么活动形式就考虑抒发见解的论文、辩论、研究项目或模拟审判。

3.如果你希望学生成为优秀的作家,就要给他们提供较多写作并修改的机会。

确保测评与教学目标相关。举例:

1.编写教学目标的同时,也拟订测验的草稿——随着单元教学的进行和目标的变化,对测验草稿进行修订。

2.根据各个目标的重要性和需要花费的时间,给测验赋予相应的权重。

建构主义视野下的计划

停下来想一想:想想你在前一章中分析过的相同的课程作业。贯穿这些任务的宏观观念是什么? 除了作业之外,你还能从这些想法中学到什么?

传统意义上,编制教学目标主要是教师的责任,但现在出现了一种新的制定计划的方法,根据建构主义观点(constructivist approaches)①,计划应由大家一起承担和协商,教师和学生一起决定内容、活动和方法。教师有一些上位(或用"统筹性")的目标——"宏观观念"或主题(Borich,2011)——用来指导计划的制定,而不是以学生具体的行为和技巧为目标。这些目标就是教师反复强调的理解力和能力。自20世纪90年

---

①建构主义观点——强调学习者在建构对信息理解和意义中的主动作用。

代以来,从幼儿园(Roskos & Neuman,1998)到高中(Clarke & Agne,1997),运用主题教学和内容整合教学一直是计划和设计课程和单元的基本要素。在第十二章中,你看到了一个学校的例子,它用"和谐共处"这个主题作为规划 K - 12 的宏观观念(Beard,2015)。与年龄较小的学生相适应的主题可以是人类、友谊、交往、习惯、社区和同伴,对于年龄较大的学生来说,一些可能的主题如表 14.5 所示:

表 14.5 针对中学生的综合规划的几个主题

勇气	时间和空间
神秘	小组和集体
生存	工作
人际互动	运动
未来社区	原因和结果
交流/语言	可能性和预言
人权及责任	变化和保护
身份/成熟	多样化和变异
互相依赖	自传

资料来源:Based on Clarke, J. H. & Agne, R. M. (1997). Curriculum Development: Interdisciplinary High School Teaching. Boston, MA: Pearson, and Thompson, G. (1991). Teaching through Themes. New York, NY: Scholastic.

我们可以假设,你有一些明确的有价值的学习目标。你仍然需要决定星期一将要做什么,你需要设计适合目标的教学任务和活动。

教学方法

在这一节中,你将学习一些将计划付诸行动的基本方法。当然,不同的方法在多大程度上合适取决于主题、学生的已有知识和特定的学习目标。我们先从教授明确的事实和概念的策略开始。

直接教学

对许多人来说,"教学"指的是教师给学生讲解材料。讲授是一种经典教学形式。20 世纪 70 年代和 80 年代的一系列研究集中在这些更传统的教学形式上,所有这些研究形成了一个与提高学生学习相关的教学模式。罗斯森和史蒂文斯(Barak Rosenshine & Robert Stevens,1986)把这种方法称为直接教学(direct instruction)或显性教学(or explicit teaching)①。古德(Tom Good,1983)使用活动教学(active teaching)②这一术语来描述类似的方法。

研究人员通过比较学生学习超过预期(基于最初的知识)的教师和学生成绩达到预期或平均水平的教师,来确定直接教学的要素。研究人员关注的是美国课堂上的已有实践,由于研究的重点在传统的教学形式上,因此无法确定已经奏效的创新之举。有效性通常被定义为整个班级或学校标准化考试平均成绩提高。因此,这个结果适用于大群体,但并不一定适用于群体中的每个学生。即使整体的平均成绩提高了,一些个人的成绩也可能下降(T. L. Good,1996;Shuell,1996)。

鉴于以上条件,你可以看到,直接教学最适用于基本技能(basic skills)③的教学——结构清晰的知识和基本技能,如科学事实、数学计算、阅读词汇和语法规则(Rosenshine & Stevens, 1986)。这些技能涉及相对明确的任务,因此可以逐步地教授它们,并通过标准化测试对其进行评估。教师如何将这些主题转化为行动呢?

罗斯森的六种教学功能。罗斯森和他的同事(Rosenshine, 1988;Rosenshine & Stevens, 1986)基于对有效教学的研究,确定了六个教学功能。这些可以作为教学基本技能的检查表或框架。

1.复习并检查前一天的工作。如果学生误解或出现错误,请重教。

2.呈现新内容。明确目标,小步骤讲学,并为正在教授的观念和概念提供多种正例和反例。

3.提供有指导的练习。向学生提问,给出练习问题,注意识别错误概念和误解,必要时重教。继续指导练习,直到学生正确回答80%的问题。

4.根据学生的答案给出反馈和纠正。必要时重教。(记住, Pianta, LaParo, &

---

①直接教学/显性教学——掌握基本技能、事实和信息的系统指导。
②活动教学——高水平的教师讲解、演示和与学生互动的教学。
③基本技能——清晰的结构知识,为以后的学习所需要,并且可以一步一步地教授。

Hamre,2008,支持课堂教学气氛的成分包括质量反馈)

5.提供独立的实践。让学生在课堂作业、小组合作或家庭作业中运用他们新学习的知识。独立练习的成功率应约为95%。重点在于让学生练习直到过度学习和自动化——直到学生变得自信。让学生对他们所做的工作负责——进行检查。

6.每周和每月复习巩固。包括一些作为家庭作业的复习项目。经常测试,并查漏补缺。

这六个功能并不必定按特定顺序执行,但它们都是有效教学的组成部分。例如,应该在必要时进行反馈、复习或重教,并且应该与学生的能力相匹配。同时,要记住学生的年龄和知识背景。对于年龄小的或准备不足的学生使用更多但更短周期的演示、指导练习、反馈和纠正。

为什么直接教学有效? 有着清晰解释的精心组织的汇报和回顾都能帮助学生构建理解。例如,复习回顾先前的知识,这样就能为学生的理解做好准备。简明、清晰的陈述和指导性练习管理学生的认知负荷,避免滥用工作记忆。突显相似性和差异性的大量正反例为构建相互关联的概念网络提供了许多途径和联系。指导性练习也可以让教师了解学生的思维过程以及错误理解的情况,这些可以直接作为错误概念处理,而不是简单地看作是"错误的答案"。

教师讲解对于在短时间内向许多学生交流大量材料、介绍一个新话题、提供背景信息或激励学生自主学习都是非常有用的。因此,讲授对于实现目标分类中较低级的认知目标和情感目标——记忆、理解、应用、接受、回应和评价,是最合适的方法。每门学科,甚至大学的英语或化学课程也都需要一些讲授。学生可能需要一些关于如何使用各种操作材料的直接指导,以便他们能够从材料中有实际收获(而不仅仅是玩耍)。在合作小组中的学生可能需要指导、建模和在练习中学会如何提出问题并给出解释。为了解决难题,学生可能需要一些问题解决策略的讲授(Arends, 2001;Kindsvatter, Wilen, & Ishler, 1992)。

评价直接教学。直接教学,特别是当涉及教师长时间的陈述或讲座时,会出现一些问题。你会发现一些学生很难持续听讲几分钟,他们通常会把你的"讲授频道关掉"。讲授使学生处于被动的状态,对于学生来说,认知活动太多,妨碍了他们提问和思考(H. J. Freiberg & Driscoll, 2005)。批评者还声称直接教学是建立在错误的学习理论基础上的。教师把材料分成小部分,清晰地呈现每个部分,通过强化或纠正,从而把准确的理解从自身传递给学生。学生被视为等待填满知识的"空容器",而不是知识的积极建构者(Berg & Clough, 1991;Driscoll, 2005)。

但对于年龄较小、准备不足的学生来说,如果没有老师的指导和教学,仅仅自学会导致学生知识的系统性缺失。没有教师的指导,学生构建的理解可能是不完整和被误导的(Sweller, Kirschner, & Clark, 2007)。但如果讲授和解释做得好就可以帮助所有学生积极地学习而不是被动地学习(Leinhardt, 2001)。互评式合作(scripted cooperation)①是一种将主动学习融入讲授的方式。在合作过程中,教师请学生配对活动,一个是总结者,另一个对总结给予评价,然后他们再切换到下一个总结/评价角色中。这为学生们提供去检查自己的理解、组织思维和用自己的语言交流观点的机会,在表14.6中描述了其他的可能方法。

表14.6 主动学习和教师陈述

下面介绍了一些使学生保持认知上积极参与课堂教学的方法,它们适用于不同年龄的学生。

提问,所有学生写出回答:提出一个问题,请每位学生简要写下答案,然后询问大家:"多少同学愿意交流他们的想法。"	投票:提出两个备选的解释;询问各个解释分别有多少人同意(让学生闭上眼睛并投票,这样他们就不会被其他人的投票所左右,这可能是个好主意)
我之前认为 _____,但现在我认为_____:课后,让学生填空,然后和旁边的人分享他们的填写结果	齐声问答:让全班共同复述主要的事实和观点,如"在直角三角形中,$a^2 + b^2 = c^2$"
思考与分享:提出问题,让学生自己想一个答案,然后与他人协商改进答案,然后请自愿回答的人分享他们的想法	一分钟写作:在一节课之后,学生用1分钟来写出重点或提出一个他们不清楚的问题

①互评式合作——两个学生轮流总结资料和评价总结的学习策略。

德亚娜·库恩(Deanna Kuhn,2007)认为直接教学是一个好方法:

> 直接教学当然有它存在的必要。每一个年龄较小的学生都不需要重新创造知识。我们面临的挑战是设计我们想要的讲授。此时,最好记住学生需要从这种指导中构建意义,并决定他们自己要学什么。(p.112)

参见"指南:有效的直接教学"获取更多的关于有效教学的内容。

指南:有效的直接教学

举一些例子。举例:

1. 在数学课上,要求学生举出房间里的直角的例子。
2. 在有关岛屿和半岛的教学中,使用地图、幻灯片、模型、明信片。

认真组织课堂教学。举例:

1. 提供目标以帮助学生关注本课的教学目的。
2. 开始上课时在黑板上写一个简短的提纲,或者在课堂上做一个课程的部分大纲。
3. 如果可能的话,将讲解分解成清晰的步骤或阶段。
4. 定期复习。

预测和设计课程中的难点。举例:

1. 为这门课设计一个清晰的简介,告诉学生他们将要学什么以及他们将如何学习。
2. 做练习和预测学生可能遇到的问题——查看教师手册里的建议以获得想法。
3. 为新术语准备好定义,并为概念准备几个相关的例子。
4. 想一些能让观点更容易理解的类比。
5. 按照逻辑顺序组织课程;包括检查那些口头的、书面的问题或困难,以确保学生跟得上讲解。

尽量清楚地解释。举例:

1. 避免含糊的词语和含糊的短语:避开"有的"——某事、某人、有时、不知何故;"不是真的"——不是很多、不太好、不是很难、不经常;以及其他不确定的事物——大多数、不是全部、某种、等等、当然、正如你所知道的、我猜、事实上、之类的、或多或少。

2.使用具体的(如果可能的话,丰富多样的)名称而不是它、它们和事物。

3.避免使用口头禅,如"你知道""喜欢""好吗?"

4.记录下你的课程以检查自己是否表达清晰。

5.给出不同水平的解释,以便所有的学生而不只是最聪明的人才能理解。

6.一次活动只围绕一个主题,避免离题。

通过使用解释性连接词来明确关系,如"如果""然后"或"因此"。举例:

1."北方在内战中占有优势,因为它是以制造业为经济基础的。"

2.解释性连接词也有助于标记视觉材料,如图表、概念图或插图。

注意从一个主题转换到另一个主题的信号。举例:

1.现在我们将转换到"下一个领域"或"第二步是"。

2.概述主题,列出要点,在黑板上绘制概念图或使用投影仪。

交流你对课程和教学的热情。举例:

1.告诉学生为什么这门课很重要。有一个比"这将要考试"或"你明年需要掌握它"更好的理由,即强调学习本身的价值。

2.一定要与学生有目光接触。

3.改变你说话的速度和音量,用沉默来强调。

课堂作业与家庭作业

课堂作业。少量关注课堂作业(seatwork)①(独立的课堂活动)的研究得出了明确结论:这种方法常常使用过度。例如,从1975年到2000年的一项研究总结发现,那些没有教师指导就很难进步的学习障碍学生,他们大约有40%的时间花在课堂作业上(Vaughn, Levy, Coleman, & Bos, 2002)。

课堂作业应遵循一定的原则并能快速对学生的练习给予反馈。它不应该是主要的教学模式。不幸的是,作业簿和练习题中的许多内容对重要目标的学习没有帮助。

①课堂作业——独立的课堂活动。

在你布置作业之前,请自问:"做这一次作业会对学生学习所有掌握的内容有帮助吗?"学生们应看到课堂练习或课堂作业与所讲内容之间的联系。告诉学生做练习的缘由。目标应是明确的,可能需要的所有材料都应该提供,作业应该是中等难度的——既不能太容易也不太难。当作业太简单时,学生就不够用心。当作业太难时,学生们常会为了完成它而进行猜测或者抄袭。

除了作业簿和练习题之外,还有几种可选择的作业方式,例如:默读或大声朗读给同伴听;写给"真实的"听众;写信或者日记;实录对话并加上适当的标点符号;编写习题;做一个长期的项目或报告;解决难题和智力游戏;参与电脑活动(Weinstein & Romano, 2015)。我喜爱的方式之一是创作一个小组故事。两个学生在电脑上写一个故事的开头,然后又有两个学生添加下一段,这个故事随每一对学生的参与而不断扩展。学生们在其中阅读、写作、编辑、修改。有这么多不同的作者,每个作者都可能激发其他人的创造性思维。

课堂作业尤其要求认真监控,在学生需要的时候给予帮助比在他们询问之前就提供帮助更有效。短暂、频繁的接触是最佳选择(Brophy & Good, 1986)。有时,你会和某个小组的同学一起活动,而其他同学做课堂练习。这种情形下,尤其重要的是让学生知道如果他们需要帮助该怎么做。温斯坦和米格耐诺(Weinstein & Romano, 2015)描述了一位专家型教师教给学生的一个原则:"先询问三个人,然后再问我。"学生们不得不在向教师寻求帮助之前先请教三位同学。这位教师在学年开始时曾向学生解释如何相互帮助——如何提问与解答。

停下来想一想:回想一下你的小学和高中时代,你记得有家庭作业吗?关于那些作业你有什么想法?

家庭作业。和许多教育教学中的方法一样,家庭作业也一直处于有争议的状态。在20世纪早期,家庭作业被认为是通往心理自律的重要途径,但是到了40年代,它被批评是训练过多、学习效果低。然后,在20世纪50年代,家庭作业被大家重新关注,并被看作是在科学和数学方面赶上苏联的一种方法,最后却被认为在20世纪60年代较为宽松的环境下对学生施加过大的压力。到了20世纪80年代,家庭作业再次成为改善美国儿童在世界各地学生中地位的一种方式。(H. M. Cooper & Valentine, 2001)。今天,低年级小学的家庭作业越来越多(Hofferth & Sandberg, 2000)。当我一年级的孙女忙于拼写、阅读和数学作业时(她每天都有作业),我又在怀疑作业的价值。无需猜测,教育者研究家庭作业的影响已经超过 75 年(H. M. Cooper, 2004; Cooper, Robinson, & Patall. 2006; Corno, 2000; Flunger et al., 2015; Kalenkoski & Pabilonia, 2014; Trautwein, 2007)。大多数研究涉及数学、阅读或英语作业,但不涉及社会研究、科学或其他科目。他们从中研究到了什么?

反对家庭作业的案例。大卫·伯林纳和基恩·格拉斯(David Berliner & Gene Glass, 2014)直截了当地说:"家庭作业并不能提高成绩"(p. 113)。不管一项活动多么有趣,学生最终都会对此感到厌烦——那么为什么要让他们在校内外都做作业呢? 他们只会厌倦学习。儿童将失去参与社区或休闲活动这种造就全面发展的公民的重要机会。父母协助孩子做家庭作业的弊大于利——有时会使孩子感到困惑或教错了。而来自贫困家庭的学生放学后必须经常进行劳动,所以他们错过了做家庭作业的时间,于是贫富家庭的孩子之间学习差距就更大了。此外,关于家庭作业的影响的研究结果是不一致的。例如,一项研究发现,课堂作业比家庭作业更有助于小学生学习(H. M. Cooper & Valentine, 2001)。哈里斯·库珀(Harris Cooper)和他的同事(2006)综述了大量关于家庭作业的研究,并得出结论:对于年龄较小的学生来说,家庭作业和学习之间几乎没有什么关系,但是对于较大的学生来说,家庭作业和学习成就之间的关系越来越强。年龄较小的学生可能更容易被家庭环境的因素(玩具、电视、游戏、兄弟姐妹等)分心,而且缺乏防止注意力分散或管理他们时间的元认知技能。

高年级学生的家庭作业。大多数研究调查集中在作业时间上(如学生或家长的调查报告)和在成绩或考试方面的成就上。有证据表明,即使把性别、年级、种族、社会经济地位(SES)和成人监督程度等其他因素考虑在内,做更多家庭作业(放学后看电视较少)的高中生,其成绩也较高(H. M. Cooper, Robinson, & Patall, 2006; H. M. Cooper & Valentine, 2001; H. M. Cooper, Valentine, Nye, & Kindsay, 1999)。即使把能力、父母的帮助、诸如工作之类的户外活动和课程作业的类型等考虑在内,高中女生每周花在家庭作业上的时间也比男生多一个小时。这暗示着这种额外的学习时间是造成性别差距的一个因素,这一因素有利于女生升入大学和毕业——女生知道如何学习(Gershenson & Holt, 2015)。

与所有的这些发现相一致,国家教育协会提出"10 分钟规则",意味着从一年级开始每晚有 10 分钟的家庭作业,每个年级依次增加 10 分钟,所以一个十二年级的学生将有大约 120 分钟的家庭作业(Walker, 2017)。

但只是考虑家庭作业的时间可能存在一个问题。并不是每个学生都用同样的时间完成同样的作业。另一种方法是关注努力程度而不是时间。学生自我报告中的家庭作业努力程度与学生成绩一直呈正相关(Trautwein, Schnyder, Niggli, Neuman, & Lüdtke, 2009)。"较高的家庭作业努力程度意味着学生尽力去解决布置的任务。功课上的努力和时间之间没有必然的密切关系:一个学生在作业上投入尽可能多的精力,可能在 5 分钟内完成或者 1 小时后仍然在工作"(Trautwein & Lüdtke, 2007, p. 432)。

巴巴拉·弗朗杰(Barbara Flunger)和她的同事(2015)根据学生的家庭作业努力程度(坚持和专注)以及所花的时间确定了八年级的五种类型的学习者。快速学习者投入了很多精力完成作业。高努力程度的学习者投入了大量的精力和更多的时间在作业上,而一般的学习者投入了一点努力和很少的时间。挣扎的学习者在投入程度方面遇到困难,但花费了大量的时间在作业上。还有极简主义学习者投入了很少的精力和时间。正如你所预料的,快速学习者和高努力程度的学习者在这一年中的成绩和考试分数方面表现得更好。

当心"非此即彼"。真正的问题不在于是否布置作业,而在于把正确的作业分配给正确的学生。如果学生认为家庭作业有趣、有价值、相当有挑战性,并且不引起他们的焦虑,他们更有可能付出努力——这可能需要一些不同的家庭作业(Dettmers, Trautwein, Lüdtke, Kunter, & Baumert, 2010)。所以,现在的挑战是让学生把最大的努力放在正确的家庭作业上,而不是分配质量很低的家庭作业。为挣扎而花时间是不值得的。

为了从作业中有所收获,第一步是要确保学生明白作业的要求。全班一起完成前几道题目以澄清错误概念,会有助于实现第一步。对于家庭作业更是如此,因为如果学生对作业有疑问,他们在家中可能无人询问。保持学生参与的第二个方面是,使学生承担正确完成作业的责任,而不仅仅是写满作业纸。就是说学生要检查作业,学生应有机会检查错误和修改作业,并且结果应计入班级评分。专家型教师经常通过让学生在课堂的前几分钟交换批改或自己核对的方法来迅速检查作业。

如果学生做家庭作业时遇到困难,他们需要在家里获得帮助,需要为他们的学习提供支持的人,而不只是答案。(Pressley, 1995)。但是许多家长不知道怎样提供帮助(Hoover-Dempsey et al. , 2001)。"指南:与家庭和社区建立合作关系——家庭作业"为家长提供了一些建议。

指南:与家庭和社区建立合作关系——家庭作业

确保家长知道学生要学习的内容。举例:

1. 单元开始时,发给家长以下资料:主要教学目标的清单,主要作业举例,主要期限,家庭作业的时间安排或可免费使用的图书馆、网络资源清单。

2. 提供一份清晰而简洁的家庭作业规则说明——如何将分数转化为班级评分,迟交、忘带和未做作业要接受的处罚。

帮助家长在孩子家庭作业中接受适当的、有助的角色。举例:

1. 做一些有趣味的、全家参与的家庭作业——智力游戏、制作家庭专辑、一起观看某个电视节目然后给出评价。

2. 在家长会上,询问家长如何帮助他们支持孩子完成作业和从中学有所获,核查清单? 背景阅读? 网址? 学习技能解释?

鼓励父母帮助构建家庭作业的空间,但提醒家长不要有太强的控制欲、打扰到孩子,或者过于强调惩罚(Dumont, Trautwein, Nagy, & Nagengast, 2014)。举例:

1. 提醒家长,"辅助家庭作业"意味着鼓励、倾听、检查、表扬、讨论和出谋划策——而不是惩罚、侵扰、威胁、不必要的帮助或替孩子完成作业。

2. 鼓励家长为家里的每个人都提供安静学习的时间和空间,使学习时间成为每日的常规部分。

3. 鼓励家长把重点放在为学生提供做作业中时间管理和专注能力的示范和支持：在玩耍、见朋友、看电视、玩游戏或看视频之前做作业。

4. 确保所需的材料都是可用的，这样孩子就不会放下作业去找钢笔或尺子。

征求并采纳家长有关家庭作业的建议。举例：

1. 了解孩子在家里承担的任务——有多少时间可用于做家庭作业。

2. 定期设立一个"家庭作业热线"用来提问与征询建议。

如果家中无人能为孩子提供帮助，建立其他的支持系统。举例：

1. 指派可以通过电话提供支持的学习伙伴。

2. 如果学生有电脑，提供网络帮助的链接地址。

3. 在公共图书馆安排免费帮助，使大家了解这些资源。

利用家庭和社区"知识储备"将家庭作业与社区生活联系起来，并将社区生活与学校课程联系起来（Moll 等，1992）。举例：

1. 创建一个关于家庭成员在缝纫和建造房屋中如何使用数学和阅读的课堂（Epstein & Van Voorhis，2001）。

2. 设计家庭互动作业项目，让家庭成员一起评估他们家需要的产品，例如，决定洗发水或纸巾的最佳购买选择。

问答、小组讨论、对话和反馈

问答是我们多年来一直使用的一种普遍教学方法。教师提出问题，学生回答（C. S. Weinstein & Romano，2015）。教师的问题形成了一个学科内容的框架。从教师的角度来看，提问的模式由 IRE 组成，包括：发起（Initiation，教师提问）、回应（Response，学生回答）和评估/反应（Evaluation/reaction，表扬、纠正、探究或扩展）（Burbules & Bruce，2001）。这些步骤周而复始地重复着。

让我们来思考一下问答的核心部分——发起或提问阶段。有效的提问技巧可能是教师在课堂上使用的最有力的工具之一。当代学习技术的一个基本要素是保持学生的认知参与——这也是巧妙的提问策略特别有效的地方。问题在认知中扮演着多种角色。它们可以帮助学生复述信息，以便有效地回忆。它们可以找出学生知识基础的空白,并引发学生的好奇心和长期兴趣。他们可以引发认知冲突,促进不平衡,从而改变知识结构。它们可以在专家指导新手时充当线索、提示或提醒。学生和教师都应该学会有效提问。我告诉我的学生,一个好的研究项目的第一步是提一个好问题。

现在,我们将关注教师的问题。许多和我一起工作的新手教师都惊讶地发现好问题很有价值,但很难创造出来。

停下来想一想:回想一下你最近上的课。你的教授问了什么问题? 回答问题需要怎样的思考过程? 记忆、理解、应用、分析、评估或创造? 教授等待答案的时间是多久?

问题的种类。一些教育工作者估计,通常情况下教师1小时之内提30到120个问题,在教学生涯中约提出150万个问题(Sadker & Sadker, 2006)。这些问题具体是什么样的? 根据布鲁姆的目标分类,其中大部分可归为认知领域。下一页的表14.7 提供了这类提问在不同分类水平上的例子。

表14.7 认知领域目标下的课堂提问

可以提出促进布鲁姆目标分类认知领域中任何一个水平思维的问题,当然所要求的思维有赖于之前所做的准备。

类别	预期的思维类型	举例
认识	在没有真正使用或改变信息的情况下回忆或再现所学内容	列出……的首都。 这六个部分是……? 文章建议你应该在这里使用哪种策略……?
理解	证明对材料的理解,而不必把它与其他事物联系起来	用自己的话总结…… 这个句子的意思是什么? 预测下一步……
运用	运用所学的知识解决一个有明确答案的问题	对这些植物分类…… 计算……的面积。 选择最佳策略以……
分析	将某物分解成若干部分;识别原因和动机;根据具体数据做出推断;分析结论是否有证据支持	第一个突破是……? 第二个? 为什么选择了华盛顿…… 以下哪些是事实? 哪些是观点? 根据你的实验,这一化学物质是什么?

评价	根据在特定情况下可能应用的材料或方法的优点,提出意见,应用标准	根据效率排出美国参议员的前 10 位? 你认为哪幅画更好? 为什么? 哪种学习策略对你最好?
创造	创造新事物;原创思维;原创计划、建议、设计或故事	……的最好的名字是什么? 我们怎么能把这两个想法结合起来呢? 我们怎样可以筹集资金? 如果南北战争时,德国取胜,美国会变成……?

另一种对问题进行分类的方法是根据聚合型问题(convergent questions)①(只有一个正确答案)和发散型问题(divergent questions)②(许多可能的答案)。具体事实类的问题是聚合型的:"1540 年谁统治了英国?""谁写了最早的《永不长大的孩子——彼得·潘》(Peter Pan)?"解决观点与假设的问题是发散型的:"这个故事中,哪一个角色最像你? 为什么?""在过去的 100 年中,最受人尊敬的五位前总统是谁?"

问深层问题。正如我们之前看到的,强有力的证据表明需要深层解释的问题可以帮助学生提高学习成绩并增进真正的理解。什么是深层解释?

深层解释的例子包括那些探究历史事件的原因和结果、参与历史事件的人物的动机、特定理论的科学证据、数学逻辑证明步骤等。引起深层解释的问题类型有为什么、为什么不、如何、如果、X 与 Y 相比如何,以及 X 的证据是什么。这些问题和解释发生在课堂教学、课堂讨论和自主过程中(Pashler et al., 2007, p.29)。

问题应适合学生的水平。各种各样的问题都有可能是有效的(Barden, 1995)。不同模式似乎适用于不同的学生。对年龄小或能力水平低的学生来说,最佳提问方式是提问那些答对可能性高的简单问题,并给以充分鼓励,当学生未得出正确结论时给予及时的帮助,以及给予表扬。对能力水平较高的学生,成功的提问方式包括高低两种

---

①聚合型问题——只有唯一正确答案的问题,通常是事实问题或知识记忆的问题。
②发散型问题——有非唯一正确答案的问题。

水平上较难的问题,给予更具批判性的反馈(Berliner, 1987；T. L. Good, 1988)。

无论学生的年龄或能力水平如何,所有学生应该接受能激发思考的问题。必要时,帮助学生学习如何回答这类问题。要掌握批判性思考和解决问题的技巧,学生们必须有机会练习这种技巧。而且,他们需要时间考虑自己的答案。但是一项研究显示教师留给学生回答问题的时间平均只有 1 秒(M. B. Rowe, 1974)。当教师学会提问,叫学生回答问题之前至少等待 3—5 秒时,学生会说出较为完整的答案,更多的学生可能会参与进来、提问题、自愿回答;包含分析、综合、推理和猜测的回答开始增多,并且学生在回答时更有自信心(Sadker & Sadker, 2006)。

这看起来只是教学中一个简单的改进,但把握 5 秒钟的沉默并不容易,这需要练习。你或许可以尝试让学生快速记下答案,或让他们与另一个学生讨论问题并共同形成一个答案。这些活动会使等待的过程更加适意,而且为学生提供了一个思考的机会。当然,如果学生明显感觉迷惑不解或不理解题意,再长的等待也无济于事。如果你的问题遇到学生困惑不解的眼神,你就要重新解释问题或请同学解释他们的疑惑。然而,也有一些研究证明延长等待时间、不会在大学课堂上产生影响,所以对于高中学生,你可能要自己分析等待时间的作用(Duell, 1994；Ingram & Elliott, 2016)。

下面我们谈一谈如何选择学生回答问题。如果仅仅靠学生自愿回答问题,你可能得到的是关于学生理解状况的错误信息。而且,往往是同样一些学生一次又一次自愿回答问题。许多专家型教师有一套系统化的方法来确保每位同学都被提问。比如,他们从一个罐子里抽取名字,或者当学生回答问题时,就把其姓名勾掉(C. S. Weinstein & Novodvorsky, 2015；C. S. Weinstein, & Romano, 2015)。另一种方式是把学生姓名做成卡片,然后打乱卡片,像纸牌一样使用,你可以在卡片上记录对学生回答的评价或他们需要的额外帮助。

回应学生的回答。学生回答完后你将做些什么呢? 教师最普遍的反应是用简单的方式表示接纳——"好的"或"嗯",这种反应在大多数课堂中占到 50%(Sadker & Sadker, 2006)。但是根据学生回答是正确、部分正确或者错误应有更恰当的回应方式。如果学生回答迅速、坚决又准确,教师加以称赞然后开始下一个问题。如果回答准确但犹豫不决,就进一步询问为什么是正确的:"对的,克里斯,参议院是政府立法部门的一部分,因为参议院……"这使你可再次解释材料。如果这个学生不能肯定,那么其余学生也可能同样感到困惑。如果学生回答,是部分错误或完全错误,但他们已做了诚实的努力,你应了解更多情况、提供线索、使问题简化、回顾前面的步骤或重教一遍。如果学生的错误回答是由于疏忽大意,最好只是纠正答案,然后继续进行下面的内容(T. L. Good, 1988; Rosenshine & Stevens, 1986)。

反馈是学习的必要条件,特别是学生通过主动学习建构理解时。简单地说,反馈是关于学生当前与学习目标相关的表现如何的信息(Van den Berg, Ros, & Beijaard, 2014)。约翰·哈特和海伦·蒂姆里(John Hattie & Helen Timperley,2007)回顾了几十年来的反馈研究,构建了一个指导教师的模型。该模型提出了三个反馈问题:"我要去哪里?""我怎么去?""下一步该怎么办?"第一个问题是关于目标和目标的明确性。第二个是关于完成目标的路线。第三个问题是在目标尚未达到或目标达成时,向前推进以增进理解。约翰·哈特和海伦·蒂姆里的模型还提出了反馈的四个水平:任务、过程、自我调节和自我反馈。以下是一些例子(p.90):

任务反馈:"你需要更多地了解凡尔赛条约。"

过程反馈:"如果你使用我们之前讨论过的策略,这一页你可能理解得更多。"

自我调节反馈:"你已经知道论证开始的关键特征。检查一下你是否在第一段中加入了它们。"

自我反馈:"你是一个很棒的学生。""这是一个聪明的回答,做得很好。"

约翰·哈特和海伦·蒂姆里认为关于过程和自我调节的反馈是最有力的,因为它们帮助学生在学习中走向深入的理解、掌握和自我指导。关于自我的反馈(通常是表扬)在课堂上很常见,但是除非提供了关于学生如何通过努力、坚持或自我调节得到进步的信息,否则表扬没有效果,比如"你很棒——你坚持这个观点,再修改一次,那这篇文章就会是一篇强有力的论证。"

琳达·范登·伯格(Linda Van den Berg)和她的同事们与教师们合作,给予更多的反馈:

- 关注学生的元认知思维;

- 关注学生的社会性学习;

- 将学生的表现或理解与学习目标明确地联系起来;

- 包括认可、批评和建设性的评论;

- 更好的平衡指导性和促进性的反馈方式(p. 779)

这些听起来是个好建议。

小组讨论。课堂是"公民的培训场所,小组讨论不仅为学生提供了听取不同观点的机会,而且为学生提供了用证据证明其主张的机会"(Reisman, 2015, p. 1)。在小组讨论(group discussion)①中,教师可以提出问题,听学生回答,做出反应并寻求更多信息。然而在真正的小组对话中,教师无需扮演主导角色,而是由学生提问,相互回答问题,并对彼此的回答做出反应。然而,这类以学生为中心的对话相对较少。一项针对 64 所中学的研究发现,每堂 60 分钟的课只有 1.6 分钟用于讨论(Applebee et al., 2003)。

小组讨论有许多优点。通过对话和讨论,学生可以共同建构意义和复杂的理解。(Burbules & Bruce, 2001; Parker & Hess, 2001; Reznitskaya & Gregory, 2013)在小组讨论中,学生可以直接介入和有机会参与。动机和参与水平可以更高。小组讨论帮助学生清晰地表达和论证自己的观点,并接受不同意见。小组讨论还给予学生机会澄清自己的观点、检查自己的思路、遵循个人的兴趣,以及在小组中担当领导角色和承担责任。因此,小组讨论可以帮助学生评估和综合大家的意见。在学生试着理解与习惯相违背的概念时,讨论是非常有用的。当学生们试图理解与常识相反的困难概念时,讨论也是有用的。经过大家一起思考、互相质疑、提出和评价可能的解释后,学生将较容易真正理解概念的含义(Wu, Anderson, Nguyen-Jahiel, & Miller, 2013)。

当然,小组讨论也有缺点。它许多方面不可预测,在讨论过程中学生容易偏离论

---

①小组讨论——由学生提出和回答自己的问题、教师不担任主导角色的谈话形式。

题。你必须做大量的准备工作以保证参与者具备讨论所需要的充足知识储备。一些小组成员可能会在参与时感到有困难,有些学生因被迫发言感到不安。此外,人数过多的小组常常难以控制。很多时候,某些学生会主导讨论,而同时有的学生却在做白日梦。有时教师必须进行干预,以使学生专注于目标,并与实际联系起来(Arends,2004;H. J. Freiberg & Driscoll, 2005;Reisman, 2015)。

讨论是有效的学习工具吗?1964年至2003年,凯伦·墨菲(Karen Murphy)和她的同事(2009)就讨论课文对提高学生理解力的价值进行了一次重大综述,得出了一些令人惊讶的结论。他们研究了广泛的讨论形式,包括"指导性对话"、"初级名著共享探究"、"质疑作者"、"文学圈"、"图书俱乐部"和"大对话"——仅举几个例子。他们发现许多这样的方法在增加学生话语、限制教师话语、促进学生对所讨论文本的语言解释方面都非常成功。但让学生多说话并不一定会提高他们的批判性思维、推理或论证技巧。此外,讨论对于理解能力低于平均水平的学生更有用,可能是因为平均水平较高和能力较高的学生已经具备了理解文本的技能。一些讨论结构,比如"初级名著共享探究",在较长一段时间内使用似乎既促进对文本的理解,也促进批判性思维。研究人员得出结论,"仅仅让学生分组,鼓励他们交谈并不足以促进理解和学习,这只是过程中的一步"(p.760)。"指南:富有成效的小组讨论"为组成一个富有成效的小组讨论提供了一些建议。

指南:富有成效的小组讨论

鼓励害羞的学生参与。举例:

1. 教师问学生:"乔尔,你有什么意见吗?"或"还有人有其他意见吗?"

2. 不要等到出现死寂的沉默时,才请害羞的学生回答问题。因为大部分人,即使是胆大的学生也怯于打破沉默。

引导学生对其他学生的发言给予评论和提问。举例:

1. "斯蒂文,这个观点很特别。金,你们怎么看斯蒂文的想法呢?"

2. "约翰,那是个重要问题。莫拉,如果要你回答,你会怎么想呢?"

3. 鼓励学生相互交流意见,而不是等着看你的态度。

确信你已理解了学生表达的意思,如果你不确定,其他学生可能也不确定。举例:
1. 让学生总结先前学生的意见。如果总结不准确,就让先前发言的学生再解释一下自己的观点。
2. 问提出意见的学生:"卡伦,我想,你的意见是……对吗? 还是我理解错了?"

寻求更多信息,并要求学生详细阐述和捍卫自己的立场。举例:
1. 问学生:"这是个有力的论断,你有什么证据支持它吗?"
2. "你考虑过其他的选择吗?"
3. "能说说你怎么得出结论吗? 你经过了哪些步骤?"

使讨论言归正传。举例:
1. "好了,我们刚才讨论的是……而且莎拉提出了一个建议,其他人有不同意见吗?"
2. "在我们继续下去之前,让我总结一下刚才讨论的内容。"

在让学生回答之前,给其思考的时间。举例:
1. "如果从未发明电视,你的生活会有什么不同呢? 把你的意见略记在纸上,一分钟后我们再讨论。"一分钟后提问:"希罗米,可以告诉我们刚才你所写的吗?"

在一个学生回答问题后,环视一下教室看学生们有什么反应。举例:
1. 如果其他学生有疑问,询问他们原因。
2. 如果学生点头表示赞成,请他们举个例子。

使教学适应目标

在所有关于方法的讨论中,我们必须记住第一个问题应该是:学生应该学习什么? 今天有什么值得学习的? 然后,我们可以将方法与目标相匹配。

没有一种最好的教学方法。不同目标和学生需求要求不同的教学方法。直接教学常常产生更好的成绩测试表现,而开放、非正式的方法,如发现学习或探究学习,与创造力、抽象思维和解决问题的测试有更好表现相关。此外,开放式学习方法更有利于改善对学校的态度,激发好奇心、促进学生之间的合作,以及降低旷课率(Borich,

2011；Walberg，1990）。根据这些结论,当教学目标涉及问题解决、创造力、理解和掌握过程时,除了讲授之外,许多方法应该都是有效的。有时,每个学生可能需要直接、明确的教学来实现一些学习目标,但是所有的学生也需要经历更加开放的、建构主义的和以学生为中心的教学。

综述：追求理解的教学设计

我们从目标到教学策略,涵盖了相当多的领域。格兰特·威金斯和杰伊·麦克泰格（Grant Wiggins & Jay McTighe，2006）的《追求理解的教学设计》（Understanding by Design）（UbD）①将对高层次批判性思维、目标、学习证据和教学方法的期望整合起来。重点在于深层理解,深层理解以（1）解释、（2）诠释、（3）应用、（4）洞察、（5）移情、（6）对主题有自知的能力为特征。UbD 背后的总观念是逆向设计。教师首先要为学生确定重要的最终结果——关键的理解和宏观观念,这些是教学的目标。为了集中于理解（不只是有趣的活动或覆盖全文）,老师们写一些基本的问题,这些问题深入思想的核心,并推动思考:"民主制度最大的问题是什么?""谁有权拥有航空公司?""什么使数学论证令人信服?"接下来,老师确定哪些证据可以证明学生实现深度理解（表现任务、测验、非正式评估?）。然后,也只有到那时,教师才能设计学习计划,即教学计划,他们从最终结果到教学计划逆向设计。这种从明确的目标到教学计划的想法是使用教学标准和具体目标的每一种方法的核心。

威金斯和麦克泰格提供了一个模板,指导逆向的设计规划。你可以在网上看到许多模板的例子。对"通过设计模板来理解"（Understanding by Design template）进行网络搜索。教师/设计者基于该标准确定关键理解和基本问题,从数学核心标准逆推,然后规划评估,包括传统测试以及教科书作业和实际应用在内的表现型任务,最后创造学习经验以促进理解。你能看出这里有哪些层次的布鲁姆分类吗?

到目前为止,我们已经讨论了教学目标、策略和学习计划的方法。但是在今天多样化的课堂里,一个标准并不适合所有的人。在一般方法中,教师必须使他们的教学适应学生的需要和能力,必须进行差异化教学。

---

①追求理解的教学设计（UbD）——一种课程和单元规划的系统,它从理解的关键目标开始,然后逆推到设计评估和学习活动。

设计计划

关于毕达哥拉斯定理的一个教学计划过程。教师/设计者从核心标准倒着计划。

第一步：设定目标

应用毕达哥拉斯定理确定现实世界中直角三角形的未知边长以及二维和三维数学问题。
共同核心www.corestandards.org/Math/Content/8/G/B/

关键理解	基本问题
1.直角三角形斜边顶部的正方形形成的面积等于在其他两边顶部形成的两个正方形的总面积。 2.证明毕达哥拉斯定理的方法有多种。 3.……	1.是什么使毕达哥拉斯定理的数学论证令人信服？ 2.毕达哥拉斯定理有什么实际用途吗？ 3.……

学生将会知道什么？
1.直角三角形的斜边是什么？
2.直角三角形的两边长度是多少？
3.……

学生能做什么？
1.画一个图解说明毕达哥拉斯定理的有效性。
2.……

第二步：设计评估

可信/真实世界评估	传统评估
1.你能根据影子计算一个旗的高度吗？ 2.你有一个旧的电视柜，它的大小是34英寸*34英寸。你现在想要一个新的平板电视，至少42英寸。假设一个新的电视高度与宽度的比率是3/5。是否合适？为什么？ 3.假设棒球连续垒之间的距离是90英尺，那么投掷距离第三垒和第一垒之间的距离是多少？ 4.……	1.关于家庭作业的问题 2.基于章节发展的自我测试，并连同答案和证明 3.单元测试 4.……

第三步：设计学习

1.在小组中，计算教室周围正方形、三角形和矩形的面积——比较你们小组和其他小组为同一物体计算的面积。
2.用纸板、剪刀、尺子和铅笔来证明毕达哥拉斯定理。
3.课本中的模块6和7
（更多信息参见http://questgarden.com/搜索"勾股定理"Pythagorean Theorem）。

图14.1 设计计划

差异化教学与适应性教学

差异化教学(differentiated instruction)①理念——适应每一位学习者的能力和需要——是一种古老的教学方法。为了证明这一点,林恩·科诺(Lyn Corno,2008,p.161)引用了公元前五世纪昆体良的这些话:

有些学生懒散,需要鼓励;另一些则在更自由的管理下工作得更好。有的人在有威胁或恐惧时反应最好,其他人则会呆若木鸡。有些人细水长流式学习时效果最好;另一些人则在集中精力使能量一次爆发时达到最佳。

显然,昆体良认为很有必要对学生进行适当的指导。当教师有很多学生的时候,一种方法就是进行适当的分组。

班级内灵活分组

任意一个教室里的学生之间存在 3 到 5 年能力的差异是罕见的(Castle, Deniz, & Tortora, 2005)。但是,即使你决定勇往直前(反对昆体良的建议)以同样的方式向全班讲授同样的材料,也不会只有你一人这样做。学生先前知识的差异是教师面临的一个主要挑战,特别是对于建立在先前知识和技能基础上的课程,如数学和科学(Loveless,1998)。解决方法之一是按能力分组,但这也存在一些问题。

按能力分组存在的问题。许多班级和学校会将学生按能力进行分组,尽管没有确凿的证据表明这种班级内能力分组(within-class ability grouping②优于其他方法(Becker et al. , 2014)。在美国随机抽样的小学教师中,63%的教师会通过班级内能力分组安排阅读。能力较低组的学生不太可能被问到关键的理解性问题,并且很少有机会选择读什么(Chorzempa & Graham, 2006)。对于那些有来自低社会阶层家庭的学生的学校来说,分组通常意味着这些学生被隔离到能力较低的轨道上。根据保罗·乔治

---

①差异化教学——一种灵活的教学方法,根据学生在准备状态、兴趣和学习需求上的差异来匹配内容、过程和结果。考虑到学生的能力、先前的知识和挑战,使教学不仅符合学科,而且适应学生的需求。

②班级内能力分组——一种分组制度,根据能力把班上的学生分成两三组,以适应学生的差异。

(Paul George)(2005)所说:

> 在我处理这个问题的30年经验中,在那些种族和民族多样化的学校里,当同质化分组是组织学生的主要策略时,结果几乎总是陷入深深的而且往往非常明显的学生分隔,即基于种族划分学生、地位和社会阶层。(p.187)

经过深思熟虑的构建和数学和阅读能力教得好的小组是有效的,但是任何分组策略的要点都应该是提供适当的挑战和支持——也就是说,帮助儿童达到他们的最近发展区,即学生可以学习和发展并被给予适当支持的区域(Vygotsky, 1997)。灵活分组是一种可行的方法。

灵活分组。在灵活分组(flexible grouping)①中,教师根据学生的学习需求分组并重组。评估是连续的,因此学生总是在他们的最近发展区内学习。分组形式可以包括小团体、合作伙伴、个人,甚至整个班级——这取决于哪个组最能促进每个学生学习特定的学科内容。灵活的分组方法包括高水平的指导和对所有学生的高期望,而不管他们的小组形式是怎样的(Corno, 2008)。一项为期5年的针对高需求城市小学灵活分组的纵向研究发现,根据学科领域和年级水平,达到掌握水平的学生从10%增加至57%。教师接受必要的评估、分组和教学策略方面的培训和支持,到研究结束时,95%的教师会使用灵活分组。参与研究的老师们认为,部分成绩的获得是因为学生更加注重学习并更加自信(Castle et al. , 2005)。

指南:采用灵活分组

基于对学生当前所学科目的准确判断,形成和重组小组。举例:

1.使用最近的阅读评估的分数来建立阅读小组,依据当前的数学成绩来形成数学小组。

2.持续评估。当学生成绩发生变化时,频繁地更换小组。

---

①灵活分组——根据学习需要分组和重组学生。

确保不同的小组得到不同的指令,而不仅仅是相同的材料。调整教师、方法和速度以确保适应小组的需要。举例:

1. 改变教学节奏,适应学生的兴趣和知识。

2. 分配所有小组的研究报告,但有的以书面的形式,有的口头汇报或用 PPT 展示。

3. 组织和指导小组,使低成就的学生得到适当的额外指令,而不仅仅都是相同的材料。较低成就的学习小组人数要更少,这样学生就会得到额外的关注。

4. 确保所有的工作都是有意义的、受尊重的——不能使低能力组只有练习题,而高能力组却在做实验和研究课题。

5. 尝试改变。例如,德韦恩·梅森和汤姆·古德(DeWayne Mason & Tom Good, 1993)发现,当学生需要时,在全班通过解惑和拓展来进行数学教学,比把全班学生分成两个能力小组并分别教授这些小组效果更好。

避免小组之间的比较,鼓励学生培养班集体精神。举例:

1. 不要让学生在上完阅读和数学课后还按阅读组和数学组的分组坐在一起。

2. 避免按能力命名小组,保留能力水平考差的队伍或整体班级的名称。

以 1 个或最多 2 个主题来按能力分组。举例:

1. 确保有许多课程和项目可将小组成员打乱重组。

2. 尝试强调合作的学习策略(在第十章中有描述)。

3. 保持小组数量较少(最多两个或三个),这样你就可以提供尽可能多的直接指导。让学生单独活动太久会削弱学习效果。

正如我们在这篇文章中反复看到的,一项有挑战性但通过努力和帮助你能够掌握的任务,更有可能激发学生的学习及动机。如果你曾经决定使用灵活分组分类,那么"指南:采用灵活分组"应该会使其更有效(Arends, 2007; T. L. Good & Brophy, 2008)。

适应性教学

林恩·科诺(2008)已经开发了一种适应性教学(adaptive teaching)①模式,它也解决了学习者的差异。在这个方法中,教师认为"学习者的多样性是教学中的学习机会,

---

①适应性教学——向所有学生提供具有挑战性的指导,并在需要时提供支持,但是当学生能够自己处理更多问题时,就取消这些支持。

而不是要克服的障碍"(p.171)。适应性教学给所有学生提供富有挑战性的指导,并在需要时提供支持,但是随着学生能够独立处理更多的问题,就撤除这些支持。图14.2显示了符合学生需求的连续性支持和指导类型。如图中左边所示,当学生在某个领域是新手,或者没有多少先前的知识和技能时,教学更加直接,并且包括精心设计的激励策略以保持他们参与。同时,教学生如何运用适当的认知策略,赋予他们学习的"技能"。短周期地教学,检查学生的理解,再教学。当学生在发展学科能力时,教学就转向建模、指导练习和辅导。这时,学生应该已经提高了他们的认知"技能"策略,所以教学也可以集中于动机和意志策略——学习的"意志"。最后,随着学生获得更多的知识和技能,教学可以转向有指导的探究、独立学习和同伴辅导,并强调自主学习——学生今后一生都将需要的学习。

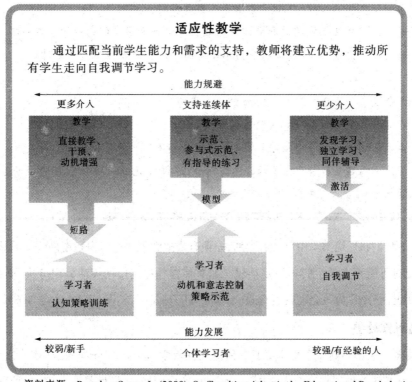

资料来源:Based on Corno, L. (2008). On Teaching Adaptively. Educational Psychologist, 43(3), 161-173; and Randi, J., & Corno, L. (2005).Teaching and Learner Variation, in Pedagogy —Learning from Teaching, British Journal of Educational Psychology, Monograph Series II(3), 47-69.

图14.2 适应性教学

适应性教学确保每个人都获得挑战。例如,一所精英学校的一位老师描述了他如何用其最优秀的学生都"无法理解的"一些内容来"冰冻"他的课程。他想确保所有的学生都发现一些作业很难。他相信"每个人都需要在我的课堂上进行拓展"(Corno,2008,p. 165)。

惠及每一位学生:差异化教学在全纳课堂中的应用

停下来想一想:当你考虑全纳课堂教学时,你有什么担忧? 你是否有足够的训练? 你会从学校管理者或专家那里得到你需要的支持吗? 和特殊学生一起工作会耽误你做其他事情吗?

这些问题是普遍的,有这种担心也是合理的。但是对于特殊学生的有效教学不需要一套独特的技能,而需要将良好的教学实践和对所有学生的敏感性相结合。特殊学生需要学习学业材料,并且他们需要充分参与日常的课堂生活。

为了实现学业学习的第一个目标,有学习障碍的学生似乎能从分散在几天或几周之中的扩展练习和先行组织者中有所收获,例如使学生关注他们已经知道的内容或陈述明确的学习目标(H. L. Swanson,2001)。

为了实现将特殊学生融入日常课堂生活的第二个目标,玛丽琳·弗伦德和威廉·布尔索克(Marilyn Friend & William Bursuck ,2019)建议采用"INCLUDE"策略:

识别(Identify)教室的环境、课程和教学要求。

注意(Note)学生的学习优势和需求。

检查(Check)学生成功的潜在领域。

寻找(Look for)潜在的问题领域。

利用(Use)收集到的信息进行头脑风暴,以适应教学。

决定(Decide)尝试哪些调整方法。

评估(Evaluate)学生的进步。

技术和差异化

《残疾人教育法》(IDEA)要求对所有有资格获得特殊教育服务的学生考虑使用辅助技术。辅助技术(Assistive technology)①是任何用来增加、维持或改善残疾人士能力的产品、设备或系统(Goldman, Lawless, Pellegrino, & Plants, 2006)。对于在学习新概念时需要小步骤和多次重复的学生,计算机是最耐心的辅导教师,只要需要就可以不断重复。一个精心策划的计算机教学软件具有吸引力和互动性——这两点对于注意力无法集中或由于失败经历而使学习动机受损的学生来说是非常重要的。例如,一个数学或拼写程序会使用形象、声音、游戏使有注意力缺陷的学生维持注意力。互动的影碟程序正用于帮助听觉障碍人群使用手语。许多软件没有声音,因而听觉损伤的学生能从课程中获益。有阅读困难的学生可以使用一种程序帮助他们学习发音,当他们用一支光笔或光标划过一个不认识的词时这种程序会发音。通过这种方便快捷的帮助,学生可以接受更多的阅读训练,以免他们越来越落后。另外还有些设备可以为盲人学生或其他受益于听力材料的学生把印刷的文字和打印的文本转换成声音。有的学习有困难的学生的笔迹难以辨认,计算机文字处理可以使笔迹清晰,使得学生的想法能最终呈现在纸上。一旦想法呈现在纸上,学生就可以再认和改进书写,而免受重复书写的折磨(Hallahan, Kauffman, & Pullen, 2015)。

尽管如此,这些巨大的技术改进也可能成为障碍。许多计算机有清晰的界面,为了操作程序,需要精确的"鼠标移动",你应该会记得自己初次学习使用鼠标和单击时的情景。对于有肌肉运动问题和视觉损伤的学生来说,这些操作非常困难。互联网上的信息对于有视力问题的学生来说往往是不可用的。研究者正在致力于解决这个问题,发明一种使学生可以接受非可视信息的设备(Hallahan et al., 2015)。当前的趋势之一是通用设计(universal design)②——在设计新工具、学习程序或网站时考虑所有用户的需求(Pisha & Coyne, 2001)。

对于天才学生来说,计算机可以作为与数据库、大学、博物馆及研究室的计算机的

---

①辅助技术——支持和提高残疾人能力的设备、系统和服务。
②通用设计——在设计新工具、学习程序、网站时考虑到所有用户的需要。

连接工具。网络使学生得以致力于某一项目,并与全国各地的人交流信息。也可以让天才学生为教师与其他学生编写程序,全国许多校长都依靠学生去完成学校工作中的技术环节。这里我们只提及了看到技术作用的几个例子,请与你所在学区的资源室教师联系,寻找你的学校的可用资源。

不管你如何进行差异化教学,你的教学应该有一部分对所有学生都是一样的——适当的高期望。

表 14.8　用 INCLUDE 策略为有学习障碍和行为障碍的学生进行调整

识别课堂需求	注意学生的优势和需要	检查潜在的成功/寻找潜在的问题	调整决策
学生书桌四人一组	优势:良好的词汇技巧 需要:处理任务有困难	成功:学生专心的话能理解教学 问题:学生分心,教师教学时看着别处	改变座位,让学生面对教师
与同伴进行小组合作	优势:书写工整 需要:口头表达语言——寻找合适词汇的问题	成功:学生担任合作小组的秘书 问题:学生在同伴学习小组中难以表达自我	委派为小组秘书;安排加入相容小组; 为全体学生开展社交技能教学
期待学生按时上课	优势:良好的绘画技巧 需要:不良的时间管理	成功:学生在课堂上运用艺术天赋 问题:学生上课迟到,经常缺勤。	采用个性化准时出勤合约;如果可以,让学生承担艺术方面的工作责任。
教材难读	优势:良好的口语表达能力 需要:阅读准确性差,缺乏阅读文本的系统策略	成功:学生在课堂上积极参与,课堂活动的出色候选人 问题:学生无法阅读文本信息	提供录音教材;突出学生课文
面对全班演讲:主题关于妇女参政运动	优势:对课堂非常有兴趣和热情 需要:缺乏背景知识	成功:学生因课堂出勤和努力获得分数 问题:学生缺乏理解课堂中的重要信息的背景知识	上课前给学生观看视频; 将出勤和努力程度计入评分系统

识别四分之一小时的全体教学	优势:良好的着色技巧 需要:无法识别 7 - 12 的数字,不能按 5 个一组计数	成功:学生能给教学中使用的钟面着色 问题:学生无法掌握识别时间技能	提供数字识别和按 5 个一组计数的额外指导

资料来源:Friend, M. & Bursuck, W. D. (2015). Including Students with Special Needs: A Practical Guide for Classroom Teachers (7th ed., pp. 229 - 230). Boston, MA: Pearson Education, Inc. Reprinted by permission of Pearson Education, Inc. Upper Saddle River, NJ.

教师期望

马文·马歇尔(Marvin Marshall,2013)讲述了一个教师的故事。当这位教师看到她新班级的名单时,她很高兴。"哇,今年我有一个优秀的班级吗? 看看这些惊人的IQ:116、118、122、124……"于是,教师设计了一系列富有挑战性的活动,对她的学生寄予很高的期望,并传达了自己对学生的信心,学生们做到了。直到很久之后,教师才发现学生名字旁边的数字其实是他们的更衣室号码。

期望能起作用吗? 50 年前,罗伯特·罗森塔尔和勒诺·雅各布森(Robert Rosenthal & Lenore Jacobson,1968)的一项研究引起了全国媒体的关注,其后几乎再没有心理学家的研究有过这样的情况。关于其研究结果的含义的争论还在继续(De Boer, Bosker, & van der Werf, 2010;Jussim, 2013;Jussim, Robustelli, & Cain, 2009;Rosenthal, 1995;R. E. Snow, 1995)。罗森塔尔和雅各布森发现了什么,造成这样的轰动? 他们在许多小学班级中随意地选取了一些学生,然后告诉教师这些学生在一年内会获得显著的智力提高。那一年这些学生真的比其他学生获得了更大的提高。研究者举出数据证明在课堂中皮格马利翁效应(Pygmalion effect)①或自我实现预言的存在。自我实现预言(self-fulfilling prophecy)②是指没有根据的某种期望仅仅因为被期待而获得实现(Merton, 1948)。一个例子就是认为银行快要倒闭,这导致顾客急于取钱,

---

①皮格马利翁效应——由于教师对某个学生抱有高期望,这个学生有了特别的进步。这个效应以神话故事中的一位国王皮格马利翁的名字命名,这位国王塑造了一个雕像,并使雕像具有了生命。

②自我实现预言——没有根据的期望,仅仅因为被期待而获得实现。

然后导致银行如预期那样倒闭。

停下来想一想:当你回想曾经遇到的最有效率的老师时,老师相信你有或者对你提出的最高要求的特点是什么? 老师是如何传达这种信念的?

两种期望效应

事实上,两种期望效应在课堂上都会出现。第一种是以上描绘的自我实现预言,这种情况下,教师对于学生能力的信念事实上并没有根据,但学生的行为会与这种最初不切实际的期望相吻合。第二种期望效应发生在教师相当清楚学生的能力并做出适当的反应时。当学生有了进步,而教师没有根据这些进步来调整他们的期望时,问题就产生了。这就叫作持续的期望效应(sustaining expectation effect)①,因为教师保持不变的期望使学生的成就维持在期望的水平上,这样就错过了提高期望、提供更适宜的教学以及鼓励学生取得更大成就的机会。在实践中,自我实现预言效应在初年级似乎更有效,而持续期望效应在高年级更有可能发挥效用(Kuklinski & Weinstein, 2001)。

期望的来源

教师期望有多种可能的来源,包括智力测验分数(尤其是没有适当解释时)、性别、先前教师的记录、档案库中学生心理和智力方面的报告、对其兄弟姐妹的已有了解、外貌特征(教师对有吸引力的学生持有较高的期望)、学生过去的成绩、社会经济阶层、种族和民族,学生实际的行为也会成为信息的来源(Van Matre, Valentine, & Cooper, 2000)。甚至学生的课外活动也可以成为期望的来源。教师对参加课外活动的学生的期望高于课后不做任何事的学生。一项研究显示,一些教师甚至可能持有对整个班级的期望。也就是说,他们对特定班级的所有学生都有较高或较低的期望(Rubie-Davies, 2010)。

有些学生比其他学生更有可能受到持续期望的影响。例如,孤僻的孩子提供的关于他们自己的信息很少,所以老师可能仅仅因为缺乏新的输入而维持他们对这些孩子的期望不变(M. G. Jones & Gerig, 1994)。认知能力低、行为问题较多的青年学生收到

---

①持续的期望效应——由于教师不认可学生的进步,学生的成绩维持在一定的水平上。

低期望值的风险较大(Gut, Reiman, & Grob, 2013)。此外,自我实现预言效应对于来自低社会经济阶层家庭的学生和非裔美国学生来说往往更有效(De Boer, Bosker, & van der Werf, 2010)。在 50 多项综合研究中,哈丽特·滕恩鲍姆和马丁·拉克(Harriet Tenenbaum & Martin Ruck, 2007)发现,与非洲裔美国学生和拉丁裔美国学生相比,教师对欧洲裔美国学生抱有更高的期望,并给予他们更积极的问题和鼓励,最高期望是留给亚裔美国学生的。幼儿教师似乎可能对社交能力更强的学生抱有更高的期望(Hinnant, O'Brien, & Ghazarian, 2009)。例如,珍妮弗·阿尔维德雷兹和罗纳·韦恩斯坦(Jennifer Alvidrez & Rhona Weinstein, 1999)发现,教师倾向于高估他们认为独立和有趣的学龄前儿童的能力,而低估他们认为不成熟和焦虑的儿童的能力。

期望和信念使注意力有了倾向性,影响了记忆的组织,这样教师可能关注并记住那些符合最初期望的信息(Fiske, 1993)。甚至当学生的表现不符合期望时,教师会推断并将学生的表现归因于在学生控制之外的外部因素。例如,教师可能会假定能力低的学生考好了一定是作弊的结果,能力高的学生考得不好只是因为那天不舒服。在这两种情况下,角色特征之外的行为似乎都被忽略了。可能需要举出许多所谓反常行为的例子,来影响教师对特定学生能力的信念。因此,在面对相互矛盾的证据时,教师的期望往往保持不变(Brophy, 1982)。

教师期望真的会影响学生的成就吗?

回答"教师期望真的会影响学生的成就吗?"这个问题比看起来要复杂得多。有两种方法来探索这个问题。一是使教师对学生抱有无根据的期望,如果这些无根据的期望产生作用就记录下来。另一种方法是确定教师自然产生的期望,然后研究这些期望的影响。教师期望是否会影响学生的学习,这个问题的答案部分取决于采用何种方法来研究。

罗森塔尔和雅各布森最初的实验使用了第一种方法——给教师无根据的期望并记录影响。一项细致的结果分析表明,尽管一到六年级的学生都参加了这项研究,自我实现预言的影响主要发生在一、二年级的学生身上。在这些年级,影响也只体现在五个学生戏剧化的转变上。在回顾了关于教师期望的研究之后,劳登布什

（Raudenbush,1984）归纳出期望只对学生的 IQ 分数有少许影响（Rosenthal 和 Jacobson 使用的测量结果），并且只在学生来到一所新学校的初期有影响——初中第一年和高中第一年。

但是第二种自然产生期望的方法呢？研究者发现教师的确形成了对学生能力的信念，其中许多信念是基于对最易获得的资料的准确评价，而且随着新信息的获得，这些信念得到修正（Jussim & Harber, 2005）。但是不准确会带来不同。在妮可·索哈根（Nicole Sorhagen,2013）的纵向研究中，教师对一年级学生的数学和语言能力的过高和过低估计预测了学生们在 15 岁时的数学、阅读理解、词汇知识和语言推理的标准化考试分数，并且该影响对低收入家庭的学生来说更大。也许低估贫困儿童的能力是造成这些学生成绩差距的一个因素。如果教师认定了一些学生能力较低，而且又缺乏指导低成就学生的有效策略，那么这些学生就受到了双重威胁——低期望和不充分的教学。（T. L. Good & Brophy, 2008）。

尽管教师的期望会明显影响学生的成绩，但一般来说，这种影响并不大，而且随着时间的推移，这种影响会逐渐消散（Jussim, 2013）。期望效应的影响力取决于学生的年龄（一般来说，年龄较小的学生更容易受影响）以及教师对待高期望和低期望学生的不同之处，这是我们接下来要讨论的问题（Kuklinski & Weinstein, 2001）。如表 14.9（Good, 2014）所示，教师可能基于期望的不同使用不同的教学策略，并且与学生有不同的互动和关系。

表 14.9　教师期望与教学

以下是教师基于对学生能力的期望对学生采取的不同教学和交流方式。

期望	教学	互动与关系
高	更具挑战性的教学 更多的选择机会 更有可能被分配到高分或天才组	更多回答老师问题的机会和时间 更多追问的机会——告诉我更多 更多持续行为——教师提供线索或复述问题 更多教师的表扬 教师更多的温暖、微笑、情感支持

| 低 | 挑战性较低的课程,更多的训练和练习
选择机会更少
更可能被分配到低分组 | 更少回答教师问题的机会和时间
较少追问的机会
更多放弃行为——教师提供答案或要求另一个学生这样做
教师更多地批评错误的答案,更少地赞扬正确的答案
错误答案的纠正反馈少
教师更少微笑、给予关怀 |

在教学方面,当准备接受更具挑战性工作的学生因为教师认为他们无法应付而没有机会尝试时,持续性期望效应可能发生。在互动和关系方面,期望差异经过多个教师年复一年的累积,其影响可能是巨大的(Trouilloud, Sarrazin, Bressoux, & Bois, 2006)。

给教师的建议:传达适当的期望

当然,并不是所有老师都具有不适宜的期望或以毫无建设性的方式实行他们的期望(Babad, Inbar, & Rosenthal, 1982)。下面的"指南:避免教师期望的负面影响"可以帮助你避免这些问题。但是避免这一问题比看起来要困难。一般来讲,低成就学生更容易成为最受困扰的学生(当然,低期望会强化他们捣乱和采取不当行为的想法)。教师可能较少提问这些学生,等待他们回答的时间较短,对他们的正确回答较少给予表扬,这样做的部分原因是为了避免错误的、草率的或愚蠢的回答引起课堂上的困惑、耽搁和离题。我们面对的挑战是如何解决这些对课堂管理的真实威胁,同时不向那些学生传递低期望的信息,也不促成他们对自己的低期望。有时,低期望成为学校文化的一个部分——教师和管理者有着相似的观念(Weinstein, Madison & Kuklinsik, 1995)。

指南:避免教师期望的负面影响

使用有关学生的各种信息时要格外小心,这些信息可能来自测验、积累的文件或其他教师。举例:

1. 避免在学期初阅读学生过去的资料。

2. 对于其他教师的意见,要采取客观和批判性的态度。

3. 灵活使用期望,学生的标签或你的判断可能是错误的。

灵活运用分组策略。举例:

1. 经常检查学生的活动,尝试新的分组。

2. 不同的学科分组不同。

3. 在合作练习中采用混合能力分组。

保证所有学生都接受了挑战和支持。举例:

1. 不要说"这个简单,我知道你会做。"

2. 提供各种各样的问题,鼓励所有学生尝试稍难一些的问题来获得额外的学分。在尝试中找到一些积极的东西。

3. 确保你的高期望伴随着对学生努力的学业和情感支持。"坚持高标准而不提供温暖的环境是苛刻的。一个没有高标准的温暖环境缺乏支柱。"(Jussim,2013)

特别注意在班级讨论中你对低学业成绩学生的回应。举例:

1. 给他们提示、暗示和回答的时间。

2. 对好的回答大加赞扬。

3. 提问低学业水平的学生与高学业水平的学生尽量一样多。

采用体现广泛种族群体的材料。举例:

1. 检查读物和图书馆的书籍是否体现了种族多样性。

2. 请学生依靠社区或家庭资源研究并创建他们自己的材料。

确保你的教学不带有种族、民族或性别刻板印象和偏见。举例:

1. 采用某种方法保证你提问和顾及了所有学生。

2. 监控你布置的任务内容,你是否让男生到黑板前做难的数学题? 你是否避免让英语能力不足的学生做口头陈述?

在评价和惩戒程序上要公平。举例:

1. 保证同样的违规行为得到同样的惩罚。利用学生匿名问卷检验你是否偏爱某些学生。

2. 试着在不看学生姓名情况下,评价他们的学习,有时可以请另一位教师给出他的意见。

向所有学生表明你相信他们可以学习——并且身体力行。举例：

1. 退回不符合要求的作业,并提出改进建议。

2. 如果学生没有马上回答,等一等,了解学生的想法,帮助他们找出答案。

使所有学生参与到学习任务中。举例：

1. 采用某种方法保证你给每个学生阅读、发言和回答问题的练习机会。

2. 追踪了解学生达到的程度,是否一些学生总是比其他人完成得快?

监控你的非言语行为。举例：

1. 你是否总是背对着或离一些学生很远?是否一些学生走近你的讲桌时看到的是微笑,而另一些学生看到的是皱眉头?

2. 对不同学生说话的语调是否不同?

总结

关于教学的研究

用什么方法来研究教学? 多年来,研究者们试图通过课堂观察、个案研究、访谈、用不同方法进行实验、刺激回忆(教师观看录像带并解释他们的教学)、分析课本和其他方法来解开有效教学的奥秘,从而研究真正的课堂教学。

好的教学的一般特征是什么? 教师素质的高低与好的教学有着密切的关系。研究表明,接受适当的培训和资格认证的教师有更多成功的学生。尽管很重要,但是教师的知识对于有效教学来讲是不够的。系统的知识确实会使表达更清晰和有条理,这两者都与好的教学联系在一起。表达和解释清晰的教师更能使学生学到更多的知识,学生也会对他们有较积极的评价。教师的热情、友好和善解人意似乎是维持师生关系和学生积极的学习态度的最主要特质。

专家型教师知道什么? 成为一名专家型教师需要时间和经验。这些教师对教学的许多具体情况有着丰富的知识储备。这种知识对于情境、话题、学生甚至个别教师来说都非常复杂且具体。在特定的情境和话题下,专家型教师有明确的目标,在为学生做计划时会考虑到个体差异。专家型教师也知道如何成为反思的实践者——如何利用他们的经验作为促进和改进他们教学的一种方式。

最新的教学研究向我们揭示了什么？ 一项大规模的纵向研究项目已经确定了与幼儿和小学生发展、学习有关的三个方面的课堂气氛。这三个维度与早期教学研究中所确定的教师特征一致，包括情感维度、行为维度和认知维度。情感维度是教师的情感支持，与早期研究中发现的教师热心和热情类似。认知维度是教学支持，包括概念发展（促进学生高阶思维的活动和讨论）和针对学习过程的质量反馈。第三个维度是课堂组织，它包括行为关注，如教学和课堂管理，以及明确的活动和常规，使学生有更多的时间学习，真正让学生参与进来——类似于教师表达清晰和有条理的特征。

第一步：计划

计划的层次是什么？它们是如何影响教学的？ 教师按年度、学期、单元、周、日进行不同层次的计划。各层次之间必须协调一致。这个计划决定了如何将时间和材料转化为学生的活动。并没有统一的计划模式，所有的计划都应该是灵活的。计划是富有经验的教师创造性解决问题的过程。更为非正式的说法是——"在他们的头脑中"。

共同核心是什么？ 为解决许多州立标准不一致、不够严格和繁杂的问题，从 2009 年开始，州立学校校长理事会（CCSSO）和全国州长协会最佳实践中心（NGA Center）领导了一项尝试，在两个广泛的领域为 K－12 的每个年级定义一致的国家标准：(1) 包括在历史/社会研究学科中的英语语言艺术和文学科目、科学和技术科目，(2) 数学科目。如今，采用共同核心是一个正在进行中的目标。2017 年初，有 35 个州以及哥伦比亚特区仍然保持着以往标准，但是有 10 个州正在改写或更新这些标准。

学习目标是什么？教育目标的三个分类是什么？ 学习目标告诉学生应该知道什么和最终能够做什么。布鲁姆和其他学者已经开发了教育目标分类，目标分为认知、情感和动作领域，有利于对相关目标及其评价方式进行系统思考。认知领域有六个教育目标：记忆、理解、应用、分析、评价和创造，这些过程按四种知识划分：事实性的、概念性的、程序性的和元认知的。情感领域的目标表现从最不认可到最认可浮动。动作领域的目标通常从基本认知和反射动作转向熟练的创造性运动。思考学习目标的一个更简洁的方法是针对知识、推理、表现技能、作品或问题解决。

基于建构主义观点的计划。计划是以学生为中心或建构主义的方式进行的共享和协商。教师没有把具体的学生行为作为目标,而是提供指导计划的总体目标或"宏观观念"。综合内容和主题教学往往是计划的一部分。学习评价是持续且由师生分享的。

教学方法

教师应该如何使用直接教学和家庭作业? 直接教学适用于基础技能和显性知识的教学,它包括复习/回顾、演示、有指导的练习、反馈、纠正(如果需要就再教)、独立练习、定期复习等教学功能。学生年龄越小或能力越差,教师讲课的时间应该越短,练习和反馈的周期要越多。家庭作业的"10分钟原则"指从小学一年级每晚做10分钟的家庭作业开始,每年级增加10分钟,所以十二年级的学生将被分配大约120分钟的作业。

区分聚合型和发散型的问题,并描述深层问题。聚合型问题只有一个正确答案,发散性问题有许多可能的答案。深层问题(比如为什么、为什么不、如何、如果、比较 X 和 Y 得出什么结果以及证据是什么?)需要学生自己进行深思熟虑和合理解释。对年龄小或能力水平低的学生来说,最佳的提问方式是,让其回答正确可能性高的简单问题并给以充分鼓励,当学生未得出正确结论时给予及时的帮助,以及给予表扬。对能力水平较高的学生,成功的提问方式包括提高两种目标层次上较难的问题,给予更具批判性的反馈。无论学生的年龄或能力水平如何,所有学生都应该接受能激发思维的问题。必要时要帮助学生学习如何回答这类问题。

等待时间如何影响学生学习? 当教师学会提问,即叫学生回答问题之前至少等待3—5秒,学生就会说出较为完整的答案;更多的学生可能会参与进来、提问题、自愿回答;包含分析、综合、推理和猜测的回答开始增加,并且学生在回答时也更有自信心。

小组讨论的优点和缺点是什么? 小组讨论有助于学生直接参与,帮助学生清晰地表达和论证自己的观点,并接受不同意见。小组讨论还给予学生机会去澄清自己的观点、检查自己的思路、遵循个人的兴趣,以及在小组中担当领导角色和承担责任。因此,小组讨论可以帮助学生评估和综合大家的意见。

如何将教学与目标相匹配？不同的目标和学生需要要求不同的教学方法。直接教学常常产生更好的测试成绩表现，而开放、非正式的方法，如发现学习或探究学习，与创造力、抽象思维和解决问题的更好的测试表现相关。此外，开放式学习方法更有利于改善学生对学校的态度，激发学生好奇心，促进学生之间的合作，以及降低旷课率。

如何利用"追求理解的教学设计"来规划高质量的教学？UbD 重点在于深层理解，其特点是：(1)解释；(2)诠释；(3)应用；(4)有视角；(5)移情；(6)对主题有自知之明的能力。UbD 背后的宏观观念是逆向设计。教师首先要为学生确定重要的结果——教学目标的关键理解和宏观观念。为了专注于理解(不只是有趣的活动或覆盖课文)，老师们需要写一些基本的问题——这些问题能够触及思想的核心并推动学生更深地思考。UbD 模式指导是基于这些考虑的计划。

差异化教学与适应性教学

按能力分组存在哪些问题？按学习能力分组对学生和教师既有好处也有坏处。能力较高组的学生可能会从中受益，但是能力较低组的学生不太可能被问到关键的理解性问题，并且很少有机会对阅读和作业内容做出选择。对于来自低社会阶层家庭的学生，分组通常意味着这些学生甚至在他们自己的班级中被隔离，所以能力分组可能在不同的学校中造成分离。

灵活分组可用于分组的选项有什么？在灵活分组中，教师根据学生的学习需求分组并重组。评估是连续的，因此学生总是在他们的最近发展区内学习。学习形式可以包括小组、合作伙伴、个人，甚至整个班级，这取决于哪个组最能帮助每个学生学习指定的学科内容。如果处理得恰当和灵活，课堂内的能力分组可以产生积极的效果，但其他选择，如合作学习也可能会收到更好的效果。

什么是适应性教学？适应性教学给所有学生提供富有挑战性的指导，并在需要时提供支持，但是随着学生能够独立处理更多的问题，将移除这些支持。

对于有学习障碍的学生，有效教学的特征是什么？对特殊学生的有效教学不需要一套独特的技能。这需要良好的教学实践和对所有学生的敏感度相结合。特殊学生需要学习学业材料，并且他们需要充分参与日常的课堂生活。

哪些方法有助于指导有学习障碍的学生？特殊学生需要学习学业材料,他们需要充分参与日常的课堂生活。为了实现第一个目标,有学习障碍的学生能从分散在几天和几周之中的扩展练习和先行组织者中有所收获,例如教师可以使学生聚焦于他们已经知道的内容或陈述明确的学习目标。"INCLUDE"策略是实现学生融入日常课堂生活的第二个目标的一种可能性:识别课堂需求、注意学生的长处和需求、检查可能的成功领域、寻找潜在的问题领域、使用收集的信息来计划调整、决定调整策略和评估学生进步。

教师期望

教师期望的来源有哪些？期望来源包括智力测验分数、性别、先前教师的记录、档案库中学生心理和智力方面的报告、有关其兄弟姐妹的已有了解、外貌特征、学生过去的成绩、社会经济阶层、种族和民族以及学生实际的行为。

两种预期效应是什么？它们是如何发生的？第一种是自我实现预言,其中教师对于学生能力的信念事实上并没有根据,但学生的行为会与这种最初不切实的期望相吻合。第二种是持续的期望效应,即教师在初次审视学生的能力时相当准确,对学生的反应也相当恰当,但他们没有改变期望值以考虑任何提高的可能。当这种情况发生时,教师不变的期望将会使学生的成绩维持在预期水平上。在实践中,持续的期望效应比自我实现预言效应更为普遍。

传达教师期望的途径有哪些？有些教师倾向于区别对待学生,这取决于他们对学生发展可能性的看法如何。对待低期望值学生的不同之处可能包括设置挑战性较小的课程,关注较低水平的学习,给予较少的选择,提供不一致的反馈,以及传达较少的尊重和信任。学生可能相应地实现教师的预期或停留在期望的成就水平上。

关键术语

Active teaching	活动教学
Adaptive teaching	适应性教学
Affective domain	情感领域
Assistive technology	辅助技术

Basic skills	基本技能
Cognitive domain	认知领域
Constructivist approach	建构主义观点
Convergent questions	聚合型问题
Differentiated instruction	差异化教学
Direct instruction/explicit teaching	直接教学/显性教学
Divergent questions	发散型问题
Expert teachers	专家型教师
Flexible grouping	灵活分组
Group discussion	小组讨论
Lesson study	课例研究
Pedagogical content knowledge(PCK)	学科教学知识
Psychomotor domain	动作领域
Pygmalion effect	皮格马利翁效应
Reflective	反思型
Scripted cooperation	互评式合作
Seatwork	课堂作业
Self-fulfilling prophecy	自我实现预言
Sustaining expectation effect	持续性期望效应
Taxonomy	分类法
Understanding by design	追求理解的教学设计
Universal design	通用设计
Within-class ability grouping	班级内能力分组

教师案例簿

有教无类——他们会做什么?

以下是一些实习教师针对本章开头所描述的课班级例子将采用的差异化教学。

LOU DE LAURO　五年级语言艺术教师

John P. Faber School, Dunellen, NJ

在你的家乡你可能认识很多人。要想成功,你就必须通过小镇来帮助自己。如果你计划得当,你应该可以保证整个学年每周有一位客人到来。孩子们会喜欢每周结识新朋友,并和他们一起阅读。但你需要一个星期多位客人来拜访你的教室。问问城里的商家吧。也许企业可以举办一个筹款活动,这样你就可以为你的学生购买替代教材。也许当地图书馆可以把你介绍给他们最大的捐赠者,他可能会给你发短信。也许你可以向当地的教育基金会申请助学金,以获得新的材料。

但是你需要更多的帮助。你是老师,你也可能是一个与你以前老师有联系的优秀学生。可以拜访任何仍在教书的老师,征求他们的建议。过去奏效的方法现在可能也会奏效。

放学后多花点时间和学生相处。小班教学将帮助这些孩子。让两个已经准备好上大学的学生从当地企业获得小额奖学金,这样他们就可以在放学后留下来帮助你教不太好教的学生。我认为如果你充分利用你的主场,在这种情况下你可以轻易取胜。

MARIE HOFFMAN HURT　八年级外语教师(德语、法语)

Pickerington Local Schools, Pickerington, OH

首先,我鼓励老师不要把目光局限在"白人、工薪阶层、中产阶级和说英语的人"这类宽泛的分类上。即使在一个满是符合这一群体的学生的班级里,也有一系列的个体。每个学生学习方式不同,兴趣也不同。一个好的老师会意识到这一点,并将学生们作为个体而不是作为一个群体来看待。尽你最大的努力把你的课程分更多层,给学生选择。利用你所拥有的资源——在这种情况下,尤其是那些把英语作为第二语言来学习的学生的资源。甚至对学生的个性和课外成就的赞扬会定下基调。最后,记住,你只是一个人,只能尽你最大的努力。不要过度劳累而消耗精力——如果你筋疲力尽,这对你的学生和家庭都没有好处。

M. DENISE LUTZ　技术协调员

Grandview Heights High School, Columbus, OH

研究表明,学生的成功与教师的效率直接相关。在今天多样化的课堂中,教师必须使用有效的课堂教学方法,包括有效的教学策略,使用有效的课堂管理策略,设计有效的课程,以满足所有学习者的需求。有必要向所有学生传达学习目标,跟踪每个人的进步并一起庆祝成功。在老师的指导下,学生应该学会在小组中进行协作,身处一个有凝聚力的班级,鼓励和帮助彼此取得成功。一位教师建立和维护课堂规则和秩序,同时接纳遵守和不遵守这些规则和程序的学生,就是在培养这种环境。一致性、信任和真实性将有助于促进教师、家庭和班级成员之间有效关系的发展。有效的课堂课程总是以明确的目标开始的。老师应该清楚地知道他或她的每个学生掌握了什么内容。理解大的观念和界定必要问题将使活动和课例朝推动每个学生走向成功的方向发展。对所有的学生来说,成功的方向是一样的,但课程和活动可能会为个人提供不同的路径。现在的老师必须从第一天起就开始工作,去了解每个人,并在团队中建立一种合作的文化。

PATRICIA A. SMITH 高中数学教师

Earl Warren High School, San Antonio, TX

因为这位新老师出自同一学校系统,所以在开始课堂教学时,绝对不要对任何特定的学生有任何先入为主的看法,这是非常必要的。同样,多元化的人口要求老师小心而审慎地、而非大张旗鼓地解决学生的问题。教师的最初目标是促进学生以合作的方式学习,并产生对教师的信任。在新学年的头几天计划和组织破冰实践可能会非常有益。

由于学生的阅读水平不同,小组教学对于发挥教师优势是有效的。我不建议任何时候都按照阅读水平来分组,而是可以选择指定一个公认的学生带领者来安排每天的口头背诵。此外,我会选择适合所有学生的阅读材料,并保持作业简短,以避免让学生不堪重负。学生带领者还可以设计一些问题来评估所有学生的理解能力,并进行后续的拼写测试。最初,拼写测试将由5到10个简单的单词组成,学生可以打印或手写。随后,当学生获得自信和成功的经验后,阅读可以作为家庭作业,要求学生写一小段文字来回答阅读理解问题。

如果教师想要良好地组织教学,在一课时分配给小组互动的教学时间就不应超过15分钟。因此,教师不会放弃传统的语法课,但仍会提供有限的个性化指导。我还将为所有即将进入大学的学生补充SAT阅读和英语练习。

第十五章　课堂评价、评分和标准化测试

概览

教师案例簿

给予有意义的评分——你会做什么?

　　学校要求你给你们班学生评分,你可以使用你想使用的任何一种方法,只要每个学生成绩单上呈现出各个阶段每一学科的评分等级 A、B、C、D 或 F 即可。有的教师使用的是评分表、小测试、家庭作业和考试;有的教师采用的是分配小组任务和发放成长记录袋;有的教师不仅考虑最终成绩,而且对学生的进步和努力也进行评分以达到个性化评价;有的教师尝试用契约的方法进行长期评价;而另一些教师则几乎完全依赖日常作业。现在,两个采用分配小组任务进行评价的教师正在考虑给"优秀小组成员"一定的分数,或者是给最高得分组额外加分。其他教师打算通过学生进步的情况在班里划分等级,而不是通过成绩。你仅有的评分经验就是用书面评语进行评分以及掌握了评价学生在特定学习目标上是否取得令人满意的进步的方法。你需要一个可靠的、公平的、可操作的评价系统,不仅仅是为了绩效,重要的是要激励学生学习,而且你需要一个系统为学生提供反馈,以便他们为国家能力测试做好准备。

批判性思维

• 你会选择什么作为主要的评分作业和任务?

• 你是否会将行为表现考虑在评价范围之内(诸如团体参与或努力)?

• 你如何综合考虑所有因素以确定每个学生在每一个记分段的成绩?

• 你如何向校长和家长证明你所使用的评价系统是合理的? 特别是当你所在学校的教师使用不同的标准时?

• 你如何看待不同教师使用的各种标准? 这对学生来说是否公平?

• 这些问题将如何影响你所教学生的成绩水平?

概述与目标

在阅读本章时,你将了解评价、测试和评分,你不仅要关注它们可能对学生产生的影响,还要关注开发更好的测试和评分的实用方法。

首先,我们将考虑评价中的基本概念,包括信度和效度。其次,我们将研究教师每年准备的多种类型的测试以及不依赖于传统测试的评价方法。接着,我们将探讨成绩可能对学生产生的影响,以及教师如何与学生和家长沟通这一重要话题,你将如何证明你给出的成绩是合理的? 最后,由于标准化测试的重要性,我们将花一些时间研究测试、测试成绩的含义以及传统测试的替代方案。

当你完成本章时,你应该可以达到以下目标:

目标 15.1 给出评价的基础知识,包括评价类型(标准化测试、课堂评价和测试、形成性评价、中期评价和终结性评价),并解释如何使用信度、效度和无偏见性来理解和判断评价。

目标 15.2 描述并解释两种测试(常模参照和指标参照),描述如何在教学中适当地使用选择题型和建构题型(论述题),描述传统测试的优缺点。

目标 15.3 解释如何使用形成性评价来改进教学,并描述设计和评价真实评价的方法,包括成长记录袋、展示、绩效和评价标准的发展。

目标 15.4　描述评分对学生的影响,掌握教师可以用来与家长沟通成绩的策略。

目标 15.5　解释说明常见的标准化测试(百分等级、标准九分制、年级当量、量表分数)以及与之相关的问责制、教师评价、高风险测试、成长与水平测试以及增值方法存在的问题和批评。

评价的基础

你是否会惊讶于大学入学考试和智商测试等公开测试是 20 世纪的产物?在 20 世纪初期到中期,大学入学通常基于成绩、论文和面试的考核。根据你自己的经验,你知道测试已经走过了漫长的道路。今天公开的测试称为标准化测试(standardized test)①,因为它们通过标准的方式对同一学科、同一时间段所有学生的成绩进行管理、评分、报告和解释(Popham,2017)。你所在的学校可能会使用标准化测试,尤其是为了满足不断增长的问责制要求。然而,在大多数学校,教师在选择测试形式方面没有多少发言权。

另一方面,课堂评价(classroom assessments)②由教师创建和选择。课堂评价可以采取许多不同的形式,例如单元测试、论文、成长记录袋、小组作业、表演、口头报告、视频、设计、计划、期刊、艺术品或服装等产品。评价是至关重要的,因为教学会受价值观的影响做出多种判断,例如:"这个软件或书籍是否适合我的学生?""Olivia 在任务上获得 B－还是 C＋?"等。这一章主要讲述如何判断不同形式的评价和评分,重点是课堂评价。在研究课堂评价或标准化评价之前,我们先看看两者间的一些关键区别,首先从测量和评价之间的差异开始。

测量和评价

测量(measurement)③是用数字来描述事件或特性的定量方法。测量通过提供成

---

①标准化测试——通常在全国范围内、在统一条件下进行的测试,并根据统一程序评分。

②课堂评价——课堂评价由教师选择和创建,可以采用多种形式,如单元测试、论文、档案、任务、表演、口头报告等等。

③测量——用定量(数字)表示的评价。

绩、次数和等级来说明多少、多长时间和好坏。教师可能不会说 Sarah 似乎不理解加法，而是说，"Sarah 在她有 15 个问题的加法作业中只做对了两个"。测量还允许教师将一个学生在某一任务上的表现与特定标准或同一任务中其他学生的表现进行比较。

并非教师做出的所有决定都涉及衡量标准。有些决策是基于无法量化的信息决定的，例如学生的兴趣、与家长的交流、教师的个人经验甚至是直觉。但是，测量确实在许多课堂决策中发挥着重要作用，如果实施恰当，它可以为决策提供较为准确的数据。事实上，基于数据的决策在当今的学校中非常重要。

测量专家越来越多地使用专业术语"评价"描述从各种途径收集学生学习信息的过程。评价通过定量和定性等方式取样并观察学生的技能，知识和能力。因此，评价是一个更广泛的术语，包括测量和许多其他技术（R. L. Linn & Miller，2005）。评价（assessment）①可以是正式的，如计划的单元测试，也可以是非正式的，例如观察谁是团队工作中的领导者。评价由授课教师、地方、州或国家机构设计，如学区或教育考试服务机构。今天，评价可以远远超出纸笔练习，涵盖学生表现、成长记录袋、对任务或产品的判断等诸多方面（Popham，2017）。

形成性、中期和终结性评价。评价一般分为三种：形成性、中期和终结性评价，其用途和目的具体取决于在教学周期中的位置（NWEA，2015）。

形成性评价（formative assessment）②是在教学前或教学过程中发生的评价。形成性评价的目的是指导教师制定和调整教学计划并提供反馈，帮助学生改善学习。换言之，形成性评价通过提供支持教师和学生努力的反馈来帮助形成教学（Dixson & Worrell，2016）。形成性评价通常在授课之前完成，这种前测（pretest）③可以帮助教师确定学生已经知道的内容。教师有时也会在授课期间进行评价，看看学生还有哪些薄弱环节，这样教师就能把教学引向问题领域。这些形成性评价没有评分，所以这种低

---

①评价——用于获取学生成绩信息的程序。
②形成性评价——在教学之前或教学过程中使用的不评分测试，用以辅助制订教学计划和诊断。
③前测——对学生已掌握的知识，准备状态，能力等方面的形成性测试。

压练习对在"真实"测试中非常焦虑的学生来说,显得特别有用。此外,形成性评价的反馈可以帮助学生更好地判定学习质量,在学习中更会自我调节(I. Clark,2012)。

中期(成长)评价(interim〔growth〕Assessments)①在学年内定期进行,以客观的方式确定学生的进步和成长。这些评价可被用来区分教学,确定特殊服务是否恰当,评价干预(RTI)任务的进展情况(见第四章),或评价某一课程是否按预期完成(NWEA,2015)。一些标准化测试现在也有中期评价,以帮助教师确定他们的学生是否取得了良好的进步,以及他们是否准备好进行标准化测试(Dixson & Worrell,2016)。有关大学 15 个州使用中期评价的示例,请参阅 https://www. smarterbalanced. org 上的智能平衡评价系统(the Smarter roalanced Assessment System)。

终结性评价(summative assessments)②在教学结束后使用,目的是衡量学生取得的成绩水平和熟练程度,看学生是否掌握了规定的内容和技能。因此,终结性评价提供了一个学生成绩的总结性说明,期末考试就是一个典型的例子。SAT 或 GRE 等标准化测试也是终结性评价,它们会评价你所学到的知识。

形成性、中期和终结性评价之间的区别在于结果的使用方式不同。如果评价的目的是改善你的教学,帮助学生指导自己的学习,那么评价就是形成性的。如果目的是跟踪学生学习情况的进展,评价则是中期的。如果目的是评价最终成绩(并帮助报告课程成绩),则评价是终结性的(Dixson & Worrell,2016)。一些教育者表示,形成性评价支持学习,终结性评价报告学习(Chappuis & Stiggins,2017)。事实上,同样的评价也可以在单元开始时用作形成性评价,在单元期间用作中期评价,在单元结束时用作终结性评价。其中评价的形成性使用在教学中是最重要的,也是我们需要花更多时间了解的评价。接下来,让我们考虑如何考核评价。

对评价的评价:信度和效度

使用评价时最常见的问题之一是对结果的错误解释,尤其是测试。没有一个评价系统能完美地反映一个人的能力,测试的结果只能提供小部分的行为样本。在制定良

---

①中期(成长)评价——在学年期间定期进行的评价,以客观的方式评价学生的进步和成长。
②终结性评价——教学之后的和成绩评价测试。

好的评价系统和结果解释时,有三个因素很重要:信度、效度和无偏差。但尽管这三个因素适用于所有评价,这些术语最常用于测试成绩。

测试分数的信度。如果测试给出了一个人的能力从一个场合到另一个场合的一致和稳定的"度量",则成绩是可靠的,即假设该人的能力保持不变。可靠的温度计的工作原理就是如此,每次测量沸水的温度时都是 100°C 有几种方法可以计算信度(reliability)①,但是所有的可能结果都介于 0.0 和 1.0 之间,比如相关系数。超过 0.90 被认为是非常可靠的;0.80 到 0.90 是好的;低于 0.80 的信度不是很好(Haladyna,2002)。一般来说,较长的测试比较短的测试更可靠。

测试分数的误差。所有的测试都是对他们试图衡量的品质或技能的不完美估计。有一部分误差来源与学生本身相关,如情绪、动机、考试技巧,甚至作弊。有时误差是有利的,你的成绩可能比你所掌握的知识所能保证的要高;有时误差对你是不利的。还有一部分误差来源与测试本身相关,如用法说明不清楚,阅读水平要求过高,任务不明确,或者时间要求错误。

每个学生收到的成绩总是包含一些错误。如何减少错误? 正如你所想的,这让我们回到信度问题。测试成绩越可靠,实际得分中的误差就越小。在标准化测试中,测试开发人员会考虑这一点,并估计如果反复测试,学生的成绩可能会有多大差异。这种估计被称为测量的标准误差(standard error of measurement)②。因此,可靠的测试也可以定义为具有较小标准测量误差的测试。

置信区间。永远不要认为学生的能力或成就是建立在学生所获得的确切成绩上的。对于标准化测试,许多测试公司现在使用置信区间(confidence interval)③或"标准误差带"来报告成绩,该置信区间包含学生的实际成绩。这利用了测量的标准误差,并允许教师考虑可能包括学生真实分数(true score)④的范围,真实分数即如果测量完全

---

①信度——测试结果的一致性。

②测量的标准误差——重复测试所得到的分数变化的假设估计。

③置信区间——个人真实分数可能处于的分数范围。

④真实分数——如果测量完全准确且没有错误,学生将获得的分数。

准确且没有错误,学生将获得的成绩。

例如,假设班上两名学生接受了西班牙语标准化成绩测试。该测试的标准测量误差为5,A学生得分为79分,B学生得分为85。乍一看,这两个得分似乎大不相同,但是,当你考虑到成绩的标准误差带,成绩就会出现波段重叠。第一个学生的真实成绩可能在74到84之间(即实际成绩为79加上或减去标准误差5);第二个学生的真实成绩可能在80到90之间。两个学生可以具有相同的真实成绩80、81、82、83或84,因为成绩会在这些数字上重叠。在为某一特定的课程选择学生时,牢记标准误差带的概念至关重要。不应仅仅因为学生所得成绩低于分数线一至两分而拒绝任何学生,学生的真实成绩可能高于该分数线。有关包含这些成绩带的报告,请参阅本章后面的图15.5。

效度。如果测试成绩足够可靠,则下一个问题便是成绩是否有效。或者更准确地说,基于测试成绩的判断和决策是否有效。为了达到效度(validity)①,基于测试成绩的判断和决策必须有证据支持。这意味着效度是根据特定用途或目的来判断的。也就是说,效度与实际做出的决定和做出该决定所需的证据有关。特定的测试可能仅适用于一个目的,但不适用于另一个目的(Oosterhof,2009;Popham,2017)。

一个特定的决策需要不同种类的证据支持。如果测试的目的是衡量课程或单元所涵盖的技能,那么我们希望看到的测试题目是与之相关的重要话题,而不是无关信息。如果满足这一条件,我们将获得内容相关效度。你有没有参加过一些只是处理个人对一个讲座或几页教科书中的一些想法的测试?显然,基于该测试的决策(如你的成绩)肯定缺乏与内容相关的效度证据。

一些测试旨在预测结果。例如,SAT旨在预测大学的表现。如果SAT成绩与大学第一年的平均绩点所显示出的学业表现相关,那么我们在做录取决定中使用SAT就有了标准相关效度。

大多数标准化测试旨在衡量一些心理特征或"构建",如推理能力、阅读理解、成就动机、智力、创造力等。尽管收集构建相关效度有点困难,但这是一个尤为重要甚至最

①效度——一个测量能够测到想测的事物的程度。

重要的需求。多年来人们一直在收集与构建相关的效度证据。它由成绩模式表示,例如,在智力测试时,年龄较大的学生比年龄小的学生可以回答更多问题,这符合我们的智力结构。如果平均年龄是 5 岁的学生在测试回答正确的题目与平均年龄是 13 岁的学生的回答正确的题目数量相同,我们就会怀疑这一测试是否真的能够测量智力。当一个测试的结果与其他已确立的、有效的、相同结构的测试结果相关联时,也可以证明该测试有构建相关效度。今天,许多心理学家认为构建相关效度是最广泛的范畴,收集构建相关效度的证据可以确定测试是否真正达到了其设计之初的目的。

测试必须可靠才能有效。例如,如果智力测试在短短几个月内对同一个学生进行测试却产生了不同的结果,那么根据定义来说它是不可靠的。显然,它不能作为一种有效的智力衡量标准,因为我们认为智力是相当稳定的,至少在很短的时间内是如此。但是,信度并不能保证效度。如果该智力测试每次为同一学生提供相同的成绩,但不能预测学校成绩、学习速度或其他与智力相关的特征,那么测试中所表现出来的结果将不是这一学生智力的真实指标,此时测试是可靠但无效的。信度和效度是所有评价的关键,不仅仅是标准化测试。课堂测试应该提供可靠的、有效的、尽可能没有错误的成绩。换句话说,这样的测试可以准确地测量它们想要测量的内容。

无偏见。判断评价的第三个重要标准是没有偏差。评价偏见(assessment bias)①指评估工具因学生的性别、种族、民族、社会经济地位、宗教或其他此类群体特征而造成冒犯或不公平对待学生的性质(Popham,2017)。无论是好是坏,偏差都是评价的一部分。内容、语言都可能会扭曲群体的反应,例如如果一个阅读测试使用了描述繁多的武术场景的文章,一般我们可能会认为男性比女性做得更好。

评价偏差的两种形式是不公平惩罚和冒犯。体育内容繁多的阅读评价是不公平惩罚的一个例子,女孩可能因为缺乏繁杂的武术知识而受到惩罚。当某一群体可能受到评价内容的冒犯时,就会产生攻击性。被冒犯的、生气的学生可能不会尽力而为。

基于种族或社会阶层的偏见是什么呢? 许多人认为测试会不公平地惩罚那些可

---

①评价偏见——评价工具因学生的性别、种族、民族、社会经济地位、宗教或其他此类群体特征而造成,主要指评价工具的质量。

能没有平等机会在测试中展示他们所知的人,因为测试语言可能与测试者的语言不同。同样,测试也可能反映不公平惩罚,因为不同的群体有不同的机会学习测试的材料。对少数群体学生来说,测试的题目往往集中于那些主流文化学生更熟悉的经验和事实上。请观察波帕姆(Popham)所描述的四年级学生的这个测试任务(2014,p391):

My uncle's field is computer programming.

请看下面的句子。单词 field 在哪个句子中的含义与所给句子中的含义相同?

A. The softball pitcher knew how to field her position.

B. They prepared the field by spraying and plowing it.

C. I know the field I plan to enter when I finish college.

D. The doctor used a wall chart to examine my field of vision.

这样的题目包含在大多数标准化和教科书测试中,但并非所有家庭成员都将自己的工作描述为就业"领域"。如果你的父母在信息技术、医学、法律或教育等专业领域工作,那么这一题目是有意义的,但如果你的父母在杂货店或汽车维修店工作呢?这些是"领域"吗?对这道题目来说,课外生活只对一些小学生有帮助,对其他人没有帮助。"领域"的含义是文化知识的一部分。当你想到它时,又如何将背景、语境和文化与认知分开?每个学生的学习都根植于他(她)的文化中,每个试题都来自某种文化知识,因此对测试的各种题目,你要始终保持敏感度。

了解了形成性、中期和终结性评价的基本概念,关注了信度、效度和无偏见,我们准备进入课堂,在课堂里经常性评价支持学习,评价采用一系列问题以使学生应用和整合知识。(Rawson & Dunlosky,2012)

课堂评价:测试

停下来想一想:回顾你最近的测试,形式是什么样的?你认为测试结果能准确反映你的知识或技能吗?你曾经被要求设计过测试吗?什么决定了一个好的、公平的测试?

大多数人在课堂上考虑评价时通常会想到测试。正如你很快看到的,尽管现在教师还有许多其他选择,但在大多数课堂中,测试仍然是一项重要的活动。在本节中,我们将研究如何解释测试成绩、评价教科书中的测试,以及如何编写自己的测试题目。

解释测试分数

在研究不同类型的测试之前,我们有一个重要的考虑因素——任何测试的结果本身都没有任何意义,为了解释测试的结果我们必须进行某种比较。有两种基本类型的比较:第一种是将测试成绩与其他参加相同测试的人所获得的成绩进行比较,这种比较为常模参照比较;第二种是标准参照,是将得分与固定标准或最低及格成绩进行比较。根据所做的比较类型,相同的测试可以用常模参照比较也可以用标准参照比较。

常模参照测试的解释。在常模参照测试(norm-referenced testing)①中和评分中,我们已经为参加测试的人员提供了用于确定个人分数含义的标准。你可以将常模视为标准组的典型表现水平。通过将个人的原始成绩(准确无误的实际分数)与平均分进行比较,我们可以确定原始成绩是高于、低于还是接近该组的平均成绩。教育中至少有四种类型的常模组(norm groups)②(比较组):班级或学校本身、学区、国家样本和国际样本。参加大规模评价任务的国家常模组的学生需要进行为期一年的测试,然后将该组的评分作为常模或标准持续数年,直到测试被修订或重新标准化为止。选择标准组是为了方便把所有社会经济状况(SES)水平的学生都包含在样本中。由于来自高SES背景的学生在许多标准化测试中往往表现得更好,因此与国家常模组相比,高SES学区几乎总是会有更高的成绩。

常模参照测试涵盖了广泛的一般结果。当只有少数候选人被录取时,他们尤其适合。但是,常模参照测验也有其局限性。常模参照测试的结果并不能告诉你学生是否已准备好转向更深层次材料的学习。例如,在对代数概念的测试中,知道两个学生在班级的前3%并不会告诉你他们是否准备好继续学习高级数学,可能班上的每个人对代数概念的理解都有限,没有人愿意继续学习。

---

①常模参照测试——将分数与其他人的平均成绩进行比较的测试。
②常模组——作为评分测试比较组的大量学生样本。

常模参照测试也不是特别适合测量情感和动作技能结果。要衡量个人的动作技能学习情况,你需要将他们的表现与清晰描述的标准进行比较。在情感领域,态度和价值观是个人的,而个人之间的比较并不合适。例如,我们如何衡量艺术偏好或观点的"平均"水平?最后,常模参照测试倾向于鼓励竞争和成绩比较。一些学生通过竞争想成为最好的;另一部分学生意识到成为最好是不可能的,那么他们可能会成为最糟糕的。这两个目标都会导致他们受伤。

指标参照测试的解释。 当测试成绩不是和其他人的成绩比较,而是与给定的标准或性能标准比较时,这一类型被称为标准参照测试(criterion-referenced testing)[1]。要确定谁可以驾驶汽车,重要的是确定选择安全驾驶员的标准。此时,你的测试结果与别人的测试结果相比并不重要。如果你的考试成绩在前 10%,但是你总是闯红灯,那么即使你的成绩很高,你也不会成为获得驾照的好人选。

标准参照测试衡量学生对非常具体的学习目标的掌握程度。例如,标准参照测试可用于衡量学生三位数相加的能力。测试可以设计 20 个不同的题目,并且评价的标准可以设置为 20 个问题答对 17 个(标准通常有些随意,可能基于教师的经验等)。如果两个学生得到的成绩是 7 分和 11 分,此时一个学生比另一个学生做得好并不重要,因为它们都没有达到 17 的标准,两者都需要更多的帮助。在某些条件下指标参照测试的结果可以准确地告诉教师究竟学生能做什么和不能做什么。因此,这种测试适合形成性和中期评价。

在教授基本技能时,与预设标准的比较通常比与他人表现得比较更重要。作为一名家长,如果你的学生的读书量没有达到年级水平,那么知道你的学生在阅读方面比同班大多数学生都好并不是很令人欣慰。有时,满足标准的准则必须设置为 100% 正确。你不想让你的阑尾被一个只有 10% 概率把手术器械留在体内的外科医生切除。

标准参照测试并不适用于所有情况。许多科目不能分解为一系列特定的目标。同时,虽然标准在标准参照测试中很重要,但它们通常可以是任意的,正如你已经看到

---

①标准参照测试——个体的分数与某个设定的标准进行比较的测验。

的那样。当判定学生是否掌握了三位数加法基于 16 或 17 个正确答案之间的差异,似乎很难证明一个特定标准比另一个标准更具合理性。最后,有时候了解班级中的学生与本地、全国的其他学生之间的差异是很有价值的。你可以看到,每种类型的测试都有其适合的情况,但每种测试都有其局限性。

使用教科书中的测试

现在大多数中小学课本都附有补充材料,如教学手册和现成的测试。使用这些测试可以节省时间,但这是一个很好的教学实践吗?答案取决于你制定的学习目标,你授课的方式以及所提供的测试题目的质量。如果教科书中的测试质量很高,符合你的测试计划也符合你实际为学生提供的教学,那么它可能是很好的测试材料。检查所提供测试题目要求的阅读水平,并改进它们以满足你班级的需求(McMillan,2018;Russell & Airasian,2012)。表 15.1 给出了评价教科书测试时要考虑的关键点。

表 15.1　评判教科书测试要考虑的几个关键点

1. 教师决定是否使用教科书测试或者标准测试之前,必须明确自己已达成的教学目标和即将评价的教学目标。
2. 教科书和标准测试通常是针对典型课堂设计的,但很少有课堂符合这种典型性,所以教师使用教科书测试时,常常需要进行适当改动以满足学生的需要。
3. 课堂教学偏离教科书越多,教科书测试的效度就越低。
4. 判断教科书或标准成绩测试是否适当的主要因素是考虑其测试问题与学生在课堂上所学内容的匹配度: A. 测试设置的问题是否与教师的教学目标以及教学重点一致? B. 测试题目是否要求学生表现出已经学习的行为? C. 测试的问题是否覆盖了所有或大多数重要的教学目标? D. 根据每个目标设置的题目数是否可以有效代表学生的表现?

资料来源:From Classroom Assessment: Concepts and Applications (7th ed.), by M. K. Russell & P. W. Airasian (2012),p. 134. New York: McGraw-Hill, p. 161. With permission from The McGraw-Hill Companies.

如果你的教授内容没有可用的测试,或者教师手册中提供的测试不适合你的学生,该怎么办?是时候创建你自己的测试了。我们将考虑传统测试的两种主要类型——客观题和主观题/论述题。

客观题

多项选择题、匹配练习、判断对错、简答或填写项都是各种类型的客观题型

(selected-response testing)①。这些类型的题目评分相对简单,因为它们的答案比作文式的答案更清晰。当我们想到"传统"测试时,很多人都会想到这些题型(Chappuis & Stiggins,2017)。

如何确定对某一特定测试来说,哪种题型最适合?切记使用能够最直接地衡量学生学习成果的一类题型。换句话说,如果你想了解学生写信的能力,让他们写一封信,不要提问关于信件的多项选择题。但是,如果不同题型同样有效,那么建议使用多种选择题,因为它们的得分更公平,更容易涵盖许多主题。如果无法或不适合为材料编写好的多选题目,请切换到其他形式。例如考查学生对术语和定义等相关概念的理解时,匹配项是一种比多项选择题更好的形式。如果很难为一个多项选择题找到几个错误的答案,请尝试使用真/假判断题。或者要求学生提供完成问题的简短答案(例如填空)。测试的多样性可以降低学生的焦虑,因为整个得分不会取决于某一类题目,而学生可能刚好不太会做这种类型。表15.2给出了使用判断题、匹配题和填空题的指导。

表15.2 使用判断对错、匹配和填空题型的指南

以下是测试准备的检查清单。

判断对错题型指南
____题目中的表述完全正确或完全错误。
匹配题型的指南
____为选项提供明确的指示。
____保持匹配项简短(不超过10个)。
____包含同类选项时不要混合名称、日期、事件等。
____匹配选项措辞简短且语法一致。不要让语法成为一个线索。
____提供比问题更多的匹配选项,避免学生因为只剩一个答案通过猜测选出最后的答案。
填空题的指南
____问一个问题。而不是随便从一句话里控一个空,因为这样会导致可能有多个答案。
____一个题目一个空,因为相同的空白数量为学生填出正确答案提供了线索。
____不要让空白的长度成为学生答题的线索。
____把空白朝后放。

资料来源:From Chappuis, J. , & Stiggins, R. J. (2017). An Introduction to Student-Involved Assessment for Learning, p. 131. Boston:Pearson. Adapted with permission. Reprinted and Electronically Reproduced by Permission of Pearson Education, Inc. , New York, NY.

———————————

①客观性测试——一种测试形式,学生从教师或测试开发人员提供的一组答案中选择正确的答案,而不是创建自己的答案。多选和单选是客观性测试的常见示例。

我们将密切关注多项选择题,因为它是最通用的并且最难以使用的一类题型。

使用多项选择题测试。即使你的教学过程可能拒绝使用多项选择题测试,但大约50%的公立学校教师认可这种测试(S. R. Banks,2012),所以你应该知道如何很好地使用它们。事实上,很多学校要求教师为学生提供回答多项选择测试题的经验以便为国家成就测试做好准备(Chappuis & Stiggins,2017)。多项选择题一般用于测试事实,但如果你要求学生应用或分析一个概念,它也可以评价更高层次的结果(McWaugh & Gronlund,2013)。例如,以下多项选择题旨在评价学生对未经说明的假设的再认能力,这是分析某种想法所需的技能之一。

一位教育心理学教授表示:"测试中的 z 分数 +1 相当于大约84%的百分位等级。"请问:教授做了以下哪一个假设?

1.测试分数范围从0到100。

2.测试分数的标准差等于3.4。

3.测试分数的分布是正常的。(正确答案)

4.该测试有效且可靠。

如果你不知道上面的正确答案,请不要担心。稍后我们将会讨论 z 分数,在本章中它将是有意义的。

编写多项选择题。所有的测试任务都需要巧妙的构思,但是编写高质量的多项选择题是一项真正的挑战。有些学生开玩笑地称多选题是"多猜题"测试,这表明这些测试通常设计得很糟糕。编写测试题的目的是衡量学生的成绩,而不是测试他们的猜测技能。

多项选择的题干(stem)①是询问问题或提出问题的部分。其下的选择称为选项。错误的答案被称为干扰项(Distractors)②,因为他们的目的是分散那些对材料只有部分理解的学生。如果没有好的干扰项,那些理解模糊的学生就会很容易找到正确答案。

---

①题干——多项选择题的问题部分。

②干扰项——多项选择中作为选项的错误答案。

"指南:编写多项选择题"可以帮助你编写好的题干和选项。

指南:编写多项选择题

题干清晰简单,只提出一个问题。忽视不必要的细节。举例:

较差的:这里有几种不同的标准或推演分数。IQ成绩特别有用是因为

较好的:IQ成绩的优势在于

以积极的方式陈述题干中的问题,消极语言令人困惑。如果你必须使用诸如"不""除了""除……之外"之类的词,加上下划线或将它们都用大写字母表示出来。举例:

较差的:以下哪项不是标准成绩?

较好的:以下哪项不是标准成绩?

不要指望学生在答案选择中做出极其细微的区别。举例:

正态曲线中在+1到-1之间的标准偏差的面积百分比约为:

较差的:a.66%   b.67%   c.68%   d.69%

较好的:e.14%   f.34%   g.68%   h.95%

确保每个选项都符合题干的语法形式,确保没有答案是明显错误的。举例:

较差的:	较好的:
斯坦福-比奈测试产生了一个_____。	斯坦福-比奈测试是对_____的考察。
a.智商得分	a.智力
b.阅读水平	b.阅读水平
c.职业偏好	c.职业偏好
d.机械智能	d.机械智能

避免包括两个具有相同含义的干扰项。

如果只有一个答案是正确的但有两个答案是相同的,那么这两个一定都是错的。这大大缩小了选择范围。

避免使用绝对词。

例如"通常"、"所有"、"唯一"、或者"永远不会",除非所有选项里都含有这些词。

大多数聪明的考生都知道这一类答案通常是错误的。

避免照搬教科书中的原文表述。

落后的学生可能不知道答案是什么意思也能选对。

避免过度使用上述所有方法,也避免过度使用以上任何一种方法。

这些评价方法可能对那些只是简单猜测的学生有所帮助。此外,使用以上所有方法可能会欺骗快速阅读的人,他们会认为第一个选项是正确的,而且不会继续阅读发现其他选项也是正确的。

主观题型：论述题

衡量某些学习目标的最佳方法是让学生自己创建答案,论述题是实现这一目标的一种方法。论述题中最难的部分是判断答案的质量,但写出好的、清晰的问题也不是特别容易。我们将研究如何撰写、使用和评价论述题。我们还将考虑可能会影响论述题评分的因素以及克服这些因素的方法。

构建论述题。因为回答论述题需要时间,所以真正的论述题所覆盖的材料少于选择题。因此,为了提高效率,论述题应限于评价重要的、复杂的学习成果。一道好的论述题应包括以下几点:(1)问题的背景要明确具体。(2)说明学生应该描述或解释的内容。(3)指引学生答案中应该涵盖什么内容。下面是一个例子:

我们一直在研究碳循环的重要性及其工作原理(背景)。根据你对碳循环的理解,解释(1)为什么我们需要了解它。(2)碳是如何从一个地方移动到另一个地方的[描述或解释什么]。请务必包含以下[指引]:

● 为什么理解碳循环很重要？(5分)

● 储存碳的四个主要储层。(4分)

● 至少写出碳从一个地方转移到另一个地方的六种方式。(6分)

(Chappuis & Stiggins,2017);

学生需要有足够的时间来回答这样的问题。如果同一节课布置了多道论述题,建议你为每道题目设置时间限制。但请记住,时间压力会增加焦虑,并可能妨碍一些学生的准确评价。无论你采取什么方法,都不要试图通过设置大量问题来弥补论述题只能涵盖有限数量的材料这一事实。计划更加频繁的测试比在一个课程评价期间设计两三个以上的论述题更有意义。将一篇论述题与一些选择题结合起来是避免论述题材料取样有限的一种方法(Waugh & Gronl0und,2013)。

评价论述题。在可能的情况下,给论述题评分的第一步是构建一套评分标准或一个指标(稍后会详细介绍)并与学生分享。毕竟,学生只有知道成功意味着什么才能成功,他们需要知道成功是什么样子的(Chappuis & Stiggins,2017)。

以下是 TenBrink 的题目和标准示例:

题目:你是支持还是反对以下声明:内战对发展中国家的发展是必要的。引用你自己的论点说明原因,并使用历史事例来帮助证实你的观点。

评分标准:所有的答案,无论采取何种立场都应包括以下几点:

(1)明确陈述立场。(2)至少有五个合乎逻辑的原因。(3)至少用四个历史事例说明自己的观点。

一旦你设定了对答案的期望,就可以为题目的各个部分打分。你也可以为答案的组织与陈述的内在一致性给出分数。然后评出等级,例如 1 到 5 或 A,B,C,D 和 F,并按等级将试卷分类。最后一步,浏览一下每一类中的答案质量是否相当。这些步骤将有助于确保评分的公平性和准确性。

对包含多个问题的论述题进行评分时,在进行下一个问题评分之前对前一问题的所有学生的答案进行评分是有意义的。这有助于防止一个问题的回答质量影响你对该学生其他问题答案的评分。在读完第一个问题并对其进行评分后,将试卷随机排序,这样就不会把一个学生的所有问题先评分(例如,一开始你可能花更多时间提供建议或采用更严格的标准)或最后评分(最后你可能厌倦了提供建议或采用更宽松的标准)。如果你要求学生把他们的名字写在答卷的背面,那就更加客观了,因为这样的评分是匿名的。

评价传统测试

首先,正确测试答案的积极意义很重要。虽然学校教育是关于学会思考和解决问题,但它也是关于知识的。学生必须思考一些事情,例如事实、想法、概念、原则、理论、解释、论点、图像、观点。与其他发达国家的学生相比,美国学生缺乏必要知识可能是因为美国学校更多地强调过程——批判性思维、自尊、解决问题——而不是内容。为了更多地教授内容,教师需要确定学生目前内容学习的情况。精心设计的传统测试可以有效、高效地评价学生的知识(Russell & Airasian,2012)。事实上,更频繁的测试可以改善学习,即使成绩不理想的测试对教学没有任何反馈,但也是一个有力的结果(Carpenter,2012;Pashler et al.,2007;Roediger & Karpicke,2006)。

但是,也有许多激烈的批评。至少从 20 世纪 90 年代开始,传统测试一直受到抨击。正如格兰特·威金斯(Grant Wiggins 1991)所指出的那样:

> 我们不能根据间接的、易于测试和通用的指标来评判施乐、波士顿交响乐团、辛辛那提红人队或唐培里侬葡萄园。如果一些通用的、安全的测试是衡量工人是否达标的唯一标准,这些地方的工人可能不会生产出高质量的产品。无论是学生还是成年工人,要求提高质量都意味着我们需要对承担的工作和价值制定标准。

威金斯一直支持有意义的评价,支持在实际应用中测试知识。他认为理解能力是无法被那些要求学生在脱离上下文的情况下使用技能和知识的测试来衡量的。

传统测试的立场是你教学理念的一部分。下面,让我们来看看一些课堂评价的替代方法。

形成性和真实性的课堂评价

如前所述,形成性评价有助于形成和支持教学。形成性评价可能是非正式的和"动态的",就像教师注意到许多西班牙语班的学生在交谈中和家庭作业中对某个特殊动词的构造存在问题一样,这种在课程中嵌入的测试和考试一样正式,但不算成绩。随着世界范围内对形成性评价的越来越重视,对成就的重视也在增加(Chappuis & Stiggins,2017;Decristan et al. ,2015)。

形成性评价应该是在一个单元的早期进行的(提供反馈,但不计入分数等级),而实际的成绩评价应当留在所有学生都有机会学习这些材料之后再评价(Tomlinson,2005)。为了更好地使用形成性评价,教师需要制定不同的策略来收集有关学生已经知道了什么以及他们仍然需要学习什么的信息。其中的一种方法是非正式评价。

非正式评价

非正式评价(informal assessments)是通过多种途径收集信息帮助教师做出决定的没有等级之分的评价(S. R. Banks,2012)①。非正式评价的两个例子是课后反馈条和日记。

课后反馈条。课后反馈条(exit tickets)是一种简单的评价,甚至可以在你注意到学生存在疑惑时"当场"完成。课后教师提出问题或疑问,要求每个学生在纸上回答,这张纸就会成为他离开班级的"门票"。在下一堂课之前,教师会提前分析课后反馈的结果,并创建至少由一名学生组成的小型讨论小组,让他们对学生有疑惑的内容进行充分了解。在回顾和重新讲述了似乎最容易被误解的概念之后,教师要求学生讨论各自小组所反馈的问题,并将具有扎实理解力的学生定为"主题领导者"(Dixson & Worrell,2016)。其他课后反馈条评价方式包括两分钟快速写出课程中的关键点或"最混乱点",这种评价最为重要。学生甚至不必在这些反馈单上写上自己的名字,但同样可以快速告诉教师第二天需要重新教学和解释的地方。

———————————

①非正式评价——从多个来源收集信息以帮助教师做出决定的未分级(形成性)评价。

日记。日记是非常灵活且被广泛使用的非正式评价。学生们通常有个人或集体的日记本,并定期收发。迈克尔·普雷斯利(Michael Pressley)和他同事(2007)研究发现,优秀的一年级文学教师将日记用于以下三个目的:

- 作为沟通工具让学生表达自己的想法和观点。
- 作为一个可以应用所学知识的机会。
- 作为鼓励使用流行语言和创造性表达的出路。

教师可以使用日记来了解他们的学生,以便更好地将教学与学生的关注和兴趣联系起来。但是,日记通常通过对提示的回应来关注学习。斑克(S. R. Banks,2012)描述了这样一位高中物理教师,他要求学生在日记中回答以下三个问题:

1.如果只知道倾斜平面的角度,如何确定摩擦系数?

2.比较和对比磁场、电子场和引力场。

3.如果你要向你最好的朋友描述声音的物理概念,那你会用什么音乐来演示这个概念?

当教师读到学生的日记时,他会意识到很多学生关于摩擦、加速度和速度的假设来自个人经历而不是来自科学推理。他必须改变教学方法以迎合学生的认知。如果教师没有阅读了解日记,教师就不会改变他的教学方法。在这种情况下,日记成了形成性评价的一种方式。

还有许多其他类型的非正式评价,例如观察并记录学生表现,使用评分表和保留核对表等。每次教师提问或观察学生的回答技巧,教师都在进行非正式评价。

让学生参与评价。提供反馈和提高学生学习效能感的一种方法是让学生参与形成性评价。学生可以跟踪自己的进度并评价自己的进步。以下是其他一些观点,部分取自查普伊斯和斯蒂金斯(Chappuis & Stiggins,2017)。学生可能会:

- 通过分析和讨论一个好的、中等的、差的同学的演讲实例,来判断作业良好的标准是什么。然后挑一个较差的实例并对它进行改进。

- 向教师或同学(口头或书面)描述自己完成作业的方式、遇到的问题、考虑的选择以及最终结果。

- 在开始一项活动之前分析自己的优势和劣势,然后与教师或同学讨论如何利用自己的优势,克服自己的弱势。

- 两人一组编写测试中的问题,并解释为什么这些问题是好的问题,然后一起回答。

- 回顾早期的工作,学生通常使用"我过去认为……但是现在我知道了……"的描述分析他们是怎么成长的。但在经过一些这样的分析之后,他们就会使用如下框架进行总结:在开始之前我知道什么?我学到了什么?接下来我想学什么?

- 在进行重大测试之前,请对以下提示进行简单的记录:"测试的内容确切来说是什么?","会出现什么类型的问题(例如多项选择,论述等)?","我的表现如何?","我需要学习什么才能确保我做好了准备?"。

学生还可以通过完成图 15.1 中的测试分析表来对自己进行形成性评价。在没有评分的测试之后,学生会分析他们的错误并制定改进计划。这种方法很好地利用了测试,因为许多学生只管扔掉试卷,而没有从结果中学到任何东西。

审查和分析测试或作业

这样的表格可以帮助学生分析测试或作业错误情况，以此作为形成性评价。把错误识别为"可解决"或"我不明白"之后，学生将会计划重新学习。

审查我的结果

姓名：_____ 任务：_____ 日期：_____

请查看你更正的题目，并标记每个题目是做对了还是做错了。
然后看看你做错的题目，是否可以独立解决。如果可以，标记"可解决的错误"栏。如不可以，标记"不明白"栏。

问题	学习目标	正确	错误	可解决的错误	不明白
1					
2					
3					
4					
5					
6					
7					
8					
9					
10					

分析我的结果

我很擅长这些！

我达成的学习目标是：

我很擅长这些，但我需要做一些回顾

因为一个可纠正的错误而错失的学习目标：

我可以做些什么来防止这种情况再次发生：

我需要继续学习这些

关于我不知道该如何纠正错误的学习目标是：

我能做些什么来改善：

资料来源：Chappuis, J., & Stiggins, R. J. (2017). An Introduction to Student-Involved Assessment for Learning. Boston: Pearson, p. 137. Reprinted and Electronically Reproduced by Permission of Pearson Education, Inc., New York, NY.

图 15.1 审查和分析测试或作业

真实评价：成长记录袋和展示

真实评价(authentic assessments)①要求学生像在现实生活中那样应用技能和能力。例如,他们可能会使用分数来增加或减少食谱所需的量。如果我们的教学目标包括写作、说话、倾听、创造、批判性思维、研究、解决问题或应用知识,那么我们的测试就应该要求学生写、说、听、创造、批判性思考、研究、解决问题和应用知识。怎么办到呢?

许多教育工作者建议我们通过类比的方法借鉴艺术和体育以解决这个问题。如果我们把"测试"看作是独奏会、展示、游戏、模拟法庭审判或其他表现行为,那么应试教学是可以的。所有教练、艺术家和音乐家都乐于为这些"测试"而教,因为在测试中表现良好就是整体教学的意义所在。因此,表现性评价(performance assessments)②是要求学生开展活动或制作产品等形式以展示所学的评价(Russell & Airasian,2012)。

将思考看作表现可能看起来很奇怪,但是二者有很多相似之处。认真思考是有风险的,因为现实生活中的问题没有明确定义。通常,我们思考的结果是公开的,会受到他人的评判,就像为百老汇演出的舞者一样,我们必须应对演出结果。就像一个陶工看着一块黏土一样,当一个学生要解决困难问题时,他必须通过试验、观察、重做、想象测试结果、运用基本技能和创造性技巧、做出解释、决定如何将结果传达给阅读对象,并接受批评、改进最初的解决方案(Clark,2012;Eisner,1999)。

对真实评价的关注导致了基于表现目标的若干方法的发展。学生需要解决实际问题,而不是围绕不存在的情况回答"事实"问题,事实只能在适用的背景下使用。例如,不是要求学生回答"如果你以69美分的价格买了一个玩具并给了店员1美元,你能拿回多少零钱?",而是让学生们带着真正的钱,角色扮演不同的购买场景;或者建立一个模拟商店,让学生购买和找零(Kim & Sensale Yazdian,2014;Popham,2017;Waugh & Gronlund,2013)。

非营利性科学研究机构 SRI 国际学习技术中心也提供了一个与国家科学教育标

---

①真实评价——就像在现实生活中一样使用技能和能力的评价程序。
②表现性评价——要求学生进行活动或生产产品等任何形式证明学习的评价。

准相关的基于表现性评价的在线资源库。这个资源称为 PALS(科学中的表现性评价环节)。在网站 pals.sri.com 中可以搜索到幼儿园到十二年级的表现性任务,也可以按标准和年级选择任务。

成长记录袋。多年来,摄影师、艺术家、模特和建筑师都有成长记录袋向未来的雇主展示他们的技能。成长记录袋(portfolio)①是对工作的系统整合,通常包括正在进行的工作、修订、学生自我分析以及对所学内容的反思。书面作品或艺术作品是成长记录袋的常见内容,但学生的成长记录袋还包括在教学和评价领域学生所展示的学习素材,例如作者对每个条目及其重要性的描述、图形、图表、图片或数字幻灯片,PowerPoint 演示文稿,学生阅读自己作品的录音、未经编辑的有说服力的论文或诗歌的最终草稿、阅读的书籍清单、有注释的网址、同行的评论、录制的视频、实验室报告和计算机程序等(Popham,2017)。

过程成长记录袋与最终或者最佳成长记录袋之间是有区别的。它们之间的区别类似于形成性和总结性评价之间的差异。过程成长记录袋记录学习并显示学习进度。"最佳"成长记录袋展示最终成就(D. W. Johnson & Johnson,2002)。表 15.3 展示了个人和团体成长记录袋的一些例子。

"指南:创建成长记录袋"给出了在教学中应用成长记录袋的一些方法。

表 15.3　针对个人和小组的过程和最佳作品成长记录袋

以下是不同学科中使用记录袋的几个示例。

过程记录袋		
学科领域	个人	小组
科学	使用科学方法解决一系列实验室问题的记录(实验记录或日记)	使用科学方法解决一系列实验室问题的记录(观察清单)
数学	写出双列数学推理的数学问题,记录解决过程,在左侧计算,在右侧标明正确思维过程的注释	解决复杂问题、使用更高级的策略记录

①成长记录袋——学生在某一领域展示成长、自我反省和成就的作品集。

语言艺术	从早期笔记到提纲、研究笔记、对他人回应的编辑、最终草稿的演变	制定指标和步骤确保高质量的编辑

最佳作品记录袋		
学科领域	个人	小组
语言艺术学科	各种风格的最佳作品如:说明文、幽默/讽刺作品、创意作品(诗歌、戏剧、短篇小说)、新闻(报道、编辑专栏作家、审稿人)和广告文案	最棒的戏剧创作,如:视频任务、电视广播、报纸、广告展示
社会学科	最好的历史研究论文,如:关于历史问题的意见论文、对当前事件的评论、原创历史理论、历史传记的评论、参与学术争议的论述	最好的社区调查,如:学术争议、口述历史汇编、历史事件的多维分析、对历史人物的调查采访
美术	最好的创意作品,如:绘画、写生、雕塑、陶器、诗歌、戏剧表演	最好的创意作品,如:壁画、戏剧写作、表演、发明创造

资料来源:Based on D. W. Johnson and R. T. Johnson (2002), Meaningful Assessment：A Manageable and Cooperative Process. Boston, MA：Pearson Education, Inc.

指南:创建成长记录袋

学生应该参与成长记录袋的组建工作。举例:

1. 在单元或学习期间,要求学生选择符合标准的作业,比如:"我碰到的最困难的题"、"我做得最好的一次作业"、"我最有进步的一次作业"、"解某个题目的三种方法"等等。

2. 最后,让学生选出最能代表自己所学全部内容的几份作业上交。

成长记录袋包含的内容应该能表现出学生的反思和自我批评。举例:

1. 要求学生注明选择作品或作业的理由。

2. 每个人为自己的成长记录袋写一个说明,说明其中的优缺点。

3. 包含自评和他评,具体说明哪些地方做得比较好,哪些地方有待提高。

4. 对自己的作品进行自我批评。

成长记录袋应该反映学生的学习活动。举例:

1. 选出有代表性的设计、作品、图纸等。

2. 让学生将成长记录袋里的内容和学习目标联系起来。

在一个学年的不同时段,成长记录袋可以起到的作用不同。举例:

1. 学年初,可以是未完成的作业,或"问题作品"。

2. 学年末,可以只包含学生愿意公开的内容。

3. 在这一年里,成长记录袋可能会成为家长参考的基础。学生可以主导讨论并向家长解释通过成长记录袋他们所学到的知识。

成长记录袋应该表现学生的成长。举例:

1. 让学生在一定维度上对自己的进步进行回顾,并用具体的作品说明自己的成长点。

2. 让学生描述在课外活动方面的成长情况。

指导学生如何建立和使用成长记录袋。举例:

1. 将优秀的成长记录袋当作范本,但要强调每个成长记录袋都是自己的个人陈述。

2. 要时常检查学生的成长记录袋,尤其是在他们刚刚开始习惯使用记录袋的学年初期,并给予建设性的反馈。

展示。展示(exhibition)①是一项表现性评价,具有两个附加功能。首先,它是公开的,所以准备要展示的学生必须考虑到观众,沟通和理解至关重要。其次,展示通常需要很长时间的准备,因为这是整个学习计划的最终表现。托马斯·古斯克(Thomas Guskey)和简·贝利(Jane Bailey)(2001)认为,展示可以帮助学生理解优秀作品的特质,并在他们的作品和展示中识别这些特质。当学生在展示并阐述他们所选事例的理由时,他们也会受益。学生自己能够判断展示质量、可以激发他们实现明确目标的动机。

评价成长记录袋和表现

在评价表现时,检查表、评定量表和评分指标会很有帮助。因为对绩效、成长记录袋和展示的评价是标准参照,而不是常模参照。换句话说,学生的作品和绩效是与既

---

①展示——公开的、通常需要较长时间准备的学习表现测试或演示。

定的公共标准相比较,而不是与其他学生的作品相比较。

评分指标。检查表、评分量表提供了有关性能要素的具体反馈。评分指标(scoring rubrics)①是用于确定学生作品质量的指标。通常是从"优秀"(4)到"不足"(1)的4分制或按比例给每个类别指定的成绩如10分优秀、6分及格等等(Mabry,1999)。例如,在小组研究任务中描述出色责任分配的指标可能是:

> 小组中的每个学生都可以清楚地解释小组需要什么信息,每个人负责查找什么信息,以及何时需要这些信息。

这个指标是使用一种名为"Rubistar"的面向教育工作者的在线服务工具生成的,你可以用它选择主题和类别,然后创建一个新的指标。为了获得前面的指标,我选择了"小组规划和研究项目"的写作主题和"责任归属"的类别。

詹姆斯·波帕姆(James Popham,2017)强调,评价指标既不应过于具体也不应过于笼统。例如:

> - 使用四个形容词和两个副词写一段关于树木的两段诗。(太具体:只描述一项任务,并没有涉及写诗的更一般的技巧。)
> - 诗歌将被评判为不合格、合格、良好或优秀。(过于笼统:没有提供比将诗歌评为D、C、B或A更多的信息。)

指标应该专注于评价可教授且可评价的有价值的技能。以下是一个从技巧角度评判学生记叙文的结构的指标:

> 对学生记叙文的评价应该从两方面进行,即总体结构和顺序。为了得到最高

————————————

①评分指标——用来确定学生成绩质量的规则。

的学分,一篇文章必须要包含完整的结构,包括引言、正文和总结。正文部分的内容必须要以合理的方式展开,例如按时间顺序、逻辑顺序或是重要性顺序。(Popham,2017)

这种以技巧为重点的指标给教师提供了教学指导,也给学生提供了写作指导。除此之外,这种以技巧为目的的指标能被应用于很多种记叙文的写作。"指南:制定指标"的更多观点可见古德里奇(Goodrich, 1997)、D. W. 约翰逊、约翰逊(D. W. Johnson and Johnson,2002)、波帕姆(Popham,2017)。

让学生参与评定量表和评分指标的制定往往是很有帮助的。当学生参与时,要决定具体领域里的作业看起来或是听起来应该是什么样的,对他们来说是一个挑战。由此他们可以事先知道作业的要求。随着学生们在设计和应用评分指标方面的练习,他们的作业和学习水平通常都会提高。

指南:制定指标

1. 确保所要评价的技能是重要且可教的。制定好的评分指标需要时间,因此要确保受评价的技能是值得每个人花时间并且能够通过指导和练习得到提高的技能。

2. 看范本。给学生展示小组作业中优秀和不合格作业的范例,指明好的为什么好,差的为什么差。

3. 列出指标。以讨论的方式,列出具备哪些特征的才是优秀作业。

4. 清晰的质量等级。根据自己对常见问题的了解和对较好、较差的作业展开集体讨论填补中间水平。

5. 在范本上练习。让学生运用指标评价第二步中提供的范本。

6. 自我评价和同伴评价。交给学生任务,在任务解决过程中,让学生偶尔停下来进行自评和互评。

7. 修订。给学生充足的时间根据第六步中得到的反馈进行修正。

8. 教师评价。教师使用与学生同样的指标对学生的作业进行评价。

注意:只有当你给学生的任务是他们不熟悉的时,需要第三步才是可能有必要的。第五、六步很有用,但要花时间,教师可以让学生自己完成这两步,特别是当你已经使用这一指标一段时间之后。在基于指标的评价方面,经验丰富的班级可以简化流程,从列出指标开始,教师写出质量等级,与学生一起讨论修订,然后使用这一指标准进行自评、互评和师评。

对于使用指标的详细解释，请参阅默特勒（Mertler,2001）。这篇在线文章可以帮助你为自己的班级创造和定制指标。（链接：rubistar. 4teachers. org/）

信度、效度、可推广性。因为教师的个人判断在评价表现中起到很大的作用，因此信度、效度、可推广性都是至关重要的考虑因素。一位教师眼中的"优秀"可能是另一位教师的"差强人意"。信度研究表明，如果评级者有经验和明确的评分标准，信度就会有所提高（Herman & Winters,1994；LeMahieu, Gitomer & Eresh,1993）。信度提高是因为指标把评价者的注意集中到作业的几个方面，并提供有限的评分等级供选择。若评分者只是用 1、2、3、4 评价等级水平，那么比用百分制评分更容易达成一致。

在效度方面，一些证据表明基于成长记录袋评价被评定为写作优秀的这类学生，他们在标准写作评价中被评为能力较低。哪种形式的评价能更好地反映学生的持久品质？这很难讲。另外，为了评价某一任务而建立的标准在对其他的任务进行评价时可能无效，除非任务之间很相似。所以我们不知道一个学生在某一任务上的表现是否可以推广到更多的学习领域上。（Haertel,1999；Herman & Winters,1994；McMillan,2004）

表现性评价中的多样性和偏向。公平是所有评价都要考虑的问题，表现型和成长记录袋也不例外。对一个公开表演来说，学生的外表、语言和学生获得贵重的声频、视频资源或是图像工具的途径都可能造成评价偏向。表现性评价和其他测试有同样的局限，可能对不富裕或者文化背景不同的学生来说是不公平的。此外，为了成长记录袋所进行的大量的小组作业、同伴订正、课外时间都意味着有些学生能够获得更大的网络技术支持和帮助。你班上的许多学生是来自拥有先进技术设备和出版能力的家庭，而也有一些学生很少得到这样的支持。这些差异将造成偏向和不公平，尤其是在成长记录袋和展示评价中。

评价复杂思维

为了培养学生的复杂思维能力，我们必须要能够对其进行评价。好消息是评价复杂思维和更高阶的成果实际上也能够帮助学生掌握和记忆核心内容。也就是说,对复杂思维的测试能够通过布鲁姆分类学的各个水平内容改进学习,从记忆事实知识到分析和创造高级知识(Jensen,McDaniel,Woodard,& Kummer,2014)。因此,你无需在测试事实还是测试复杂思维中做出选择。

对复杂思维的评价不一定需要测试。卡罗尔·李和苏珊·戈尔曼(Carol Lee & Susan Golman,2015)已经开发了关于读写能力方面复杂思维能力的评价,包括真实的阅读和写作。比如说,要评价学生引用证据说明文中象征主义的能力,学生则需要做到以下几点:(1)阅读后按顺序列出事件,以示他们理解了情节。(2)运用图表的形式组织他们用来回答这个问题的表述与证据。(3)写一篇文章,从作者概括和文本结构两个方面比较和对比两个故事。这两个故事主题包含了象征主义作为修辞手法。评价学生的文章,既要评价论点的质量,也要评价引用的证据是否受文本支持,是否能够围绕相似点和不同点组织论文以及写作的一般清晰度。可以看出,复杂思维的评价对学生和教师都有很高的要求。

给教师的建议：课堂评价

本章的一个主要信息就是正确匹配所使用评价工具类型与所评价知识的重要性。第一章描述的"每个学生成功法案"(ESSA)的规定允许在地区和州一级的评价有更大的灵活性,所以一定要了解你的测试内容和测试方法。请参阅表15.4,其中总结了不同的评价工具与其目标对应的可能性和局限性。

表15.4　不同评价工具及其对应目标

不同的学习结果需要不同的评价方法。

待评价目标	评价方法			
	客观题	论述文章	表现性评价	个人交流
知识掌握	多项选择、正误判断、匹配和填空均可以抽样检查知识要素的掌握	论述题可以帮助学生挖掘知识要素之间的关系	这一目标不是一个好的选择,建议选择其他三项	可以提问、评价答案并推断掌握情况,但这是一种耗时的选择

推理能力	可以评价对基本推理模式的理解	对复杂问题解决方案的书面描述可以提供了解推理能力的窗口	可以观察学生解决问题的能力和推理能力	可以让学生"自言自语"或者可以提出后续问题来探究推理能力
技能	可以评价掌握熟练技能的先决条件,但不能评价技能本身	可以评价熟练技能的先决条件,但不能评价技能本身	可以观察和评价正在执行的技能	当要评价的技能是口语沟通能力时是很强大、很有效的工具,也能够评价熟练技能的先决条件的掌握
创造作品	可以评价掌握知识、创造优质作品能力的先决条件,但不能评价作品本身的质量。	能够评价创造优质作品能力、掌握知识的先决条件,但不能评价作品本身的质量。	强有力的工具,可以评价:(a)执行作品开发步骤的熟练程度(b)作品本身的属性	可以探索优质作品属性的程序性知识,而不是作品质量

资料来源:From "Where Is Our Assessment Future and How Can We Get There?" by R. J. Stiggins. In R. W. Lissitz, W. D. Schafer (Eds.), Meaningful Assessment: A Manageable and Cooperative Process. Published by Allyn & Bacon, Boston, MA. Copyright © 2002 by Pearson Education. Adapted by permission of the publisher.

评分

停下来想一想:回顾一下多年来你的成绩报告单和成绩。你有收到过低于你预期的评分吗? 在得到了较低成绩后,你对自己、教师、这门科目和学校的看法如何? 教师做什么能帮助你理解这个成绩并从中获益呢?

"评分是将大量信息浓缩成单个符号以便于沟通的过程"(Chappuis & Stiggins, 2017)。尽管有些人认为评分的目的是对学生进行分类或者激励他们学习,但最好的理由(也许是唯一正当的理由)是把学生目前的成绩水平告诉学生和他的家长。

在确定最终成绩时,教师需要做出重要决定。学生的成绩应该反映他(她)与班上其他人相比的状态,还是应该反映他所学到的知识数量和学习效果如何? 换句话说,评分应该采取常模参照还是标准参照呢?

常模参照评分和标准参照评分

在常模参照评分（norm-referenced grading）①中，成绩的主要影响因素是被评价者与参加该课程的其他人所处的位置间的关系。如果这个学生学习非常努力，其他人也一样努力，那么这个学生就有可能只拿到一个令人失望的等级，可能是 C 或 D。常模参照评分的一种常见形式是曲线评分（grading on the curve）②。这种方法主要取决于你成绩落在"曲线"的位置。有证据表明这种评分方式会损害学生与学生之间、师生之间的关系，也会削弱大部分学生的动机（Krumboltz & Yeh，1996）。想象一下，如果这个曲线武断地限制了给出的好成绩的数量，那么在评分中，大部分学生将会成为失败者（Guskey & Bailey，2001；Haladyna，2002；Kohn，1996）。汤姆·吉斯克（Tom Guskey，2011）指出了曲线评分的错误："钟形的正态曲线描述的是无干预时随机发生的事件分布"。但教学就是干预，我们希望以一种所有学生都能学习的方式进行教学。然而，靠曲线评分并不能清晰传达学生知道什么或是能做什么这一首要的评分原因。为此，我们需要参照一定标准来评分。

在标准参照评分（criterion-referenced grading）③中，成绩代表一定的成就。如果已经给一门课设定了某一教学目标要达到的明确成绩，则该成绩就代表学生已经达到的一定数量的目标。使用标准参照评分时，通常需要预先详细说明每个等级要求的标准，然后由学生自己决定他（她）想获得的成绩。从理论上讲，用这种评定方法评价时只要学生达到了要求，所有学生都能是 A。标准参照评分的优点是对学生在明确设定的教学目标上取得的成绩进行评定。一些学区已学会了这样的成绩报告方法，在成绩单上列出要达到的目标和每个目标达到的程度。报告在每个教学单元结束时完成。图 15.2 所示的中学成绩报告体现了评价和单元目标之间的关系。

----

①常模参照评分——把学生的成绩相互之间比较进行评价。
②曲线评分——常模参照评分，把学生的成绩和平均水平进行比较。
③标准参照评分——对每个学生是否掌握了课程目标进行评价。

一份指标参照成绩报告单

这是标准参照评分成绩报告单的一个范例。其他形式也可以，但都说明学生朝着特定的目标前进。

基于标准的报告
基本报告单
学生：Chris Lipup
报告周期：3

标准成绩	
4	典范的
3	精通的
2	进步的
1	有困难的
N/A	未评价的
基于修正后的标准。见进度报告	

过程成绩	
++	坚持的
+	中等的
−	很少的
N/A	未评价的

2年级 语言艺术–Ms.Bausch

阅读	4
写作	3
口语	2
听力	3
语言	4

过程成绩	
准备	+
参与	++
家庭作业	+
合作性	+
尊重	++

描述/点评：
学生们在第三个报告阶段一直忙于学习下面的主题：辅音、元音和它们对应的发音；识别词汇中的音节；重读和非重读音节；闭音节；扩充词汇；复合词，反义词；同词；同义词；多义词；成语；理解技能；中心思想和辅助性细节；流利性；排序词、因果关系、事实与观点等阅读策略。学生也学习如何回答开放式问题。

克里斯正在改进最近发现的发音问题。我们正在与言语矫治专家协力将已经取得的进步推进至下一阶段。

2年级 数学——Mr.Reedy

运算与线性思维	3
数字与运算——十进制的	3
数字与运算——分数	2
测量与数据	2
几何学	N/A
数学实践	3

过程成绩	
准备	−
参与	++
家庭作业	
合作	++
尊重	+

描述/点评：
在过去的九周里，学生一直在学习测量、概率和数据分析。他们用测量的方法探索世界，并且用工具和设备去测量教室和家中的物体。他们通过"用彩虹糖预测事件发生的可能性"发现了概率很有趣。他们也在纺纱机上学习数学，学习如何正确使用"不可能""有可能"和"不太可能"等词语来表达可能性大小。学生们学到了什么时候该用什么类型的曲线图。他们知道为具体情况建立的曲线图并必要要有标题、标记点、x轴、y轴和数值范围，甚至通过制作班级网格来识别有序对。

克里斯的得分过程非常成功，尽管家庭作业和准备一直是问题。克里斯正在经历的大部分测量和分数问题，是由于没有足够多的练习以达到熟练的水平。我们将在下一个报告期内通过监督他的学习，看看我们是否能帮助Chris养成更好的课外作业习惯。

资料来源：Guskey, T. R., Swan, G. M., & Jung, L. A. (2011). Grades That Mean Something. Phi Delta Kappan, 93(2), p. 53. Used with permission.

图 15.2　一份指标参照成绩报告单

大部分学校有具体的评分系统，所以在这里我们不花时间来讲可能的评分系统。

接下来，我们来想一个有相关研究的问题：成绩对学生的影响是什么？

对学生评分的影响

当我们想到评分时，我们通常会想到竞争。易焦虑、缺乏自信的和准备不充分的学生可能不适应高强度竞争的课堂。因此,虽然高标准、高强度竞争一般和学业进步相联系,但很明显在高标准和合理的成功概率之间必须达到平衡。所以,学校里的低标准和失败是否应被避免呢? 情况并不是那么简单。

失败的价值? 某种程度的失败可能对大部分学生是有益的,尤其是如果教师可以帮助学生看到努力和提高之间的关系。努力保护学生不受失败的影响,并确保其成功可能会适得其反。差异化教学专家卡罗尔·汤姆林森(Carol Tomlinson)这样说道:"那些学习经历使他们相信只要付出很少的努力就能取得优异成绩的学生不会学着去付出努力,而是认为高分是他们应得的。"所以可能不是失败而是准确的批判性反馈,对这些习惯于轻松的学生来说更重要。

留级。学生在整个年级都失败的影响是什么? 即"被阻止"。留级的学生更可能是男生、少数民族、家境贫困的、年纪较小和较少参与早期学生课程的学生(Beebe-Frankenberger,Bocian,Macmillan & Gresham,2004;G. Hong & Raudenbush,2005)。留级是一个好政策吗? 请参阅"观点与争论"来检验此问题。

成绩与动机

如果你是靠成绩来激励学生,那你最好再考虑一下这种方式(J. K. Smith,Smith & De List,2001)。评价的应该是学生为知识而学习的动机,而不是为取得好成绩而学习的动机。但为成绩学习和为知识而学习之间真的有区别吗? 在某种程度上这一答案依赖于我们的成绩是如何确定的。如果你的测试只处在简单地罗列知识细节的水平,那么学生就不得不面临着在深入学习和取得好成绩之间做出选择。但若成绩反映的是有意义的学习,而且学习是被有反馈的形成性评价支持的,此时为取得好成绩学习和为知识学习就等同了。

最后,较低的成绩一般不会鼓励学生上进。低分的学生更可能在学习上退却,把责任归咎于别人,认为学习枯燥无趣或者认为自己有责任提高成绩但对如何提高感到无助,从而导致他们放弃自己或是放弃课堂。事实上,学期初的低分数可能会建立起一个恶性循环:低分→对学校功课投入较少→更低分→投入更少,无休无止(Poorthuis et al.,2015;Tomlinson,2005b)。与其给学生一个不及格的成绩,还不如多看看学生不完善的作业,帮助他们修改和提高,保持高标准要求,并且给学生机会让他们达到这些标准,形成性评价和有质量的反馈才是关键(Guskey,2011;Guskey & Bailey,2001;Polio & Hochbein,2015)。

高中时期影响动机的另一个因素是毕业演说人选的竞争。有时,学生和家长会找到一些聪明的策略来在这项竞争中领先对手,但这些策略对学习的帮助不大。正如汤姆·古斯克和简·贝利(Tom Guskey & Jane Bailey)指出的,当一个最优者以小数点的1/1000获胜时,差异背后的学习又有多大意义呢?一些高中现在称毕业演说人选会有多个,就是尽可能多地达到学校的最高标准的学生群体,因为他们认为教育者的工作"不是选择天才,而是培养才能"(Guskey & Bailey,2001)。

"指南——使用评分系统"给出了合理使用任何评分系统的方法。

指南:使用评分系统

在课程的早期向学生解释你的评分指标,并定期提醒他们这些指标。举例:

1.给年龄较大的学生讲义,讲义中说明作业、测验、评分标准和时间安排。

2.以轻松的方式向年轻学生解释他们的工作将如何接受评价。

以明确、合理的标准为基准。举例:

1.与学生一起制定标准。匿名展示前几节课上的较差、好和优秀作品的例子。

2.与更有经验的教师讨论学习量和评分标准。

3.在进行分级考试之前,先做一些形成性测试,以了解学生的能力。

4.先自己做一遍测试,以衡量考试的难度,并估计学生需要的时间。

根据尽可能多的客观证据来评定你的成绩。举例:

1.提前计划测试的方式和时间。

2.保存每个学生的工作档案。这可能对学生或家长会议有用。

确保学生理解考试要求。例如:

1.在黑板上概述指示。

2.请几个学生解释指示。

3. 先复习一个示例问题。

尽快纠正、返回并讨论测试。举例：

1. 让完成答案较好的学生在课堂上汇报他们的回答；确保每次汇报不是同一个学生。

2. 讨论错误答案出现的原因，特别是经常出错的答案。

3. 一旦学生完成测试，给出他们问题的答案和课文中答案所在的页码。

作为一种规则，分数给出之后不能改动。举例：

1. 确保你一开始给出的分数是合理的。

2. 更改任何书面或计算错误。

防止评分时出现偏差。举例：

1. 要求学生在论文背面写上自己的名字。

2. 在给论文评分时，使用某种分数制度或范文。

让学生了解他们在班上的地位。举例：

1. 考试后在黑板上写下分数分布。

2. 安排定期会议，复习前几周的学习。

赋予学生质疑的权利，任何一种评分方法都有漏洞。举例：

1. 除非有很好的理由，否则在边缘情况下要给高分。

2. 如果大多数学生在相同的问题上犯了相同的错误，请在之后的测试中把这些题目重新修订。对于当前测试，评分时应考虑把这种问题剔除出去。

避免给予符合你的想法或课本的答案高分。举例：

1. 对正确和新颖的回答额外加分。

2. 直到各方面的问题都探讨过之后再发表你的意见。

3. 以一种理性的、富有成效的方式来强化学生的不同意见。

4. 对部分正确的答案给予部分赞扬。

确保每一个学生都有机会获得成功，尤其是在一个新任务开始的时候。举例：

1. 预先测试学生，确保他们有先决能力。

2. 适当的时候,给学生提供重新测试的机会来提高他们的成绩,但要确保重测和原来的难度一样。

3. 把失败看作"未完善",鼓励学生修改和改进。

4. 在单元末提供给予成绩的任务;在单元初提供没有成绩评定的任务。

平衡书面和口头反馈。举例:

1. 考虑给年龄小的学生提供简短、生动的书面评论,给年长的学生提供更广泛的书面评论。

2. 当试卷的成绩低于学生的预期成绩时,一定要确保成绩低的原因是清晰的。

3. 提供个性化评价;避免一遍遍地写同样的评价语。

4. 标记具体的错误、错误的可能原因、改进的想法和如何才能做好。

让成绩尽可能有意义。举例:

1. 将成绩与重要学习目标相结合。

2. 布置不评分的作业鼓励学生的探索。

3. 尝试表现评价法和成长记录袋法。

成绩不能仅以一个标准为基础。举例:

1. 在测试中使用问答题和多选题。

2. 口头报告和班级参与也要评分。

资料来源:A. M. Drayer,改编自《中学和高中教学问题的一般会议指南:学生教师和初级教师手册》(General conferencing guidelines adapted from Problems in Middle and High School Teaching: A Handbook for Student Teachers and Beginning Teachers),经许可转载。

观点与争论:学生是否该留级?

在 2014 年,大约 13,130,000 名学生(从幼儿园到十二年级)被留级((Digest of Educational Statistics,2015)。在过去的一百年里,家长和教育家一直在辩论留级和社会性升级(让学生与同龄人一起升到下一级)的价值。证据表明了什么? 争论是什么?

观点:是的,它很有意义。

"没有准备好"上一年级是幼儿园学生留级的一种常见说法。相比于相对年纪小的学生(生于一月至八月),年级相对大的学生(生于九月至十一月)在校平均成绩较高(Cobley,McKenna,Baker & Wattie,2009)。事实上,有些家长让他们的学生留级是为了让学生在之后的每个年级都比同龄人更占优势,或是因为学生是在年末出生的,这种方法有时候被称为"留级"(Wallace,2014)。大约有4%到5.5%的学生推迟进入幼儿园。最有可能是留级生的是白人、男性和社会经济地位较高的学生。为这些人服务的学校有更高的延迟入学率(Bassok & Reardon,2013)。留级行为的结果好坏参半。一些研究发现了父母让其孩子留级的好处,但也有一些研究没有发现任何好处。

随着对高标准和问责制的日益重视,社会性升级的观念受到抨击,而留级被认为是更好的方式。G. 洪和斯蒂芬·劳登布什(G. Hong & Stephen Raudenbush, 2005)总结了他们对留级的支持以及其他赞成留级的论点:

一个被广泛认可的观点是,当成绩不高的学生留级时,他在课堂中的学习情况将更加与其他人一致,从而减轻了教师管理教学活动的任务(Byrnes,1989;Shepard & Smith,1988)。特别是在幼儿园让一些学生留级可能会让教师在更高的水平上教学,使得在这个政策下升级的学生更加受益。同时,将留级看作是惩罚,学生可能会更加努力学习以避免留级。一些人认为,与社会性升级政策相比,对在学习上有困难的学生来说,留级可能更合适和更有意义(Plummer & Graziano,1987;Shepard & Smith,1988)。如果这些论点是正确的,采取留级政策将有利于升级和留级的学生,从而提高整体成绩。

对立的观点:不,留级没有作用。

即使一些研究支持留级的价值(如 Marsh,2015),但近一个世纪的研究表明它没有帮助,甚至可能是有害的。大部分研究发现,留级与长期不良后果有关,比如辍学、高犯罪率、低就业率和低自尊感(Andrews,2014,Jimerson,Anderson & Whipple,2002;Jimerson & Ferguson,2007;Shepard & Smith,1989)。露西·巴纳德·布拉克(Lucy Barnard-Brak, 2008)在全国选取了 986 名被认定为有学习障碍的幼儿园学生作为样本进行研究并得出结论"幼儿园入学延迟与学习障碍学生的学习成绩无关"(p50)。

尽管 G·洪和劳登布什（2005）承认留级的观点（见观点部分），但在一年级结束时，他们对近 12,000 名幼儿园学生进行的广泛研究的结果却恰恰相反。研究者对比了来自实行留级政策学校的留级和升级的学生和来自实行社会性升级政策学校升级的学生，他们没有找到留级能够提升阅读或数学成绩的证据。除此之外，留级似乎没有通过使班级的学业能力更接近而改善了一年级的教学。一年后，留级学生平均落后一年，也有证据表明这些学生如果升级则会做得更好。另一项跟踪留级和升级学生的四年研究发现，留级学生在社会和行为技能等方面有一些短期优势，更多的是长期问题和漏洞。作者认为"奋斗——成功——奋斗"模式可能会破坏留级学生的学习动机并干扰同伴关系（Dermanet & Van Houtte，2016；Wu，West & Hughes，2010），并且负面影响可能不止波及留级学生。在一项对 79,000 多名学生的研究中，应届的七年级学生和一些较大于年级的同龄人（因为他们被留级）一起上学，更容易在学校遇到麻烦或是被停课（Muschin，Glennie & Beck，2014）。

当心"非此即彼"：使用学生研究。不管怎样，有困难的同学都应该得到帮助，无论他们是被升级还是被留级。用同样的方法再次学习相同的材料不能解决学生的学习或社会问题，最好的办法是让学生与他们的同龄人一起提升，但在夏季或下一年进行特别补习（Demanet & Van Houtte，2016）。此外，由于不能集中注意力和自我调节是准备学习的一个重要障碍（Blair，2002），教师的帮助也应该专注于帮学生提高这些技能。更好的办法应该是在早期通过提供额外资源来防止问题的发生。

评分之后：与家庭交流

没有任何一个分数或者是字母成绩等级能传达出学生在课堂上或者是一门课中的所有表现，但有时学生、家长和教师都过分关注最后的成绩。与家长交流的方式不仅仅是把成绩送回家，而是通过多种方法与家长保持联系并向其汇报。我认识的许多教师在学期初都会准备一份时事通讯或是学生手册，以便将学生的作业、行为和评分指标传达给家长。以下是古斯克和贝利描述的其他家校沟通方式：

- 附在成绩单上的注释

- 成长记录袋或学生作业展示

- 打电话,尤其是"好消息"的电话

- 作业热线

- 学校开放日

- 学校或班级网页

- 学生主导的讨论

- 家访

小学教师常常期望和学生家长进行讨论,这在初高中也同等重要。很明显,越善于交流的教师,组织的这种讨论就越有效果。聆听和问题解决技能(如十三章讨论过的技能)尤其重要。当你跟气愤或沮丧的学生和家长交谈的时候,请确保自己知道他们真正的焦虑,而不仅仅关注他们的语言。谈话气氛也应该是友好平静的。依据评价中的观察资料或者信息,对学生的观察尽可能符合事实,从学生或者家长那里得来的信息也应该保密。

学生的标准化测试成绩是家长感兴趣的一类信息。在下一节,我们将介绍这些测试。

标准化测试

从我记事开始,教育家和标准制定者一直很关心美国学生的测试成绩。1995 年、1999 年、2003 年、2007 年、2011 年和 2015 年收集的国际数学与科学研究趋势(TIMSS)数据表明,在数学和科学测试成绩上美国落后于很多其他的发达国家。不论你教的是哪个年级,对这些测试结果的部分回应都越来越棘手。教师必须了解测试知识,理解标准化测试成绩的真正含义以及如何使用(或误用)是一个良好的开端。

分数类型

设身处地想一想:在你的第一次家长会,一位母亲和父亲很关心他们学生的成绩为什么是86 分。他们说:"期待学生的成绩接近100 分。我们知道她能做到,因为她的成绩领先年级平均成绩半年!"家长是否理解这些成绩的含义?

要理解测试的成绩,你需要知道一些关于不同类型成绩及其含义的基本知识,首先你需要了解一些(简单的)统计知识。

集中趋势和标准差测量。对平均数,你可能有大量的了解。简单来说,平均数(mean)①就是一组分数的算术平均值。要计算平均数,你需要把分数加在一起得出总分再除以总数。平均数提供了一种测量集中趋势(central tendency)②的方法,是全部分数分布的典型性和代表性的反映。但是过高或过低的分数均会影响平均数,所以当存在一些非常高或低的分数时,相较于平均数,中位数可能会更好地代表一组分数的集中趋势。中位数(median)③是在分数排名列表中位于正中间的分数,即一半分数比这个分数高,一半分数比它低。众数(Mode)④是指出现次数最多的分数。

集中趋势的测量可以给出一个能够代表一组分数的成绩,但却不能告诉你这些成绩是如何分布的。两组数据的平均数可能都是50,但具体数据却不相同。一组成绩可能包含50、45、55、55、45、50、50;另一组成绩可能包含100、0、50、90、10、50、50。这两个例子中,平均数、中位数和众数都是50,但分布却非常不一样。

标准差(standard deviation)⑤是用来衡量成绩与平均数的差异程度。标准差越大,成绩的分布越分散;标准差越小,成绩就越紧紧环绕着平均数。例如,50、45、55、55、45、50、50 的标准差远小于 100、0、50、90、10、50、50 的标准差。另一种说法是,标准差较小的成绩分布具有更小的差异性(variability)⑥。

了解一组成绩的平均值和标准差可以更好地了解单个成绩的含义。例如,假设你在测试中得分为 78 分,而测试的平均值为 70 分,标准差为 4,你会对成绩非常满意。在这种情况下,你的成绩高于平均值两个标准差,远高于平均值。

如果测试的平均值一直保持在 70 分,但是标准差为 20,则需要考虑差异。在第二

---

①平均数——算术平均数。
②集中趋势——一组分数中的较为集中的分数。
③中位数——一组分数中处于中间的数。
④众数——出现最频繁的分数。
⑤标准差——对分数与平均数相差多远的测量。
⑥差异性——差异程度或偏离均值。

种情况下,78 分仅高于平均值不到一个标准差,你的成绩更接近总体的中间位置,得分高于平均水平但是也只是略高。了解标准差不仅仅是了解成绩范围(range)①。无论大多数人在测试中的得分如何,如果有一两个学生的成绩非常好或非常差,范围就会变得非常大。

正态分布。标准差对于解测试结果非常有用,尤其是当测试结果呈现正态分布(normal distribution)②时。你之前可能遇到过正态分布。它是一条钟形曲线,是最著名的频率分布,因为它描述了许多自然发生的物理和社会现象。许多成绩落在中间,使曲线呈现出钟形。当你查看曲线的终点或尾部时,你会发现分布在那里的成绩越来越少。统计学家全面分析了正态分布。正态分布的平均数也是它的中点。有一半的成绩高于平均值,一半低于平均值。在正态分布中,均值、中位数和众数都是相同的点。

正态分布另一个方便的特点是可以知道曲线每个区域内成绩的百分比,如图 15.3 所示。得分在平均值的一个标准差内的人显然有很多,很多成绩在这里堆积。事实上,所有成绩的 68% 都是位于距离平均值正负一个标准差的区间内。大约有 16% 的成绩是高于平均值一个标准差的。在这个较高的区域中,只有 2% 高于平均值两个标准差。类似地,只有大约 16% 的成绩低于平均值一个标准差,而该组中只有约 2% 的成绩低于平均值两个标准差。在与平均值相差两个标准差的任意方向上都几乎没有成绩分布。

SAT 高考是一个正态分布的例子。SAT 数学和 SAT 循证阅读和写作测试的平均分约 500,标准差约为 100。如果你知道在测试中有 700 分的人,你就会知道他们做得很好。只有约 2% 参加考试的人考得很好。因为在正态分布中,只有 2% 的成绩是高于平均值两个标准差的。如果测试的平均值是 70 分,标准差是 4,你 78 分的得分会排在前 2%。

---

①范围——组中最高分和最低分之间的差距。
②正态分布——最常见的分布,它的分数平均分布在平均值附近。

正态分布

正态分布曲线或钟形曲线具有一定的可预测特征。例如，68%的成绩聚集在距平均分1个标准差之内。

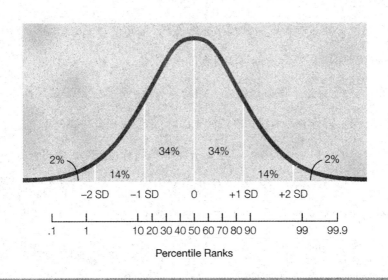

图15.3　正态分布

接下来，我们要看看不同类型的测试分数。

百分等级分数。 排名是标准化测试报告的一种非常有用的成绩基础，即百分等级①(percentile rank)分数。在百分等级排名中，将每个学生的原始成绩(准确无误的实际分数)与常模组(对照组)学生的原始成绩进行比较。百分等级排名表示的是常模组中的学生得分高于或低于一个特定原始成绩的比例。如果一个学生的成绩跟常模组中四分之三学生的成绩一样或者更好，那么这个学生的成绩将是第75个百分点，或具有75个百分点等级。你可以看到，这并不意味着学生的原始成绩就是75，或者学生回答对了75%的问题。相反，75指在常模组中，有75%的学生在测试中成绩等于或低于该学生。百分等级排名50意味着一个学生的成绩已经达到或超过常模组的50%，

———————————

①百分等级——常模组中得分等于或低于个人分数的百分比。

并且已经达到平均成绩。

在解释百分等级时需要注意的是,百分等级的差异并不意味着在比例中间的原始得分与处在边缘的得分意义是相同的。例如,第 50 和第 60 百分等级点对应的原始成绩可能只差 2 分,而第 90 和第 99 百分等级点在原始成绩上可能相差大约 10 分。因此只有当你的分数接近中间,几个答案的对错才会对百分成绩产生重要影响。

年级当量分数。年级当量分数①(grade-equivalent score)一般是从每个年级单独的常模组获得的。常模组中十年级所有人的平均得分定义为十年级当量分数。假设十年级常模组的平均原始成绩是 38 分,任何一个在测试中获得 38 分原始分的学生都是十年级当量分数。年级当量分数通常以例如 8.3,4.5,7.6,11.5 等数字列出。整数表示等级,小数表示一年的十分之一,但是它们通常被解释为月份。

假设某个获得十年级当量分数的学生是七年级的,该学生应该立刻被升级吗? 可能不会。不同年级使用不同形式的测试,所以七年级学生可能不必回答十年级学生的题目。高分可能代表他卓越地掌握了七年级的材料,而不是拥有完成高级工作的能力。即便在这个特定测试中,十年级学生的平均成绩和七年级学生一样好,十年级学生知道的知识也肯定比七年级测试内容所覆盖得多。此外,年级当量分数单位对不同年级水平的意义不同。例如,与十一年级学生在十年级读书相比,二年级学生在一年级读书会遇到更多困难。

由于年级当量分数具有误导性并且经常被误解,尤其是被父母误解,所以大多数教育者和心理学家认为年级当量分数根本不应该被使用。而其他几种形式的成绩报告或许更为合适。

标准分数。你可能还记得,百分等级的一个不足就是难以对排名进行比较。一定分数的原始成绩差异在等级不同位置有不同的意义。另一方面,使用标准分数,10 分的差异在等级的任意位置都有着相对的意义。

---

①年级当量分数——基于比较每个年级常模样本的水平来测量年级水平。

标准分数①(standard scores)基于标准差。一个非常常见的标准成绩是Z分数(Z score)②。Z分数表示原始成绩高于或低于平均值多少个标准差。在前面描述的例子中,你有幸在测试中得到78分,其中平均值为70分,标准差为4,你的Z分数将是+2,也即高于平均值2个标准差。如果一个人在这个测试中得分64分,那么就是比平均值低1.5个标准差,Z分数就是-1.5。Z分数为0即表示没有高于平均值任何标准差,换句话说它就是平均值。骨密度测试会使用与Z分数类似的测量法。你的骨密度值是比较你此时的骨密度与30岁时健康的骨密度而得出的。如果你的骨密度值低于-1,你就会离骨质疏松症更近一步。如果低于-2,你就已经是骨质疏松了。由于使用负数不方便,因此人们设计了其他标准成绩来消除这个难题。T分数(T score)③有了一个平均值50,并使用10作为标准差。因此,T分数为50表示平均水平。如果将Z分数乘以10(除去小数)并加50(除去负数),你得到的就是T分数。Z分数是-1.5的人,T分数就是35。

首先将Z分数乘以10:-1.5×10=-15,

然后加50,-15+50=35。

在我们讨论分数类型之前,我们应该看看另一种广泛使用的方法。斯坦因分数(stanine scores)④名称来自"标准九"(standard nine)是标准成绩。在斯坦因量表上只有九个可能的分数,从整数1到整数9。它的平均值是5,标准差是2。斯坦因分数提供了一种考虑学生等级划分的方法,因为在正态分布中,九个分数中的每一个都包含一个特定的百分位数范围。例如,斯坦因分数为1代表该生得分处于正态分布中最低的4%,2代表处于下一个7%。当然,这7%范围内的一些学生的原始成绩比其他的好,但是他们得到的斯坦因分数都为2。

---

①标准分数——基于标准差的分数。
②Z分数——表示某个分数高于或低于平均值多少个标准差。
③T分数——平均值为50,标准差为10。
④斯坦因分数——整数1到9中的每一个数均代表一个大范围内的原始分数。

每一个斯坦因分数代表一个大范围内的原始成绩,它的优点是可以鼓励教师和家长以更一般的方式去查看学生的成绩,而不是计较于几分的差异。图15.4比较了我们所说的四种标准分数,显示了每种标准分数是怎样落在正态分布曲线上的。

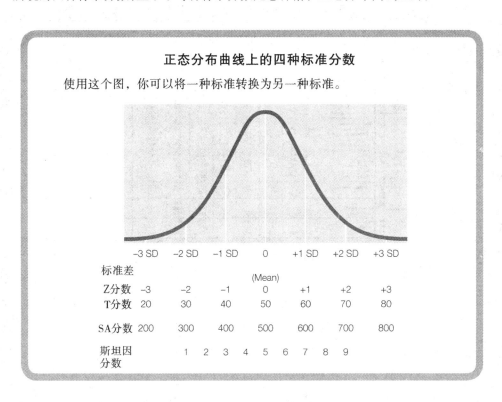

图 15.4 正态分布曲线上的四种标准分数

解释标准化测试报告

停下来想一想:查看图15.5的测试打印结果,这个学生的优缺点各是什么? 你又是如何知道的?

教师可以从成绩测试结果中获取哪些具体信息? 测试出版商通常会提供每个学生的个人分数图表,列出每个子测试的成绩。

典型的成绩报告

未使用实际测试数据的样本测试成绩报告

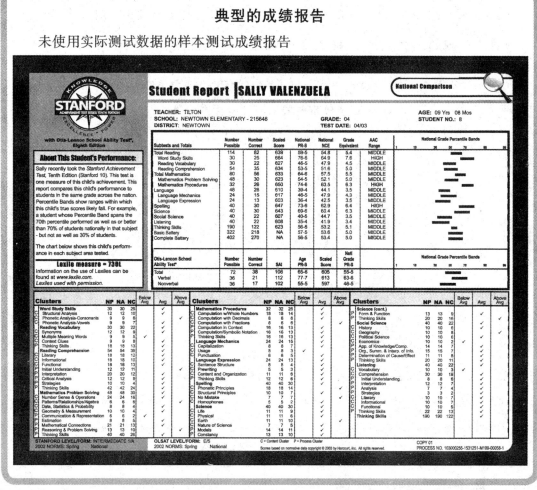

图15.5　典型的成绩报告

图15.5 是《斯坦福成就测试(第十版)》(Stanford Achievement Test,10th Edition.)中四年级学生的学生报告示例。值得注意的是,该学生报告有三个部分,第一部分(关于此学生的表现)是一个简短的叙述性解释,可能包括蓝思测量? (参见 lexile. com),它是根据阅读理解成绩计算出来的,可以帮助教师识别萨莉的阅读水平以选择合适的文本。

第二部分(子测试和总测试)试图描述学生在阅读、数学、语言、拼写、科学、社会科学、听力和思维技能方面(Reading, Mathematics, Language, Spelling, Science, Social Science, Listening, and Thinking Skills.)的成就,这一部分也包括测试总分和 Otis-Lennon 学校能力测试(一种团体智商或学业能力测试)的成绩,一些子测试进一步被分成了更具体的评价。例如,阅读分为单词学习技巧、阅读词汇和阅读理解。子测试旁边就是报告萨莉成绩的几种不同方式。学校根据可能的报告格式列出需要报告的成绩。这所学校选择了以下几种类型的成绩:

答对数(Number Correct):在第二列下面是 Sally 正确回答子测试中的问题数——子测试中的问题总数在第一列"问题总数"(number possible)。

比例分数(Scaled Score):这是用来推导所有其他成绩的基本成绩,有时也因为它描述了成就的增长而称为增长成绩。例如,在一项考试中,三年级学生的平均成绩可能是585,而十年级学生的平均成绩为714分,可能的成绩范围从 0 到1000 横跨了整个 K-12 级。问题的难易程度也通常被包括在计算中(Popham, 2017)。

国家百分等级和斯坦因分数(National Percentile Rank and Stanine):这个成绩告诉我们萨莉与全国各地同一年级学生年级水平的关系,这是就百分等级(相同或更低的成绩百分比)和斯坦因分数而言的,所以59.5 的百分等级数为59,斯坦因分数为5。

国家标准曲线当量(National NCE(Normal Curve Equivalent)):这是从百分等级得出的标准分数,范围从 1 到99,平均值是50,标准差是21。

年级当量(Grade Equivalent):这表明萨莉的比例分数和指定年级、指定月份的普通学生的分数相同,要注意前面描述年级等值分数的问题。

ACC(成就/能力比较)范围(AAC, Achievement/Ability Comparison Range):ACC 成绩将萨莉的每一个子测试的成绩与标准组的成绩做比较,标准组的学生是那些在 Otis-Lennon 学校能力测试中与萨莉有相同能力的学生。ACC 范围将萨莉的 ACC 成绩分为高、中等和低三个等级。可以看到萨莉在大多数子测试中处于中间位置,所以与和她有相似能力的学生相比,她的成就处于中间位置。

图 15.5 的底部(Cluster)将萨莉的子测试划分为更加具体的技能。对于每项技能,我们都会看到问题总数(NP),萨莉回答的数量(NA)以及她回答正确的数量(NC)。技能旁边的复选标记表示她的正确个数是等于平均值、高于平均值还是低于平均值。要注意的是,只有少数问题(3 到 8 个)可以评价某些技能。请记住,较少的题目意味着信度更小。

与家长讨论测试的结果。作为一名教师,你可能会向学生及其家长解释测试结果。因此,你要确保自己了解学校报告中所有成绩类型的含义,包括原始成绩、百分等级分数、比例分数、蓝思、年级当量(成绩)、斯坦因分数以及出现在测试报告中的其他任何一个成绩。对于高中生来说,告诉学生和家长,在大学中只有 25% 的学业成功是与 SAT 或 ACT 成绩有关,而剩下的 75% 是由学生的动机、努力、学习习惯、兴趣和其他因素所控制,这是非常有意义的(Popham, 2017)。对于害怕学生"不适合大学"的家庭来说,这可能是至关重要的信息。"指南:与家庭和社区形成合作伙伴关系——家长会和解释测试结果"提供了一些其他提示。

指南:与家庭和社区形成伙伴关系——家长会和解释测试结果

一般会议指南

确定会议的一些明确目标。举例:

1. 收集有关学生的信息以帮助你完成指导。

2. 解释成绩或测试结果。

3. 让父母知道下一单元或下一次测验前会发生什么。

4. 征求父母的帮助。

5. 提出在家使用的建议。

以积极的表述开始和结束。举例:

1. "雅各布是天生的领导者。"

2. "伊芙真的很享受科学中心。"

3. "当其他学生沮丧时,亚希姆真的很积极。"

4. "亚香缇的幽默感使得班级保持积极态度。"

积极倾听。举例：

1.接受父母或看护人的情绪,不要试图消除他们的感受。

2."当李不做家庭作业时,你似乎感到沮丧。"

尊重家庭成员的时间和关心学生——建立伙伴关系。举例：

1.简单明了,避免使用术语。

2.谨慎,但不要避免谈论棘手的问题。

3.让家人在家里完成课堂目标。"向莉娜询问她的家庭作业清单,并帮助她更新清单,我在学校也会这样做。"

从家庭成员那里了解情况。举例：

1.向家长发送一份简短的调查问卷,在会议之前再寄回来,以便你做好准备:父母的问题和疑问是什么？

2.在业余爱好和课外活动中,学生的兴趣和优势是什么？

后续跟进。举例：

1.发送一份简短的说明,感谢家人参加。

2.通过笔记或电子邮件分享学生的成功经验。

3.在出现问题之前让家人了解情况。

解释和使用测试结果。用非技术术语解释测试报告中每种类型的成绩的含义,并解释为什么测试不是"完美的"。举例：

1.如果测试是常模参照,请了解对照组是什么(国家？州？当地？)。解释学生成绩中所显示的他(或她)与对照组中其他学生的关系。

2.如果测试是标准参照,请说明成绩显示的学生执行特定任务(例如单词问题或阅读理解)的程度。

3.鼓励父母不要将成绩视为一个唯一的数值,而是将成绩视为一个范围或者包含成绩的档次。

4.忽略成绩之间的微小差异。

对于常模参照测试,使用百分等级成绩。因为它们是最容易理解的。举例：

1.百分等级成绩表示比较组中有多少百分比的学生得分相同或更低。百分等级数越高越好,99是最高,50是平均水平。

2.百分等级成绩并不能意味答案的正确率,按照百分等级成绩来说,在课堂测试中表现不佳的成绩(比如说处于65%到75%左右)是高于平均水平的,甚至是好的。

避免使用年级当量分数。举例:

1.如果父母想要专注于他们学生的"年级水平",请告诉他们高的年级当量分数反映的是对当前年级水平的透彻理解,而不是学习更高年级的内容的能力。

2.告诉父母相同的年级当量分数在不同科目上有不同的意义,例如阅读与数学。

资料来源:berg & M. Driscoll(弗罗姆伯格,德里斯科尔),《基于成功课堂的想法:普通教育和特殊教育教师的管理策略》(Based on ideas from The Successful Classroom:Management Strategies for Regular and Special Education Teachers),哥伦比亚大学师范学院出版社(Published by Teachers College, Columbia University);《成功的家长 – 教师会议的教师提示》(Teacher Tips for Successful ParentTeacher Conferences),https://www.scholastic. com/teachers/articles/teaching-content/teacher-tips-successful-parentteacher-conferences/. ;艾森伯格 & 劳伦斯·鲁德纳(T. E. Eissenberg & Lawrence M. Rudner),《向家长解释考试结果》(Explaining Test Results to Parents),(1988),检索自 http://pareonline. net/getvn. asp? v = 1 & n = 1

问责制和高风险测试

停下来想一想:到目前为止,标准化测试如何影响你的生活? 测试成绩又为你提供了哪些机会或使你失去哪些机会? 这个过程是公平的吗?

每天,许多关于个人的决定都是基于测试结果。拉塞尔应该获得驾驶执照吗? 有多少和哪些八年级的学生会从赶进度的科学课程中获益? 谁需要额外的辅导? 测试成绩可能会影响到一年级的"录取"、从一个年级到下一个年级的晋升、高中毕业、获得特殊课程的权利、教师资格证和任期、学校资助等等。

做出决定。在根据测试结果做出关于个人的决策时,重要的是要区分测试本身的质量和测试的使用方式。谁将接受测试? 针对某一群体的特定目的,选择一个测试而不是另一个测试的后果是什么? 测试对学生的影响是什么? 如何解释少数群体学生的测试成绩? 我们在说智力、成就、成长和熟练程度等词时,其真正的含义是什么? 我们用来测量这些结构的测试是否捕捉到了我们打算评价的内容? 如何将测试结果与其他个人的信息结合起来做出判断? 回答这些问题需要基于价值观的道德选择,以及测试能告诉我们哪些准确的信息。在我们检查测试用途并进行决策时,请记住这些价值问题。

因为受测试成绩影响的决策非常关键,许多教育工作者将此过程称为高风险测试(high-stakes testing)①。高风险测试结果的用途之一就是让教师、学校和管理人员对学生的表现承担问责(accountable)②。例如,教师奖金可能与学生的成绩挂钩,或者学校的资金可能会受到测试结果的影响。但是,正如詹姆斯·佩雷格里诺(James Pellegrino)指出的那样,问责制永远不应该是测试的唯一目的,"问题在于,当国家的唯一目标是利用测试来估计学生在一年中学到了多少东西时,其他评价目的就会迷失方向,例如向教师和学生提供与教学相关的反馈。"我们需要一个为教师和学生提供教学和学习工具的完整评价系统。

教师怎么想? 我与之前共事的教师感到沮丧的是,每年的测试成绩通常很晚才公布,以至于无法为现在的学生做出相应的指导计划或进行补救。这是形成性和中期评价变得越来越流行的一个原因,教师能及时获得信息以改进其教学。同时,教师也会受到测试占用时间的困扰,包括准备测试和进行测试。他们抱怨测试涵盖了一些课程不包括的材料。如今,共同核心标准测试正是以教学和测试相结合为主要目的。

全国各地的教师都回应了这些问题。"新教师项目"调查了来自 36 个州和 10 个最大学区的 117 名全国顶尖教师。当他们的学生在标准化测试中表现良好时,大多数教师(81%)感到很有成就感,但总的来说,50% 的教师认为这些测试弊大于利。一位教师说:"我相信我们的学生都在经历着过度测试,很多学校都感受到了应试教学的压力,这实际上是一个非常低的标准。"(《新教师项目》The New Teacher Project,2013)高风险测试还有哪些其他问题?

高风险测试存在的问题。 研究发现在一些州,80% 的小学花费大约 20% 的教学时间来准备年终考试(Abrams & Madaus,2003)。对实际高风险测试的研究还显示出了其

---

①高风险测试——一种标准化测试,其结果在使用时对学校行政人员,其他官员或雇主做出的决定具有强大的影响。

②问责——使得学校和教师对学生的学习负有责任,通常是通过高风险测试来监督学习。

他令人担忧的后果,测试限制了课程。事实上,在检验了多年的测试结果之后,丽莎·艾布拉姆斯(Lisa Abrams)和乔治·马道斯(George Madaus)得出结论:"在每个实行高风险测试的地方,考试内容最终都会定义课程。"例如,使用得克萨斯大学学业能力测验导致了课程变得过分强调测试内容而忽视其他领域。此外,数学测试似乎也成了对阅读能力的考验。阅读能力差的学生在数学考试中遇到困难,特别是对于那些第一语言非英语的学生,这种情况尤其明显。如表15.5所示,标准化测试的一些用途并不恰当。

表15.5 高风险测试结果的不合理使用

注意标准化测试结果的一些用途,测试不是为以下目的而设计的。

决定通过或未通过	如果阻止学生从任何年级毕业,必须有强有力的证据表明所使用的测试是有效、可靠且无偏见的。虽然一些测试经历过官方的挑战并且被证明符合这些标准,但并非所有测试都足以用来做出通过或是未通过的决定
州际比较	标准化测试成绩无法比较各个州的测试结果。各州没有相同的课程、测试、资源或挑战。即使是进行了比较,它们通常告诉我们的都是我们已知的事情,一些州有更多用于学校的资金,有更多收入高或受教育程度高的家庭
对教师或学校的评价	家庭和社区资源等很多因素对考试成绩的影响超出了教师和学校的控制范围。学生往往从一所学校转到另一所学校,因此很多在春季参加考试的学生可能只在该学校就读几周
确定在哪里买房	一般来说,考试成绩最好的学校通常位于拥有高受教育水平和收入的社区。在教学、课程、学生学业成长或领导力方面,它们可能不是"最好的学校",但它们确实有幸拥有那些"最好"的学生

资料来源:From Haladyna, T. H. (2012). Essentials of Standardized Achievement Testing: Validity & Accountability. Boston, MA: Pearson Education, Inc. Adapted by permission.

新方向: PARCC 和 SBAC

在2010年初,联邦政府向两个大型国家财团——大学和职业准备测试合营公司

（PARCC）及智慧平衡测试联盟（SBAC）提供了数百万美元，以开发符合共同核心标准的高质量测试。该测试旨在使用一系列测量方法（包括表现性评价在内）来衡量复杂思维。从那时起，一些州就已经组建了较小的财团，或者独立开发自己的评价系统以符合本州的标准（Popham, 2017）。这些评价大多数是在线的，不再是纸笔测试，所以反馈可以更快，并有助于指导教学。请继续关注你所在州的变化。但不管基于计算机的测试变化多么复杂，同样的问题仍然适用于这些新测试：它们是否有效？它们可靠吗？它们能测量你所教的内容吗？它们测试的是与现代生活挑战相匹配的重要成果吗？它们是否会为你提供改善教学的信息呢？（Pelligrino, 2014）

总结：合理使用高风险测试。 为了体现其价值，测试必须具备许多特征。当然，所使用的测试必须可靠，对所使用的目的有效并且没有偏见。此外，测试还必须：

1. 符合学区的内容标准——这是效度的重要部分。

2. 成为更大的评价计划的一部分。没有任何单一测试能够提供有关学生成绩的所有必要信息，故学校必须避免在单一测试的基础上做出通过或失败的决定，这是很关键的。

3. 测试复杂思维，而不仅仅是技能和事实性的知识的测试。

4. 为残疾的学生提供不同的评价策略。

5. 当风险过高时，提供重新测试的机会。

6. 允许所有学生参加，如果某些学生有特殊的困难或状况，比如残疾，则要为他们提供更清楚的含有更多信息的报告。

7. 学生失败时提供适当的补救措施。

8. 确保所有参加考试的学生都有足够的机会学习测试所用的材料。

9. 要考虑到学生的第一语言。阅读或书写英文有困难的学生会在要求熟练掌握英语的测试中表现不佳。

10. 测试结果要服务学生，而不是对他们有害（Haladyna, 2002）。

惠及每一位学生：帮助学习障碍学生准备高风险测试

埃里克·卡特（Erik Carter）和他的同事们（2005）测试了一项程序，来为患有学习障碍、轻度智力障碍和语言障碍的学生提供帮助以使他们做好准备参加高风险测试。这些学生年龄在15到19岁之间,超过一半是非洲裔美国男性,所有人都拥有个别化教育方案(IEPs - 见第四章)来指导他们,但都未通过国家要求的测试。在六个课时的时间里,一名教师教给学生一些策略,例如在答题纸上填空;按难度将问题排序,先做简单的事;用四舍五入法来估计数学题中的答案;通过勾画关键词和短语来明确问题的具体内容;消除包含冗余信息或极端限定词的选项等等。

好消息是,在完成准备课程后,学生们的测试成绩得到了显著的提高。但坏消息是涨幅不足以让大多数学生达到合格水平。作者建议,学习有障碍的学生应该更早地进行测试准备。本研究中的学生平均年龄16岁,他们已经气馁了(Carter 等,2005)。"指南:让你和你的学生做好测试准备"有利于进行高风险测试。

指南:让你和你的学生做好测试准备

给教师的建议

确保测试包含了学习单元的全部内容。举例:

1. 比较测试问题和课程内容,确保两者之间是重叠一致的。

2. 检查测试任务是否足以包括所有的重要问题。

3. 了解学生在测试中是否有困难,比如时间不够、阅读水平太难等等。如果有困难,与学校专门人员讨论这些问题。

确保学生知道怎样使用所有测试材料。举例:

1. 测试实施前几天,做一些类型相似的练习题。

2. 演示答题纸的使用方法,尤其是电脑计分的答题纸。

3. 关注新来的、害羞的、学习迟钝的、阅读困难的学生,要确保他们理解测试问题。

4. 确保学生知道猜测是否合理以及什么时候可以猜测。

严格按照说明完成测试。举例:

1. 在实际测试开始之前先练习一下。

2. 完全遵守测试的时间限制。

让学生在测试过程中尽可能舒适。举例：

1. 不要让测试看起来像这一年里最重要的事件，不要制造紧张气氛。

2. 测试开始前，通过讲笑话、做深呼吸等举措帮助学生放松。注意不要使自己感到紧张。

3. 确保教室的安静。

4. 通过教室监控防止作弊，不要一味地埋头于自己的工作。

给学生的建议

有效利用测试前一晚。举例：

1. 在测试前一天晚上学习，最后应浏览一遍有关重点、概念和关系的总结。

2. 保证良好的睡眠。如果你知道自己一般会在考试前一天晚上睡眠困难的话，尝试前几个晚上就开始拥有充足的睡眠。

创造条件以便你能集中精力。举例：

1. 留出充裕的吃饭和到达考试现场的时间。

2. 不要坐在朋友附近，那样会使注意力不集中。如果你朋友早早离开，你也可能会这样做。

确保你知道测试的内容是什么。举例：

1. 仔细阅读题目说明。如果你不能确定，就请教师或监考人解释清楚。

2. 仔细阅读每一个问题，挑出那些使意思发生微妙变化的词，比如"不"，"除了"，"下面除了一个以外所有"。

3. 对于论述题，首先要仔细阅读每个问题，以便了解你面临的任务量，并能够预先安排每个问题应花费多长时间。

4. 对于多项选择的测试，切记阅读完每一个选项，即使前面的答案看起来是对的。

有效利用时间。举例：

1. 立即开始做题，当你精力充沛时尽可能快地回答问题。

2. 先做容易的问题。

3. 不要对一个问题死守不放。如果你遇到麻烦，在这个问题上做个标记以便你一会儿能容易地找到它，然后继续回答那些你能够很快就回答出来的问题。

4. 对于多项选择测试，如果你意识到时间不够了，而且猜测不扣分的话，就选择同一个选项来回答剩余的问题。

5.如果做论述题时时间不够用,也不要让任何问题下面是一片空白。简短地列出几个关键要点,向教师表明你知道答案,只是需要更多时间。

知道什么时候猜测多项选择题或判断对错题。举例:

1.当只给正确答案评分时可以猜测。

2.当你能排除一些选项的时候可以猜测。

3.猜测要受到惩罚的时候不要猜,除非你能保证至少排除一个选项。

4.正确选项总是较长、较短还是中等? 更可能是哪一项? 更多的是肯定表述还是否定表述?

5.根据语法是否能判断正确答案或排除某个选项?

检查。举例:

1.即使你没有时间检查,也要重读一下每个问题,以确保你没有看错或写错。

2.如果你使用的是机器评分的答题纸,你要不断检查,以确保你的答案号与考卷上答案号相对应。

论文测试,尽可能直接作答。举例:

1.避免开题过分华丽虚饰,第一句开门见山地给出答案,然后再展开。

2.不要把你的最佳想法留到最后,一开始就要呈现出来。

3.除非教师要求用完整的句子,否则可考虑列举答案的要点、论点。这样会有利于你组织思路,使思路集中在答案的重要方面。

从实际的测试经验中学习。举例:

1.当教师讲解答案时要专心听讲。你可从自己的错误中学到知识,同样的问题可能会出现在以后的测试中。

2.注意你是否在某一特定类型的问题上遇到了困难,改变你的学习方法以便下次遇到这一类型问题会做得更好。

教师问责制与评价

教育工作者担心的标准化测试的一个用途是,它们有时被用来评价学校甚至是个别教师。对高风险测试质量问题的担忧,根据远远低于年级水平的学生的考试成绩评价教师而造成的不公平性,不同学区和州的课程具有可变性等问题带来了对测试成绩和测试的新想法。这些极其需要我们注意,请你继续阅读。

增值测量。对于那些让学生的阅读水平在一年内从三年级涨到五年级的教师,你会怎么评说?听起来像阅读水平增长的一年,对吧?但如果学生是六年级的学生呢?如果我们仅仅根据学生在学年结束时的成绩来评判教师,我们可能会认为教师失败了,该学生的阅读能力在六年级结束时仍然停留在五年级的水平!她没有教学奖励!但实际上教师的教学非常有效(假设她全年都有学生)。事实上,她为他们的学习增加了两年的价值。

增值测量(value-added measures)①是比较实际增长与预期平均增长的基线。如果学生的预期为增长一个年级的水平,但他们增长了两个年级的水平,那就是高于预期的增长。增值测量使用统计性的程序,根据学生前几年的学科数据以及其他相关信息来决定学生的预期学习内容。如果学生的实际成绩大于预期,那么教师或学校效果的估计值是正的(增加值);如果学生得分与预期一致,则效果为零;如果得分低于预期,则效果为负。因此,教师增值效应的一个简单定义是"教师根据学生特征(如先前的成绩)对班级内的差异进行调整后,学生的平均考试成绩的增加"(Chetty, Friedman & Rockoff, 2011)。

你可以想象,要通过一种增值方法做出正确的判断,所使用的测试必须是有效且可靠的,测试必须与课程一致,并且测试成绩上下要留出足够的空间来呈现全部成就。然而,当前大多数的标准化测试仅测量等级标准,因此他们不擅长评价表现高于或低于年级水平的学生成长。为了评价他们的成长,你还需要一些类似的测试——随着时间的推移,这些测试测的是相同的开发知识和技能。教师在一年中的大部分时间应该都有学生。此外,关注焦点越小(仅在一个班级,而不是整个学校)对效果的估计越不确定,因此同一个教师在某些年份可能产生更大的影响,而在其他年份可能产生更小的影响。

为了具有使用价值,增值分数必须基于大量学生的多年的成绩数据。这些测量并

---

①增值测量——使用统计分析来指示学生平均考试成绩增益的测量方法,根据学生的特征进行调整,(如先前的成绩水平)进行调整。

不完美,所以应该用它们来确定学校或课程的优点和缺点,并指导教师的专业发展,而不是评价个别教师。要评价教师和学校,我们需要更多信息和确凿的证据(美国教育研究协会,2015;Blazar,Litke & Barmore,2016)。"VAM(增值)成绩绝不能单独使用,也不能在教育者或任务评价系统中单独使用"(美国教育研究协会 AERA,2015)。尽管如此,你可能身在使用增值测量的学校,因此了解它们是有意义的。

给教师的建议:质量标准化评价

你可能会听到关于标准化测试应该衡量什么的讨论,是衡量增长还是效率(Valant & Hansen,2017)。增值评价试图对发展情况做出评价,这正是教师和学校正在努力实现的目标。我们希望所有学生从开始时的懵懂,发展到学年结束时能够了解更多知识。但是学生们真正知道什么,以及他们在学年末的熟练程度也很重要。我们希望我们的学生可以为下一年级做好准备,这样他们才能不断发展;我们希望我们的毕业生能为大学、职业生涯和二十一世纪的生活做好准备。父母希望他们的学生所在的学校是能够让他们成长的,同时也是他们(和他们的同学)能够取得成就,走向成功的。杰米·米德(Jamie Meade)将其称为"双重力量",以捕捉学生学习的全貌,如图 15.6 所示。所以,愿在你的教学当中,双重的力量与你同在!

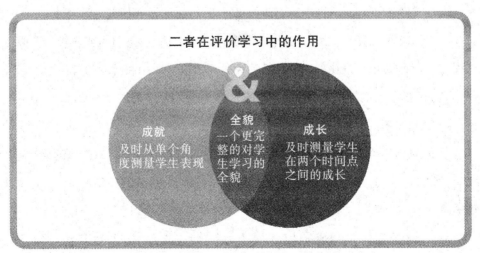

资料来源:Meade, J. (2014). Value-Added Data quality: Too Often, It's in the Ryes of the Beholder. Columbus, OH: Battelle for Kids. Available at http://battelleforkids.org/learning-hub/learning-hub-item/value-added-data-quality-too-often-it's-in-the-eyes-of-the-beholder

图 15.6　二者在评价学习中的作用

总结

评价的基础

区分测量与评价。测量是使用数字对事件或特征进行的数量化描述。而评价包括测量,但含义更宽泛,因为它包括对学生的技能、知识和能力进行抽样和观测的各种方法。

区分形成性评价、中期评价和终结性评价。在课堂上,形成性(未分级的、诊断性的)评价通过向学生和教师提供反馈来帮助形成并支持学习。中期(发展)评价在整个学年内定期进行,以客观的方式来确定学生的进步,看学生是否正趋于熟练。终结性、总结性评价在教学结束时进行,并总结学生的成就,以报告教学成果。

什么是测试的信度?有些测试比其他测试更可靠;也就是说,它们能够产生更稳定、更一致的判断。在解释测试结果时必须谨慎。每次测试都只是学生在特定某一天内表现的样本。该成绩仅是学生可能的实际成绩的估计值。测量的标准差考虑了误差的可能性,是测试信度的一个指标。

什么是测试的效度?在一次测试中,需要着重考虑基于测试结果的判断与决策的效度。说明效度的证据可能与内容、标准或构建有关。构建相关效度是最宽泛的类别,它包含了内容、标准这两类内容。测试必须可信才能有效,但有信度不代表有效度。

什么是无偏见?测试必须没有评价偏见。当测试因学生的性别、社会地位、种族、宗教而对某个群体的学生造成了不公平的惩罚和冒犯时,评价就会产生偏见。目前尚未证明文化公平测试可以解决评价偏见的问题。

课堂评价:测试

区分常模参照测试和标准参照测试。常模参照测试将学生的表现与其他人的平均表现进行比较。标准参照测试将学生成绩与既定的标准进行比较。常模参照测试广泛包含了总体的学习目标,但常模参照测试的结果不能说明学生是否已做好接受更高级材料的准备,它们不适合情感和精神运动领域的学习目标。标准参照测试则能够衡量学生对一些非常具体的目标的掌握程度。

测试如何支持学习？ 频繁的测试能够支持学习,这些测试用累积性的问题来要求学生应用并整合知识。考虑到评价的目标,教师可以更好地设计自己的测试或评价教科书出版商所提供的测试。

描述两种传统测试。 测试的两种传统形式是客观题和主观题。客观题包括多项选择题、正误判断题、填空和匹配题,客观题编写时应该依据具体的指导步骤。主观题的编写和评分需要更细致的计划,还要依据评分标准去除各种偏见。

形成性和真实性的课堂评价

教师如何运用形成性评价？ 形成性评价可以是非正式的,也可以是"即时"的,比如课堂反馈或日记;也可以是正式的,如课程中的测试。无论形式如何,学生都可以通过分析他们的作业制定改进计划来参与形成性评价。

什么是真实评价？ 传统测试的批评者认为教师应该使用真实的测试和其他真实的评价程序。真实评价要求学生在一种类似于现实生活的情境下执行任务并解决问题。

描述成长记录袋及展示。 成长记录袋及展示是真实评价的两个例子。成长记录袋是学生作品的集合,有时用来代表学生的成长进步,有时则用来呈现其"最佳作品"。展示是一个学生理解力的公开表现。成长记录袋及展示都强调在有意义的情境中完成现实生活中的任务。

成长记录袋评价及展示评价的信度、效度和公平性有什么问题？ 使用真实评价无法保证其信度、效度和公平性(没有偏见)。使用评价指标是使评价更可靠、更有效的一种方法。但基于评价指标的评价结果可能无法预测学生在相关任务中的表现。另外,评价者因为学生的外表、言语行为或资源缺乏而产生的偏见可能会使来自少数群体的学生在表现性评价或任务中处于劣势。

为什么要评价复杂思维？ 评价复杂思维及更高层次的成果实际上可以帮助学生掌握并记住核心事实。换句话说,对复杂思维的测试可以提高布鲁姆教育目标分法中各个水平的学习,从记忆事实知识到分析创造高水平的知识。每个科目都有一些方法来评价学生的分析、应用、评价和创造能力。

评分

描述两种评分方式。评分可以按常模参照及标准参照两种方式进行。曲线评分是一种常用的常模参照评分方法，其依据是将学生表现与班级平均水平相比较并进行排序，我们并不推荐这种方法。标准参照的评分通常能表明每个学生对各项学习目标的完成程度。

失败如何促进学习？ 学生需要应对失败的经验，因此足够高的标准可以刺激他们付出努力。若及时提供反馈，偶然的失败可能起积极的作用。没有学会如何应对失败的学生可能会在他们第一次经历失败时迅速放弃。

升学和留级，哪个更好？ 只是简单地让学习有困难的学生升级或留级并不能保证他们的学习。除非和其他学生相比，这个学生年龄很小，情感上还没有成熟，否则最好的办法是让他升级，但要给他额外的帮助，比如家庭辅导或者暑期学校上课。差异化教学可以预防一些问题。

成绩能促进学习动机吗？ 学习是通过书面或口头的反馈来提高的，这些反馈包括对错误或错误策略的具体评论，但同时也包含有效地促进学习提高的评论，因而平衡了批评和建议。如果成绩可以与有意义的学习联系起来，那么成绩就能激发学生的学习动机。

和学生家长交流如何促进学生学习？ 不是教师的每次的谈话都需要和成绩挂钩。和学生以及学生家长的交流有助于教师了解学生，从而创设和谐的学习环境以便教师提供有效的教学。学生本人和家长有合法权利查看学生成长记录袋里的所有信息，所以这些成长记录袋的记录必须是适当、准确的，并有事实依据的。

标准化测试

什么是平均数、中位数、众数和标准差？ 平均数（算术平均值）、中位数（中间值）和众数（出现最多的值）都是度量集中趋势的数据。标准差揭示了分数是如何围绕平均数分布的。正态分布是一种用钟状曲线表示的频度分布。许多分数聚集在中间，与中间点离得越远，分数越少，且有一半成绩大于平均值，另一半小于平均值。

描述不同类型的分数。 标准化测试分数有几种基本类型:百分等级分数说明其他人等于或低于个人得分的百分率;年级当量分数说明了一个学生的成绩与特定年级学生平均分的接近程度;标准分数建立在标准差的基础上,T分数和Z分数都是经常使用的标准分。斯坦因分数是一种融合了百分等级方法的标准分数。

目前测试中存在什么问题? 关于标准化测试的争论主要集中在测试的角色和结果解释、基于测试成绩的问责制中存在的问题、测试对课程的限制。如果测试与课程中重要的学习目标相匹配,是在学生经过一段合理时间的课程学习之后展开,没有偏见、符合学生语言能力且管理得当,那么,测试结果就能够为学校的教学有效性提供一些建议。专家型教师既能看到标准化测试的优势,又能看到其问题,但约有50%的人认为这样的测试弊大于利。教师应该使用结果来改善教学,而不是对学生产生刻板印象或为自己的低预期而辩护。美国的两大财团PARCC和SBAC正在开发一套符合共同核心标准的全新的K-12评价工具,它将应用于英语、数学学科,并着眼于大学入学及职业生涯准备。

学生能变成更好的应试者吗? 如果学生有某种类型测试的实际经验或接受过学习技能和解决问题方面的训练,他们的标准化测试成绩会有所提高。许多学生都会从有关如何准备测试的直接指导中获益,让学生参与到设计这些测试的准备中是有帮助的。如果测试策略与学生在具体情境中所学所考的问题紧密关联,那么,有学习困难的学生可能会从高强度、不间断的考前准备中获益。

当前教师评价的方向是什么? 对高风险测试问题的担忧,根据远低于年级水平的学生测试成绩来评价教师所造成的不公平性以及不同学区和州的课程的可变性导致了关于测试成绩和测试的新想法。增值测量指标能够显示学生的平均考试成绩,并根据他们的特征例如先前的成绩水平(他们从一年级开始时)进行调整。专家们一致认为,仅靠增值成绩这一项还不能评价学校或教师。此外,衡量发展和熟练程度的方法可以更加全面地反映学生的学习情况。

关键术语

Accountable	问责
Assessment	评价
Assessment bias	评价偏见
Authentic assessments	真实评价
Central tendency	集中趋势
Classroom assessments	课堂评价
Confidence interval	置信区间
Criterion-referenced grading	标准参照评分
Criterion-referenced testing	标准参照测试
Distractors	干扰项
Exhibition	展示
Formative assessment	形成性评价
Grade-equivalent score	年级当量分数
Grading on the curve	曲线评分
High-stakes testing	高风险测试
Informal assessments	非正式评价
Interim（growth）assessments	中期(成长)评价
Mean	平均数
Measurement	测量
Median	中位数
Mode	众数
Norm group	常模组
Norm-referenced grading	常模参照评分
Norm-referenced testing	常模参照测试
Normal distribution	正态分布
Percentile rank	百分等级
Performance assessments	表现性评价
Portfolio	成长记录袋
Pretest	前测

Range	范围
Reliability	信度
Scoring rubrics	评分指标
Selected-response testing	客观性测试
Standard deviation	标准差
Standard error of measurement	测量的标准差
Standard scores	标准分数
Standardized tests	标准化测试
Stanine scores	斯坦因分数
Stem	题干
Summative assessment	终结性评价
T score	T 分数
True score	真实分数
Validity	效度
Value-added measures	增值测量
Variability	差异性
Z score	Z 分数

教师案例簿

给予有意义的评分——他们会做什么?

下面是几位教师对本章开头提出的评分问题做出的回应。

KATIE CHURCHILL 三年级教师

Oriole Parke Elementary School, Chicago, IL

我使用评价工具的组合来对我的学生进行评价,用学生和家长都熟悉的标准设计一个易于理解、易于实施的评分系统。确定下来的标准要放在课堂的重点区域,以不断提醒学生牢记教师对他们的期望。

以不同的教学方式对学生因材施教,满足学生不同的学习风格和特征,学生会越来越喜欢学习,用更多的时间投入学习,也就能够拿出高质量的作业,超过教师对他们的期望。

要获得特别的等级,要考虑这样几个重要的因素。成绩等级必须综合小组作业、目标完成情况、对规则和指示的遵循。

MADYA AYALA 高中教师

Eugenio Garza Lagüera, Campus Garza Sada, Monterrey, N. L. Mexico

我认为重要的是评价学生的代表性作业。首先,成长记录袋可以是收集每学年各种作业的一个有用方式。通过学生的"最佳作品",教师可以给学生的成绩和取得的进步分配一个相应的字母等级。给学生分配等级的时候不能只看学生有没有进步,也要考虑他们对知识的理解。我使用有意义的书面评价来测评学生对知识的掌握和巩固程度。最后,我对学生的各种方案设计和实验评定等级,让设计优秀的学生公平地得到较高的等级。我也非常赞成这样的想法:用确定的一系列标准方法给学生的作业或者设计分配等级。在一个标准体系下,教师给各部分内容分配一定数量的分值,然后再根据学生得到的成绩轻松划分等级。

KATIE PIEL 六年级教师

West Park School, Moscow, ID

学生应该有权以不同的方式来表现其成就,比如小组任务、日常班级工作、测试以及个人作业,所有的学生都对展示自己的学习负有责任。每一位教师按不同的标准评分,因此教师必须承担与同行合作的责任,与其他教师沟通下一个阶段期望给学生带来的技能是至关重要的。

ALLAN OSBORNE 副校长

Snug Harbor Community School, Quincy, MA

任何评分系统都应该考虑学生取得的进步和付出的努力,而且要能够个性化地说明每个学生的优势和劣势。这样,有学习障碍的学生就不会得到和天赋迥异的学生同样的期望。

任何成功的评分系统最重要的方面就是公平。公平要求教师预先向学生和家长说明班级要求、期望以及评分标准,只有公平的方法才是合理的。准确和详细地记录学生取得的进步也很重要。除了记录学生考试、测试、方案设计的成绩之外,教师还要保存学生的典型事迹记录。当有人对成绩报告单有疑问的时候,这些记录就有价值了。

虽然小组作业也是一种很重要的学习体验,但我不想过分强调小组作业的成绩。众所周知,每个小组成员并不是平等地参与小组作业,小组取得的成绩并不反映每个成员的表现。

附　　录

关键术语

英文	中文	对应章节
"I" message	我的感受	十三
Absence seizure	失神性发作	四
Academic language	学术语言	五
Academic learning time	学业学习时间	十三
Academic tasks	学业任务	十二
Accommodation	顺应	二
Accountable	问责	十五
Acronym	首字母缩略法	八
Action research	行动研究	一
Active teaching	活动教学	十四
Adaptation	适应	二
Adaptive teaching	适应性教学	十四
Adolescent egocentrism	青少年自我中心	二
Advance organizer	先行组织者	十
Affective domain	情感领域	十四
Affinity groups	亲密小组	十
Algorithm	算法	九
Americans with Disabilities Act of 1990 (ADA)	1990 年美国残疾人法案	四
Amotivation	无动机	十二

英文	中文	对应章节
Analogical thinking	类比思维	九
Anorexia nervosa	神经性厌食症	三
Antecedents	前因	七
Anxiety	焦虑	十二
Applied behavior analysis	应用行为分析	七
Appropriating	内化	十
Argumentation	论证	九
Articulation disorders	发音障碍	四
Assertive discipline	坚定的管理	十三
Assessment	评价	十五
Assessment bias	评价偏见	十五
Assimilation	同化	二
Assisted learning	辅助学习	二
Assistive technology	辅助技术	十四
Attachment	依恋	三
Attention	注意	八
Attention-deficit hyperactivity disorder（ADHD）	注意力缺陷多动障碍	四
Attribution theories	归因理论	十二
Authentic assessments	真实评价	十五
Authentic task	真实性任务	十二
Autism/Autism spectrum disorders	自闭症/自闭症谱系障碍	四
Automated basic skills	自动化基本技能	八
Automatic	自动化	八
Automaticity	自动性	四
Autonomy	自主性	三
Availability heuristic	可得性启发法	九
Balanced bilingualism	平衡双语	五
Basic skills	基本技能	十四
Behavioral learning theories	行为学习理论	七

英文	中文	对应章节
Being needs	成长需求	十二
Belief perseverance	信念固着	九
Bias	偏见	六
Bilingual	双语	五
Binge eating	暴饮暴食	三
Bioecological model	生物生态学模型	三
Blended families	混合家庭	三
Bottom-up processing	自上而下信息加工	八
Brainstorming	头脑风暴	四
Bulimia	贪食症	三
CAPS	CAPS（一种阅读文学作品的策略）	九
Case study	个案研究	一
Central executive	中央执行器	八
Central tendency	集中趋势	十五
Cerebral palsy	脑瘫	四
Chain mnemonics	链记法	八
Chunking	组块	八
Classical conditioning	经典性条件作用	七
Classification	分类	二
Classroom assessments	课堂评价	十五
Classroom management	课堂管理	十三
Cmaps	Cmaps（一种图解工具）	九
Coactions	相互作用	二
Co-constructed process	共同建构过程	二
Code switching	编码切换	五
Cognitive apprenticeship	认知学徒制	十
Cognitive behavior modification	认知行为矫正	十一
Cognitive development	认知发展	二
Cognitive domain	认知领域	十四

英文	中文	对应章节
Cognitive evaluation theory	认知评价理论	十二
Cognitive load	认知负荷	八
Cognitive science	认知科学	八
Cognitive view of learning	学习的认知观	八
Collaboration	协作	十
Collective monologue	集体独白	二
Commitment	承诺	三
Community of practice	实践共同体	十
Compensation	补偿性	二
Complex learning environments	复杂学习环境	十
Computational thinking	计算思维	十
Computerized axial tomography (CAT)	计算机轴向断层扫描	二
Concept	概念	八
Concept map	概念图	九
Concrete operations	具体运算	二
Conditioned response (CR)	条件反应	七
Conditioned stimulus (CS)	条件刺激	七
Confidence interval	置信区间	十五
Confirmation bias	确认偏见	九
Consequences	结果	七
Conservation	守恒性	二
Constructive/Structured controversy	建设性/精心组织的争论	十
Constructivism/Constructivist approach	建构主义/建构主义方法	十
Constructivist approach	建构主义观点	十四
Context	环境	三
Context	背景	八
Contiguity	接近/邻近	七
Contingency contract	暂时契约方案	七
Continuous reinforcement schedule	连续强化程式	七

英文	中文	对应章节
Convergent questions	聚合型问题	十四
Convergent thinking	聚合思维	四
Cooperation	合作	十
Cooperative learning	合作学习	十
Co-regulation	协作调节	十一
Correlations	相关性	一
Creativity	创造力	四
Criterion-referenced grading	标准参照评分	十五
Criterion-referenced testing	标准参照测试	十五
Critical periods	关键期	五
Critical thinking	批判性思维	九
Crystallized intelligence	晶体智力	四
Cueing	线索	七
Cultural deficit model	文化缺陷模型	五
Cultural tools	文化工具	二
Culturally relevant pedagogy	文化相关教学法	六
Culturally responsive management	文化回应型管理	十三
Culture	文化	六
Cyber aggression	网络攻击	三
Decay	衰退	八
Decentering	去中心化	二
Declarative knowledge	陈述性知识	八
Deficiency needs	缺失需求	十二
Defining attribute	定义属性	八
Deliberate practice	刻意练习	八
Descriptive studies	描述性研究	一
Design-based research	基于设计的研究	一
Desirable difficulty	合理难度	八
Development	发展	二

英文	中文	对应章节
Developmental crisis	发展危机	三
Deviation IQ	离差智商	四
Dialect	方言	五
Differentiated instruction	差异化教学	十四
Direct instruction/explicit teaching	直接教学/显性教学	十四
Direct reinforcement	直接强化	十一
Disability	残疾	四
Discrimination	歧视	六
Disequilibrium	失衡	二
Distractors	干扰项	十五
Distributed learning/practice	分散练习	八
Distributive justice	分配公正	三
Divergent questions	发散型问题	十四
Divergent thinking	发散思维	四
Domain-specific knowledge	专门领域知识	八
Domain-specific strategies	专门领域策略	八
Dual coding theory	双重编码理论	八
Educational psychology	教育心理学	一
Effective instruction delivery (EID)	有效指令传递	七
Egocentric	自我中心	二
Elaboration	精细加工	八
Elaborative rehearsal	精细复述	八
Electroencephalograph (EEG)	脑电图	二
Embodied cognition	具身化认知	九
Emergent literacy	初级读写能力	五
Emotional and behavioral disorders	情绪和行为障碍	四
Emotions	情绪	十二
Empathetic listening	移情倾听	十三
Empirical	实证	一

英文	中文	对应章节
Enactive learning	直接学习	七
Engaged time	投入时间	十三
English as a second language（ESL）	作为第二语言的英语课程	五
English language learners（ELLs）	英语学习者	五
Epilepsy	癫痫	四
Episodic buffer	情境缓冲器	八
Episodic memory	情境记忆	八
Epistemological beliefs	认识论信念	十二
Equilibration	平衡	二
Ethnicity	民族	六
Ethnography methods	民族志方法	一
Event-related potential（ERP）	事件相关电位	二
Every Student Succeeds Act（ESSA）	《每个学生都成功法案》	一
Executive control processes	执行控制过程	九
Executive functioning	执行功能	二
Exemplar	样例	八
Exhibition	展示	十五
Expectancy × value theories	期望×价值理论	十二
Experimentation	实验	一
Expert teachers	专家型教师	十四
Explicit memory	外显记忆	八
Exploration	探索	三
Expressive vocabulary	表达性词汇	五
Extended families	大家庭	三
Extinction	消退	七
Extraneous cognitive load	外在认知负荷	八
Extrinsic motivation	外部动机	十二
Failure-accepting students	接受失败型学生	十二
Failure-avoiding students	避免失败型学生	十二

英文	中文	对应章节
Fixed mindset	固定型思维倾向	十二
Flashbulb memories	闪光灯记忆	八
Flexible grouping	灵活分组	十四
Flow	心流体验	十二
Fluency disorder	流利障碍	四
Fluid intelligence	流体智力	四
Flynn effect	弗林效应	四
Focal seizure	局灶性癫痫	四
Formal operations	形式运算	二
Formative assessment	形成性评价	十五
Free, appropriate public education (FAPE)	免费和适当的公共教育	四
Functional behavioral assessment (FBA)	功能行为评估	七
Functional fixedness	功能固着	九
Functional magnetic resonance imaging (fMRI)	功能性磁共振成像	二
Funds of knowledge	知识储备	五
Gender biases	性别歧视	六
Gender identity	性别认同	六
Gender roles	性别角色	六
Gender schemas	性别图式	六
Genderlects	性别化语言	五
General intelligence	一般智力	四
General knowledge	一般知识	八
Generalized tonic-clonic seizure	全身性强直阵挛性发作	四
Generation1.5	第1.5代	五
Generativity	繁殖	三
Gestalt	格式塔	八
Gifted and talented	天才的	四
Glial cells	胶质细胞	二
Goal orientations	目标定向	十二

英文	中文	对应章节
Goal structure	目标结构	十二
Goal-directed actions	目的性行为	二
Good behavior game	良好行为比赛	七
Grade-equivalent score	年级当量分数	十五
Grading on the curve	曲线评分	十五
Grit	毅力	十一
Group consequences	团体效应	七
Group discussion	小组讨论	十四
Group focus	维持团体注意	十三
Growth mindset	成长型思维	六
Growth mindset	成长型思维倾向	十二
Handicap	障碍	四
Heritage language	传统语言	五
Heuristic	启发式	九
Hierarchy of needs	需求层次	十二
High-stakes testing	高风险测试	十五
Hostile aggression	敌对攻击	三
Human agency	人的自主性和能动性	十一
Hypothesis/hypotheses	假设/假说	一
Hypothetico-deductive reasoning	假设—演绎推理	二
Identity	身份同一性/身份认同/同一性	三
Identity achievement	同一性获得	三
Identity diffusion	同一性扩散	三
Identity foreclosure	同一性排斥	三
Identity-first reference	身份先行提及	四
Imessage	我的感受	十三
Images	表象	八
Immersive virtual learning environment	沉浸式虚拟学习环境	十
Immigrants	移民	五

英文	中文	对应章节
Implicit memory	内隐记忆	八
Importance or attainment value	重要性或获得性价值	十二
Inclusion	全纳	四
Individualized Education Program（IEP）	个性化教育计划	四
Individuals with Disabilities Education Act（IDEA）	残疾人教育法	四
Industry	勤奋	三
Informal assessments	非正式评价	十五
Information processing	信息加工	八
Initiative	主动性	三
Inquiry learning	探究学习	十
Inside-out skills	由内而外的能力	五
Insight	洞察力	四
Instrumental aggression	工具性攻击	三
Integration	整合	四
Integrity	完满感	三
Intellectual disabilities/Mental retardation	智力障碍/精神发育迟滞症	四
Intelligence	智力	四
Intelligence quotient（IQ）	智商	四
Interest or intrinsic value	兴趣或内在价值	十二
Interference	干扰	八
Interim（growth）assessments	中期（成长）评价	十五
Interleaved practice	交叉练习	八
Intermittent reinforcement schedule	间歇强化程式	七
Internalize	内化	三
Intersectionality	交织性	六
Intersubjective attitude	主体间态度	十
Interval schedule	时间间隔程式	七
Intimacy	亲密感	三
Intrinsic cognitive load	内在认知负荷	八

英文	中文	对应章节
Intrinsic motivation	内部动机	十二
Jigsaw classroom	拼图式课堂	十
Keyword method	关键词法	八
KWL（know-want-learn）	策略	九
Lateralization	偏侧性	二
Learned helplessness	习得无能为力/习得性无助	十二
Learning	学习	七
Learning disability	学习障碍	四
Learning management system	学习管理系统	十
Learning preferences	学习偏好	四
Learning sciences	学习科学	十
Learning strategies	学习策略	九
Learning styles	学习风格	四
Least restrictive environment（LRE）	最少限制环境	四
Legally blind	法定失明	四
Lesson study	课例研究	十四
Levels of processing theory	加工水平理论	八
LGBTQ（lesbian, gay, bisexual, transgender, and questioning）	性少数群体（女同性恋，男同性恋，双性恋，跨性别者和对其性别认同感到疑惑的人）	六
Limited English proficient(LEP)	英语能力不足者	五
Loci method	场所法	八
Locus of causality	原因控制点	十二
Long-term memory	长时记忆	八
Low vision	视力低下	四
Mainstreaming	主流化	四
Maintenance rehearsal	保持性复述	八
Massed practice	集中学习	八
Massive multi-player online games	大型多人在线游戏	十

英文	中文	对应章节
Mastery experiences	掌握经验	十一
Mastery goal	掌握目标型	十二
Mastery-oriented students	掌握定向型学生	十二
Maturation	成熟	二
Mean	平均数	十五
Means-ends analysis	手段—目的分析	九
Measurement	测量	十五
Median	中位数	十五
Melting pot	文化熔炉	五
Menarche	月经初潮	三
Mental age	心理年龄	四
Metacognition	元认知	九
Metalinguistic awareness	元语言意识	五
Microgenetic studies	微发生研究	一
Minority group	少数群体	六
Mirror systems	镜像神经系统	八
Mnemonics	记忆术	八
Mode	众数	十五
Modeling	模仿	十一
Monolingual	单语	五
Moral dilemmas	道德两难问题	三
Moral realism	现实道德	三
Moral reasoning	道德推理	三
Morality of cooperation	合作道德	三
Moratorium	延迟	三
Motivation	动机	十二
Motivation to learn	学习动机	十二
Movement management	活动转换管理	十三
Multicultural education	多元文化教育	六

英文	中文	对应章节
Multiple representations of content	多种内容表征	十
Myelination	髓鞘化	二
Natural and logical consequences	自然与逻辑后果	十三
Near-infrared optical tomography（NIR-OT）	近红外光层析成像	二
Need for autonomy	自主性需要	十二
Need for competence	胜任力需要	十二
Need for relatedness	亲密关系需要	十二
Negative correlation	负相关	一
Negative reinforcement	负强化	七
Neo-Piagetian theories	新皮亚杰理论	二
Neurogenesis	神经形成	二
Neurons	神经元	二
Neutral stimulus	中性刺激	七
Nigrescence	黑化	三
Norm group	常模组	十五
Normal distribution	正态分布	十五
Norm-referenced grading	常模参照评分	十五
Norm-referenced testing	常模参照测试	十五
Object permanence	客体永久性	二
Observational learning	观察学习	七
Operant conditioning	操作性条件作用	七
Operants	操作性反应	七
Operations	运算	二
Organization	组织	二
Organization	组织	八
Outside-in skills	由外而内的能力	五
Overlapping	一心多用	十三
Overlearning	过度学习	九
Overregularize	过度规则化	五

英文	中文	对应章节
Overt aggression	身体攻击	三
Paraphrase rule	释义方法	十三
Parenting styles	养育方式	三
Part learning	部分学习法	八
Participant observation	参与式观察	一
Participants/subjects	参与者/被试者	一
Participation structures	参与结构	六/十三
Pedagogical content knowledge(PCK)	学科教学知识	十四
Peer cultures	同伴文化	三
Percentile rank	百分等级	十五
Perception	知觉	八
Performance assessments	表现性评价	十五
Performance goal	行为表现目标	十二
Personal development	个性发展	二
Personal learning environment	个人学习环境	十
Personal learning network	个人学习网络	十
Perspective-taking ability	观点采择能力	三
Pervasive developmental disorder (PDD)	广泛性发育障碍	四
Phonological loop	语音回路	八
Physical development	生理发展	二
Physiological or emotional arousal	生理或情绪唤醒	十一
Plasticity	可塑性	二
Portfolio	成长记录袋	十五
Positive behavior supports (PBS)	正行为支持	七
Positive correlation	正相关	一
Positive practice	正练习	七
Positive reinforcement	正强化	七
Positron emission tomography (PET)	正电子发射计算机断层显像	二
Pragmatics	语用学	五/六

英文	中文	对应章节
Precorrection	预校正	七
Prejudice	偏见	六
Premack principle	普雷马克原则	七
Preoperational	前运算	二
Presentation punishment	呈现惩罚	七
Pretest	前测	十五
Priming	启动	八
Principle	原则	一
Private speech	自我言语	二
Problem	问题	九
Problem solving	问题解决	九
Problem-based learning	基于问题的学习	十/十二
Procedural knowledge	程序性知识	八
Procedural memory	程序性记忆	八
Procedures and routines	流程与常规	十三
Production deficiency	产出不足	九
Productions	产生式	八
Propositional network	命题网络	八
Prototype	原型	八
Psychomotor domain	动作领域	十四
Psychosocial	心理社会	三
Puberty	青春期	三
Punishment	惩罚	七
Pygmalion effect	皮格马利翁效应	十四
Qualitative research	定性研究	一
Quantitative research	定量研究	一
Quasi-experimental studies	准实验研究	一
Race	种族	六
Racial and ethnic pride	民族和族种自豪感	三

英文	中文	对应章节
Radical constructivism	激进建构主义	十
Random	随机	一
Range	范围	十五
Ratio schedule	比率间隔程式	七
READS	五步阅读策略	九
Receptive vocabulary	接受性词汇	五
Reciprocal questioning	交互式提问	十
Reciprocal teaching	交互式教学	十
Reconstruction	重构	八
Reflective	反思型	一
Reflective	反思型	十四
Refugees	难民	五
Reinforcement	强化	七
Reinforcer	强化物	七
Relational aggression	关系攻击	三
Reliability	信度	十五
Removal punishment	去除式惩罚	七
Representativeness heuristics	表征启发法	九
Reprimands	申斥	七
Resistance culture	抵抗文化	六
Respondents	反射	七
Response	反应	七
Response cost	反应代价	七
Response set	反应定势	九
Response to intervention (RtI)	干预反应法	四
Restructuring	重组	四
Retrieval	提取	八
Retrieval practice/testing effect	提取练习/测试效果	八/九
Reversibility	可逆性	二

英文	中文	对应章节
Reversible thinking	逆向思维	二
Ripple effect	连锁效应	十一
Rote memory	机械记忆	八
Rules	规则	十三
Scaffolding	脚手架/支架	二/十
Schema-driven problem solving	图式驱动解题法	九
Schemes	图式	二/八
Scoring rubrics	评分指标	十五
Script	脚本	八
Scripted cooperation	互评式合作	十四
Seatwork	课堂作业	十四
Section 504	504 条款	四
Selected-response testing	客观性测试	十五
Self-actualization	自我实现	十二
Self-concept	自我概念	三
Self-efficacy	自我效能感	十一/十二
Self-esteem	自尊	三
Self-fulfilling prophecy	自我实现预言	十四
Self-handicapping	自我设障	十二
Self-instruction	自我指导	十一
Self-management	自我管理	七/十三
Self-regulated learning	自我调节学习	十一
Self-regulation	自我调节	十一
Self-regulatory knowledge	自我调节知识	八
Self-reinforcement	自我强化	七/十一
Semantic memory	语义记忆	八
Semilingual	半语者	五
Semiotic function	符号功能	二
Sensitive periods	敏感期	一

英文	中文	对应章节
Sensitive periods	敏感期	五
Sensorimotor	感觉运动	二
Sensory memory	感觉记忆	八
Serial-position effect	序列位置效应	八
Seriation	排序	二
Sexual orientation	性取向	六
Shaping	塑造	七
Shared regulation	共享调节	十一
Sheltered instruction	掩蔽教学	五
Sheltered Instruction Observation Protocol(SIOP ®)	掩蔽教学观察协议	五
Short-term memory	短期记忆	八
Situated learning	情境化学习	十
Social cognitive theory	社会认知理论	十一
Social conventions	社会习俗	三
Social development	社会性发展	二
Social goals	社会性目标	十二
Social isolation	社会隔离	七
Social learning theory	社会学习理论	七/十一
Social negotiation	社会协商	十
Social persuasion	他人劝说	十一
Sociocultural theory	社会文化理论	二
Sociocultural views of motivation	社会文化动机观	十二
Socioeconomic status (SES)	社会经济地位	六
Sociolinguistics	社会语言学	六
Spasticity	痉挛	四
Speech disorder	语言障碍	四
Spermarche	初精	三
Spiral curriculum	螺旋式课程	十
Spreading activation	激活扩散	八

英文	中文	对应章节
Standard deviation	标准差	十五
Standard error of measurement	测量的标准差	十五
Standard scores	标准分数	十五
Standardized tests	标准化测试	十五
Stanine scores	斯坦因分数	十五
Statistically significant	统计学显著意义	一
Stem	题干	十五
Stereotype	刻板印象	六
Stereotype threat	刻板印象威胁	六
Stimulus	刺激	七
Stimulus control	刺激控制	七
Story grammar	故事语法	八
Structured English immersion(SEI)	结构化英语浸入式教学	五
Successive approximations	逐步接近法	七
Summative assessment	终结性评价	十五
Sustaining expectation effect	持续性期望效应	十四
Synapses	突触	二
Synaptic plasticity	突触可塑性	二
Syntax	句法	五
T score	T 分数	十五
Task analysis	任务分析	七
Taxonomy	分类法	十四
Teachers' sense of efficacy	教师效能感	一/十一
Theory	理论	一
Theory of mind	心理理论	三
Theory of multiple intelligences (MI)	多元智能理论	四

英文	中文	对应章节
Theory-based	基于理论	八
Time on task	任务时间	十三
Time out	间歇	七
Token reinforcement system	代币强化方法	七
Top-down	自上而下信息加工	八
Transfer	迁移	九
Transition programming	过渡项目	四
Triadic reciprocal causality	三元交互决定论	十一
Triarchic theory of successful intelligence	成功智力三元理论	四
True score	真实分数	十五
Unconditioned response（UR）	无条件反射	七
Unconditioned stimulus（US）	无条件刺激	七
Understanding by design	追求理解的教学设计	十四
Universal design	通用设计	十四
Utility value	实用价值	十二
Validity	效度	十五
Value	价值	十二
Value-added measures	增值测量	十五
Variability	差异性	十五
Verbalization	言语化	九
Vicarious experiences	替代经验	十一
Vicarious reinforcement	替代强化	十一
Virtual learning environments	虚拟的学习环境	十
Visuospatial sketchpad	视觉空间模板	八
Voicing disorder	发音障碍	四
Volition	意志	十一

英文	中文	对应章节
Warm demanders	温暖要求者	十三
Within-class ability grouping	班级内能力分组	十四
Withitness	明察秋毫	十三
Work-avoidant learners	避免工作学习者	十二
Working memory	工作记忆	八
Working-backward strategy	逆推策略	九
Z score	Z 分数	十五
Zero reject	零拒绝	四
Zone of proximal development（ZPD）	最近发展区	二

译后记

安妮塔·伍尔福克的《教育心理学》是美国教育心理学教材的代表之作，2005 年以前我们翻译了她的《教育心理学》第 8 版，如今，我们很荣幸地接受华东师范大学出版社的邀请，翻译最新的版本——第 14 版，而且出版社还将此译本列入"教育治理与领导力丛书"。由此，我们得以再次深切感受著者的睿智广博和对教育心理学研究及教学付出的恒久热忱和不懈努力。

《教育心理学》第 14 版依然面向广泛的学习和阅读对象，只要对教育心理学的相关主题感兴趣的人，无论是来自教育领域还是其他领域，无论是出于专业发展需要还是个人兴趣，均可阅读，开卷有益。

本书内容系统全面，涵盖了儿童发展、认知科学、学习、动机、教学和评价等主要领域的基本内容；术语界定简明扼要，表述和呈现方式清晰明了，便于阅读和内容检索。同时，本书兼具学术性与实践性，深入浅出，条分缕析，脉络分明，特别关注理论向实践的转化，书中提供了大量案例、课堂片段、个案研究、指南和来自有经验教师的实践提示等。每章的"观点与争论"反映了当前教育心理学领域有争议的研究热点，有助于引导读者拓宽视野和深入思考。

伍尔福克的《教育心理学》更新周期很短，大约每三年再版一次，书中内容与时俱进，及时展现教育心理学的最新研究动态和趋势。本版更新的内容包括大脑成像技术等脑科学新成果、文化多元交织性、语言多样化、行为学习理论、稳健知识、技术和虚拟学习环境、混合方法和循证实践等等。不过非常遗憾，由于版权和资源访问的限制,第14版中最明显的变化之一——文本中嵌入数字化学习和评估资源,在此译本中不能全部纳入。另外,本书中研究和实践案例基本来自美国,我们在阅读时需关注社会文化和具体情景的差异,借他山之石,琢己身之玉,促进我们的自身思考和本土化探索。

本教材由两人合译,陈红兵主要负责翻译前言、第一章、第三章、第六章、第十章、第十一章、第十二章、第十三章、第十四章,张春莉主要负责翻译第二章、第四章、第五章、第七章、第八章、第九章、第十五章。翻译过程中得到我们的研究生赵聚芹、吕欢、刘洋梅、王冉、陈云、贺李、陈昕彤、王雨露、胡巍森、祖菲阳、杨雪的帮助,这里对他们表示感谢。还要特别感谢华东师范大学出版社的重视和大力支持,感谢责任编辑曾睿女士为本书的最终出版所做的大量细致工作。

由于译者水平有限,本书翻译中错误在所难免,希望得到广大读者的批评指正。

陈红兵　张春莉

2021 年 10 月于北京